가톨릭대학교 글로컬문화스토리텔링 연구총서 3

인문 콘텐츠의 교육적 활용

글로컬문화스토리텔링 연구총서 3

인문 콘텐츠의 교육적 활용

초판인쇄 2017년 12월 15일 **초판발행** 2017년 12월 20일

엮은이 가톨릭대학교 글로컬문화스토리텔링연구소 **펴낸이** 박성모 **펴낸곳** 소명출판 **출판등록** 제13-522호

주소 서울시 서초구 서초중앙로6길 15, 1층

전화 02-585-7840 **팩스** 02-585-7848 **전자우편** somyungbooks@daum.net **홈페이지** www.somyong.co.kr

값 19,000원

ISBN 979-11-5905-242-2 94680
ISBN 979-11-5905-130-2 (세트)

이 저서는 2017년 정부(교육부)의 재원으로 '대학인문역량강화사업(CORE)'의 지원을 받아 제작되었음.

인문 콘텐츠의 교육적 활용

EDUCATIONAL APPLICATION OF HUMANITIES CONTENT

가톨릭대학교 글로컬문화스토리텔링연구소 엮음

가톨릭대학교 글로컬문화스토리텔링 연구총서 3

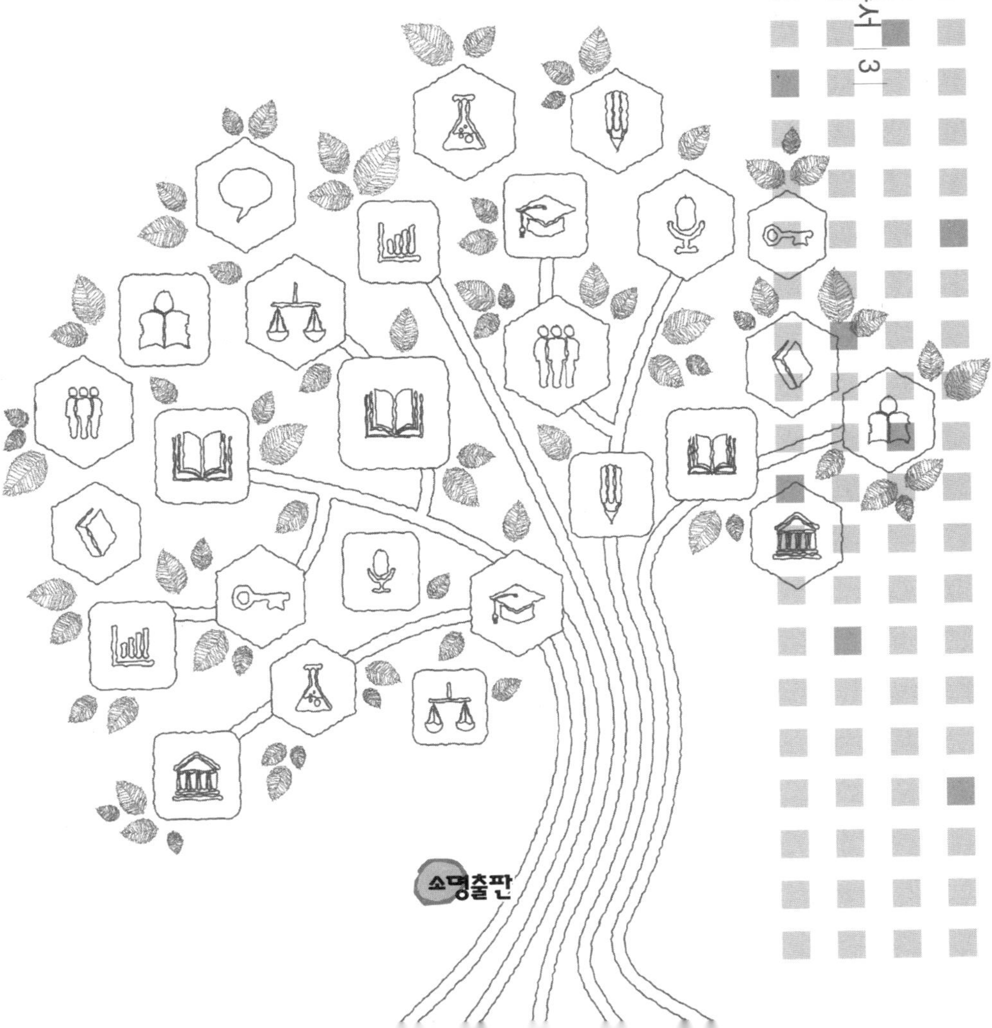

소명출판

서문

한국 학계에서는 1990년대 중반부터 '텍스트(text)'라는 표현이 '작품(work)'이라는 용어를 대체해 나가기 시작하였다. 거기에는 여러 가지 이유가 있을 터이나, '의미의 확정'이라는 측면에서 보자면 아마도 두 가지 사실에 주목할 필요가 있지 않을까 싶다. 첫째, 작가가 작품/텍스트를 통해 발신한 의미는 그 자체로 완결된 것이 아니라, 수신자인 독자가 어떻게 수용하는가에 이르러서야 확정된다는 것이다. 둘째, 작품/텍스트는 그 자체로 완결된 것이 아니라, 그를 둘러싼 맥락 즉 어떠한 콘텍스트(context) 속에 배치되는가에 따라 의미가 달리 해석될 수 있다는 것이다. 그렇다면 독서 행위는 작가의 의도를 어떻게 따라 읽을 것인가에 해당하는 수동적 작업이 아니라, 작가와 더불어 의미를 창출해 내는 능동적 작업이 되어야 할 것이다.

또한 1990년대 이후 중·고등학교 교과서에서의 변화도 두드러졌는데, 이전 교과서가 문자-텍스트로만 구성되었다면 이후에는 그림(미술), 영화 등 시각-텍스트와 실생활의 구체적 요소들이 적극적으로 배치되기 시작하였다. 뿐만 아니라 과학기술의 발달에 따라 학습 수단의 변화도 괄목하였는바, 인터넷·게임·영상 등이 이에 해당한다. 물론 문자-텍스트를 바탕으로 하는 자료와 전통적인 학습 방식이 사라진 것은 아니다. 다만 절대적 지위를 상실하고 상대적으로 비중이 큰 영역 정도로 축소되었을 따름이다. 이러한 변화는 교육의 역할까지 담당하고 있는 연구자들에게 교육 방법의 재고(再考) 혹은 다양화를 고민하게끔 이끈다. 글로컬문화스토리텔링연구소에서는 이에 입각하여 연구총서 세 번째 『인문 콘텐츠의 교육적 활용』을 묶어 내게 되었다.

가톨릭대학교에는 새로운 매체와 연관된 학습 방법의 변화, 능동적 행위자로서의 독서 방법과 새로운 교육 방법을 활발하게 모색해 왔다. 『인문 콘텐츠의 교육적 활용』은 그렇게 축적된 성과를 한데 모아낸다는 의미를 가진다. 그런 만큼 여기 실린 논문의 내용은 교육의 방법론에서부터 구체적인 텍스트 분석을 통한 사례, 디지털스토리텔링 · 게임 · 인터넷소설 등과 관련된 교육 방안의 변화 가능성까지 다채롭게 구성되어 있다. 모쪼록 이 책이 '인문 콘텐츠의 교육적 활용'에 중요한 시사점을 제공할 수 있기를 기대한다.

가톨릭대학교 글로컬문화스토리텔링연구소 편집부장 홍 기 돈

차례

독서교육, 어떤 텍스트로 가르칠 것인가 • 박정진 7
실제적 맥락과 가식적 맥락의 사이

'주제별 통합 독서(신토피컬 리딩)'의 의미와 독서교육적 맥락 • 박정진 31

PBL을 활용한 디지털스토리텔링 교육방법론 • 이동은 55

교육용 기능성 게임의 재미와 학습 요소 결합 양상 연구 • 이동은 85

고전 상소문을 활용한 글쓰기 교육 방안 • 최선경 107
「간폐비소(諫廢妃疏)」에 대한 수사학적 분석을 중심으로

독서자료의 연령대별 기준 마련을 위한 일고찰 • 윤신원 145
한국신화 〈바리공주〉를 중심으로

아동문학의 언어학적 문체 특성 • 윤신원 177
독자요인과의 관련성을 중심으로

중국 문화 교수 방법에 대한 연구 • 박종한 209

청소년의 인터넷기반 소설 읽기 동기 요인 분석 • 장정윤 237

한국언어문화교육에서의
시조교육 효과 연구 • 박광옥 · 이명애 · 이지양 267
상호텍스트성을 적용한 실험수업을 중심으로

수사 구조 이론(RST)을 활용한
설명 텍스트의 담화 구조 연구 • 이지양 · 윤신원 297

독서교육, 어떤 텍스트로 가르칠 것인가

실제적 맥락과 가식적 맥락의 사이

박정진

1. 서론—읽는다는 것의 매력

"나는 조선의 국모다"라는 대사를 접하자마자 떠오르는 것은 무엇인가? 사람들에 따라 다소 차이가 있겠으나 누군가는 명성황후를, 누군가는 배우 이◯◯ 씨를 떠올릴 가능성이 크다. 2001년 봄부터 2002년 여름까지 한 공영방송에서 방송된 드라마 〈명성황후〉의 오리지널 사운드트랙(OST) "나 가거든(조수미)"의 뮤직비디오에 나오는 대사이다. 당시 그 배우는 여러 사정으로 70여 회를 출연하고 최◯◯ 씨로 교체되었지만, 우리의 기억에는 아직도 강렬하게 남아 있는 명성황후이다. 이제 질문을 바꾸어 보자. "명성황후" 하면 누가 떠오르는가? 우리가 명성황후(실제 민자영 개인)를 직접 보지 못했기 때문이기도 하겠지만, 2000년대 초반을 함께 한 사람들이라면 역사적 사실과 관계없이 배우이◯◯ 씨를 명성황후와 동일시할 것이다. 따라서 현대인들이 가지고 있는 명성황후의 개념에는 특정 배우가 강하게 연관되어 있고 그 결과 명성황후라고 하면 그 배우를 떠올리게 된다.

만약 〈명성황후〉를 소설이나 역사서로 읽었다면 사람들의 인식은 어떻게 달라질까? 연구자는 이런 생각으로부터 읽는다는 것의 의미와 읽기 현상의 매력을 설명할 수 있는 단초를 얻는다. 물론 멀티리터러시 교육이 강조되고 있는 최근의 상황에서 다매체를 대하는 것이 '읽기(reading)'나 '보기(viewing)'의 형태로 국어교육에 포함되기 때문에 영화나 드라마도 읽는다고 하는 것이 부적절한 표현은 아니다. 특히 이남호(2004 : 189)에서 이미 보여 준 통찰은 지금의 맥락에서도 시사하는 바가 크다.[1]

> 한때 화려한 문명의 제국을 건설했던 문자들은 급격히 세력이 약화된다는 사실이다. 이 말은, 문자성의 쇠퇴가 책과 문자의 그래픽성에 대한 강조로 인한 것이라는 뜻이 아니다. 그래픽성에 대한 강조 혹은 새로운 감각이 문자성의 쇠퇴라는 빈자리를 채워가고 있다는 말이 보다 적절할 것이다. (강조는 인용자)

다만, 우한용(2013 : 32)에서 지적하듯이 "목숨 걸고 읽는 읽기에서 방법은 책을 읽는 그 가운데 자득(自得)하게 되어 있다. (…중략…) 디지

1 물론 여기서 언급하는 그래픽성이 강조된 기호가 영화나 드라마라는 매체를 특정하여 지칭하는 것은 아니다. 그럼에도 불구하고 최근 국어교육에서 다루는 매체리터러시나 멀티리터러시는 이들을 다층적으로 포함하는 것이기 때문에 그래픽성이 강조된 기호를 이미지 중심의 영화나 드라마와 함께 문자로 된 텍스트와는 대비되는 매체 형태로 구분해 볼 수 있다는 것이다.

털 자료 가운데 목숨 걸고 읽어야 하는 것들이 있는가"라는 문제의식을 고민해 볼 필요가 있다. 더구나 소위 '문학적 상상력'은 책을 읽을 때 가장 강력하게 발휘된다는 점 역시 놓칠 수 없는 명제이다. 문자 기호가 유도하는 상상력은 이미지화되어 제시되는 기호와는 비교할 수 없을 정도로 강력하다. 책을 읽는 동안에는 나만의 명성황후, 나만의 엄석대를 만들어 낼 수 있지만, 영화나 드라마를 통해 텍스트를 접할 때는 동일한 명성황후, 동일한 엄석대를 형성할 가능성이 크다. 이것이 텍스트를 읽는 행위와 이미지를 보는 행위의 차이이다. 그리고 그것이 바로 독서(텍스트를 읽는 행위)의 매력이다.

2. 가식적 맥락으로서의 교육 현상

그런데 학교 교육을 통해서는 읽기 또는 독서의 매력을 느끼기가 쉽지 않다. 그것은 기본적으로 학교 교육이 가식적 행위의 하나이기 때문이다. 학교 교육에서 다루어지는 교육 '내용'과 '방법'은 모두 조작된 것들 즉 거짓으로 꾸며진 것들이다.[2] 그러기 때문에 실제적인 교육 내

2 학교 교육을 '가식적', '조작된 것들', '거짓으로 꾸며진 것들' 등으로 그 의미를 훼손하려는 것은 아니니 오해가 없기를 바란다. 학교 교육에 담기는 내용은 아무리 실제성을 띠도록 설계가 되어도 완벽하게 현실적이고 실제적일 수가 없고 꾸며져서 제공되는 것이라는 의미이다. 학교에서 이루어지는 교육 방법 또한 실제 삶과는 별개로 조작적으로 구조화된 것들이라는 의미이다. 그런데 한 가지만 학생의 입장에서 부연설명하자면, 학생은 이런 가짜의 삶 속에 더 오래 머물기 때문에 가식적이어서 실제성이 떨어지는 학교 중심의 삶이 역설적으로 실제적일지 모른다는 점이다. 책을 읽는 것도, 사람을 만나는 것도, 식사를 하는 것도 대부분 학교에서 이루어지는 것들을 중심으로 살고 있기 때문이다. 이렇게 되면 교육의 실제성(authenticity)이라는 것이 무엇인지 근본적인 물음을 제기하지 않을 수 없다.

용, 교수-학습 방법, 평가를 도입해야 한다고 강조하는 것이다.

이런 점들은 수학적 개념[3]들을 예로 들면서 설명할 수 있다. 수학에서의 '점'은 "모든 도형의 궁극적 구성 요소인 가장 단순한 도형으로서 위치만 있고 크기가 없는 것"으로 정의된다. 쉽게 말하면 수학적 '점'은 머릿속의 개념으로서 눈에 보이지 않는 형태로 존재한다는 것이다. 그리고 '선분'은 "직선 위에서 그 위의 두 점에 한정된 부분"('직선'은 "두 점 사이를 가장 짧게 연결한 선"이고, '선'은 "한 점이 연속적으로 움직여 이루어진 자취로서 길이와 위치는 있으나 넓이와 두께는 없다.")으로서 점의 연속체라 할 수 있다. 따라서 눈에 보이지 않는 점이 모여 이루어진 선분 역시 눈에 보이지 않는 개념적 존재이다.

그렇다면 "세 개의 선분으로 둘러싸인 평면 도형"인 '삼각형'은 어떠한가? 눈에 보이지 않는 선분으로 이루어진 것이기도 하지만, 평면도형은 개념상 넓이만 있고 두께는 없는 것이기 때문에 마찬가지로 눈에 보이지 않는 머릿속 존재일 뿐이다. 이것을 수학적으로 '점은 위치이고, 선은 점이 움직인 자취이며, 평면 도형은 선이 움직인 자취'라고 일컫는 것이다. 그런데 우리가 경험한 수학 교과서에는 분명히 점도 있고, 선분도 있고, 엄연히 삼각형도 눈에 보이게 존재한다. 어찌 된 일인가?

학교 교육에서 가르치는 내용은 '지식, 기능, 태도'이다. 그런 이유로 학교 교육과정을 살펴보면 총론에서든 각론에서든 대체로 교육 목표가 지식, 기능, 태도 중심으로 진술되어 있다.[4] 그런데 그 지식, 기능,

---

3 여기에 진술된 '점', '선, 선분, 직선', '삼각형'의 정의는 국립국어원 표준국어대사전의 내용을 반영한 것이다(http://stdweb2.korean.go.kr, 2015.12.29.검색).

4 교육 내용으로서의 지식, 기능, 태도에 관한 문제는 박정진(2012 : 268~271)의 접근 방식을 참고할 필요가 있다. 결국 교육 내용으로서 '지식'을 강조하는 입장이나 '기능'을 강조하는 입장 모두

태도는 대체로 눈에 보이지 않는다.[5] 따라서 교육의 내용인 지식, 기능, 태도는 가르치기가 쉽지 않다. 학생들에게 실체를 보여주어야 가르치고 배우는 데에 이를 수 있는데 그러기가 쉽지 않기 때문이다.[6] 이런 점 때문에 교육은 거짓으로 꾸며진 가식적인 것이 될 수밖에 없다. 눈에 보이지 않는 삼각형을 눈에 보이는 삼각형으로 제시해 주어야 수학에 입문하는 학생들이 이해하기가 쉽기 때문이다. 눈에 보이는 삼각형은 가짜이고, 머릿속에 있는 삼각형이 진짜이다. 그리고 가짜를 가지고 가짜의 방법(가식적 맥락)으로 교육을 받는 목적은 학생들이 성장하여 실제 삶의 세계(실제적 맥락)에 나아가서 스스로 잘 적응할 수 있도록 준비시키는 것이라 하겠다. 그런데 문제는 가식적인 맥락과 실제적인 맥락을 구분하지 못하고 가식적인 맥락에만 매달린다는 것이다. 즉 머릿속의 개념으로서의 삼각형보다 실제 눈에 보이는 삼각형에만 머물러 있다는 것이다.

이런 현상은 '기능(skills) 또는 전략(strategies)'과 관련해서는 특히 더 그렇다. 기능(전략)은 심리학개론에서 소개하고 있는 '절차적 지식'과 유사해서 말로 표현하거나 실체를 보여주기가 쉽지 않다. 예를 들어, 다른

지적 탐구 또는 지적 노력에 초점을 두고 있다는 점을 이해하는 것이 중요하다.

5 '대체로'라고 표현한 것은, 우리 삶의 범위 내에 갇힌 '지식'일수록 눈에 보이는 형태로 존재하는 것처럼 인식되기 때문이다. '대한민국의 수도는 서울이다.'라는 명제 역시 지식의 하나인데, 이 지식은 눈에 보이는 것으로 인식되는 경향이 있다는 측면에서 그렇다. 또한 지식은 '사물에 대한 단편적인 사실적·경험적 인식'이라 할 수 있는데, '단편적'이라서 명시적인 것으로 이해할 수도 있기 때문이다. 다만, '지식'은 본질적으로 '에피스테메(절대지식)'를 의미하고, 우리 삶과 분리된 이데아라는 점에서는 지식 역시 눈에 보이는 형태로 존재한다고 할 수 없는 측면도 있다.

6 이 문제는 교수-학습에서 매우 중요한 문제이다. 교수 방법은 크게 명시적 교수법(explicit instruction)과 암시적 교수법(implicit instruction)으로 구분된다. 암시적 교수법은 그 방법이 다소 모호하여 교육을 과학적으로 접근하게 하는 데 부적절할 수 있다. 그런 이유로 교육 방법은 눈에 보이지 않는 내용을 눈에 보이는 방법으로 가르치는 명시적 교수법으로 접근하는 것이 타당하다.

운동도 마찬가지지만 수영을 처음 배울 때도 '물에 뜨려면 힘을 빼라'라는 말을 얼마나 많이 듣는가? 그런데 도대체 '힘을 뺀다'는 것은 무엇인가? 수영 전문가들에게 아무리 물어봐도 명쾌하게 설명해 주지 못한다. 대충 몸으로 흉내를 낼 뿐이다. 힘을 빼거나 물에 뜨는 운동 '기능(skills)'과 글의 내용을 이해하거나 추론하는 읽기 '기능(skills)'은 동일한 기제를 갖는 개념이다. 따라서 읽기 '기능'은 학생들에게 가르치기가 매우 어려울 수밖에 없다. 이런 이유로 학교 교육에서는 삼각형의 예에서와 같이 가짜의 읽기 기능(전략)을 제공하는 것이다. 대표적인 가짜의 읽기 기능(전략)이 'K-W-L 전략'이다. 즉, 학생에게 제공되는 K-W-L 전략 학습지는 가짜이고, 읽기 행위 전에 뭔가 알고 있는 것을 떠올리고(K) 알고 싶은 것을 물어본 후(W) 읽은 후에 알게 된 것을 기억(L)해 보는 머릿속 지적 활동이 진짜이다. 그런데 우리는 전략으로 포장된 그 학습 활동에만 집중하고 있는 것이 문제이다.

결국, 학교 교육에서 다루는 대표적인 교과인 국어는 가식적인 맥락에서 실행될 수밖에 없다는 것을 인정하는 것이 필요하다. 즉 학교 독서 교육에서의 실제성(authenticity)은 학생들의 실제 읽기 현상을 가능한 반영하여 ① 실제에 가까운 텍스트를 선정하고 ② 실제 읽기의 과정을 거치도록 하며 ③ 그 읽기 과정과 결과에 대해 실제적 평가(authentic assessment)를 하는 정도에 의해서 판단된다는 것이다. 그러면서도 동시에 눈에 보이지 않는 능력(지식, 기능, 태도)을 길러 주기 위해 '선정하고, 거치도록 하며, 평가하기' 때문에 학교 독서는 조작적이고 가식적인 과정이라는 것이다.

읽는다는 것은 바로 눈에 보이지 않는 기능(전략)을 작동시킨다는 것이다. '가장 중요한 것은 눈에 보이지 않아'라고 하지 않았던가. 눈에 보이지 않는 것을 작동시키도록 하는 것, 바로 그것이 독서 행위의 본질이고 그것 때문에 독서에 매력을 느끼게 되는 것이다.

3. 어떤 텍스트를 읽어야 하는가–실제적 맥락

인간으로서 개인의 실제적인 독서는 비형식적인 측면이 강하다. 실제 생활에서의 독서는 학교 수업에서의 독서와 비교해서 온전한 텍스트를 읽는다거나 시간적 제약이 없다는 점, 필요에 의해서 읽고 자신의 관점을 유지한다는 점 등에서 크게 다르다. 노명완(2010 : 157)에서는 실제 생활에서의 독서와 시험 상황에서의 독서를 다음과 같이 비교하였다(여기서는 시험 상황 읽기를 학교 수업 독서로 변형하였다.).

〈표 1〉 학교 수업 독서와 실제 생활 독서 비교

측면	학교 수업 독서	기준	실제 생활 독서
글	온전하지 못한 부분 글	온전성	하나의 텍스트로 온전한 글
	대체로 짧음(시간 고려)	길이	대체로 긺
독자	질문에 답하기 위해 읽음	목적	개인의 필요에 이해 읽음
	상상이 허용되지 않음	사고	무궁한 상상이 허용됨
	여러 번 읽음	반복성	한 번만 읽음
	대체로 시간이 부족함	시간	대체로 시간이 충분함
	글에 순응(이성적)	태도	자신의 관점 유지(감상적)

한 개인은 각자의 실제적 삶을 사는 과정에서 다양한 이유로 읽는 행위를 수행한다. 따라서 청소년들이 어떤 텍스트를 읽어야 하는지는 기

본적으로 그들이 삶을 살아가는 실제적 맥락 속에서 고민해 보아야 한다. 이때 실제적 맥락이라 함은 스스로 읽고 싶어서 읽는 상황을 의미한다. 즉 자신의 필요에 의해 읽을거리를 검색하여 읽게 된다는 것이다. 그 결과 실제 생활에서의 독서 행위는 자기가 읽고 싶은 정도의 쉬운 텍스트를 대상으로 자신만의 무궁한 상상을 펼쳐가며 이루어진다.

따라서 어떤 텍스트를 읽어야 하는가의 문제는 전적으로 실제적 맥락에 의해 결정되어야만 한다. 그런데 스스로 독서 행위를 수행할 수 있는 자신의 관점을 아직 제대로 갖추지 못한 학생의 입장에서는 가벼운 지침이라도 없으면 텍스트를 선정할 때 우왕좌왕하기만 할 것이다. 더구나 책을 좋아하는 사람일지라도 모든 분야의 책을 모두 망라해서 읽는다는 것은 불가능한 일이다. 따라서 이럴 때 독서 유경험자 특히 전문가의 도움이 필요하다. 그런 도움의 한 방식이 권장 도서 선정 작업일 것이다. 일반인들도 읽고 싶은 책을 고를 때 권장 도서 목록과 같은 것들을 참고하는 것은 그런 이유이다. 실제적 맥락에서 읽을 텍스트 선정과 관련해서도 이런 권장 도서 개발 작업은 여전히 유효할 것이다. 문제는 읽어야 하는 텍스트에 대한 판단은 매우 주관적이고 유동적이어서 전문가들 사이에서도 의견 일치가 쉽지 않다는 것이다. 또한 지금은 상업적 측면이 지나치게 강조되고 있다는 점에서도 한계가 있다. 이와 관련해서 국내외 위대한 저서 정리 사업을 참고해 보자.

국외의 경우, 고전주의 교육학자인 아들러가 주도하고 시카고 대학과 브리태니커 백과사전이 함께한 '서양의 위대한 저서(The Great Books of the Western World)' 백과사전화 작업을 참고할 수 있다(Adler, 1966 : ix). 1947년에 그레이트 북스 재단(Great Books Foundation)을 만든 이후 지금까지 이어지고 있는 위대한 저서 정리 사업이다. 1차적인 작업으로 100여 명의 전문가들이 8년 동안 논의한 끝에 74명의 저자와 446편의 저작을 54권의 전집으로 편찬하였다. 다음은 그렇게 정리된 위대한 저서 목록이고, 이중에서 2권과 3권은 '위대한 아이디어(syntopicon)'로서 선정된 저서들에 대한 안내서 또는 색인목록이라 할 수 있다.[7]

〔제1권〕

The Great Conversation : The Substance of a Liberal Education(위대한 대화 : 교양교육의 본질)

〔제2권〕

The Great Ideas, A Syntopicon of the Great Books of the Western World Ⅰ. Angel to Love(위대한 아이디어들, 서양의 위대한 저서들의 신토피콘 Ⅰ. 천사에서 사랑까지)

〔제3권〕

The Great Ideas, A Syntopicon of the Great Books of the Western WorldⅡ. Man to World(위대한 아이디어들, 서양의 위대한 저서들의 신토피콘Ⅱ. 인간에서 세계까지)

〔제4권〕

Homer(호머) : The Illiad(일리어드) / The Odyssey(오디세이)

〔제7권〕

Plato(플라톤) : Symposium(향연) / Apology(변명) / Criton(크리톤) /

7 이에 대한 자세한 내용은 박정진(2014 : 200∼205)과 Adler(1966 : 374∼389)를 참고.

Phaedon(파이돈) / Gorgias(고르기아스) / The Republic(국가)

〔제26권〕〔제27권〕

William Shakespeare(세익스피어) : Romeo and Juliet(로미오와 줄리엣) / Hamlet(햄릿) Othello(오델로) / King Lear(리어 왕) / Macbeth(맥베스) 등 전체 작품

〔제29권〕

Miguel de Cervantes(세르반테스) : The History of Don Quixote de la Mancha(돈키호테)

〔제36권〕

Jonathan Swit(스위프트) : Gulliver's Travels(걸리버의 여행기)

〔제47권〕

Johann Wolfgang von Goethe(괴테) : Foust(파우스트)

〔제48권〕

Herman Melville(멜빌) : Moby Dick(백경)

〔제49권〕

Charles Darwin(다윈) : The Origin of Species by Means of Natural Selection(종의 기원) / The Desent of Man and Selection in Relation to Sex(인간의 계보)

〔제50권〕

Karl Marx(마르크스) : Capital(자본론)

Karl Marx and Friedrich Engels(엥겔스) : Manifesto of the Communist Party(공산당 선언)

〔제51권〕

Count Leo Tolstoy(톨스토이) : War and Peace(전쟁과 평화)

〔제52권〕

Fyodor Mikhailovich Dostoevsky(도스토예프스키) : The Brothers Karamazov(카라마조프 형제)

〔제54권〕

Sigmund Freud(프로이트) : The Origin and Development of Psychoanalysis(정신분석의 기원과 발달) / New Introductory Lectures on Psychoanalysis(정신분석학 입문강의)

국내의 경우에도 이와 유사한 노력들이 다각도로 진행되어 왔다. 그 한 예로 2005년에 서울대학교 기초교육원이 주도하여 개발한 『권장도서 해제집』을 들 수 있다. 이것은 '서양의 위대한 저서' 개발 작업에 비유하면 제2권과 제3권에 해당하는 '고전도서 해제집'이다. 16명의 교수들이 진지한 논의를 통해 개발한 것으로, 선정된 도서들은 한국문학, 외국문학, 동양사상, 서양사상, 과학기술의 5개 분야로 분류되었다. 그렇게 정리된 저서들 목록은 다음과 같다.

〔한국문학 편〕

고전시가선집, 연암집, 구운몽, 춘향전, 한중록, 청구야담, 무정, 삼대, 천변풍경, 고향, 탁류, 인간문제, 정지용 시집, 백석시전집, 카인의 후예, 토지, 광장

〔외국문학 편〕

당시선(唐詩選), 홍루몽, 루쉰소설전집, 변신인형, 마음, 설국, 일리아스

와 오디세이아, 변신 이야기, 그리스 비극, 신곡, 그리스로마신화, 햄릿 외 3편, 위대한 유산, 주홍글자, 젊은 예술가의 초상, 허클베리 핀의 모험, 황무지, 마담 보봐리, 스완 씨 댁 쪽으로, 인간의 조건, 파우스트, 마의 산, 변신, 양철북, 돈키호테, 백년 동안의 고독, 픽션들, 고도를 기다리며, 카라마조프가의 형제들, 안나 카레니나, 체호프 희곡선

〔동양사상〕

삼국유사, 보조법어(普照法語), 퇴계문선, 율곡문선, 다산문선, 주역, 논어, 맹자, 대학 · 중용, 제자백가 선독, 장자, 아함경(阿含經), 사기, 우파니샤드

〔서양사상〕

역사, 의무론, 국가, 나코마코스 윤리학, 고백록, 군주론, 방법서설, 리바이어던, 정부론 2편, 법의 정신, 에밀, 국부론, 실천이성비판, 페더랄리스트 페이퍼, 미국의 민주주의, 자유론, 자본론 1권, 도덕계보학, 꿈의 해석, 프로테스탄티즘의 윤리와 자본주의 정신, 감시와 처벌, 간디 자서전, 물질문명과 자본주의, 근현대사 4부작(혁명의 시대, 자본의 시대, 제국의 시대, 극단의 시대), 슬픈 열대, 문학과 예술의 사회사, 미디어의 이해

〔과학기술〕

과학 고전 선집, 신기관, 종의 기원, 과학 혁명의 구조, 괴델 · 에셔 · 바흐, 부분과 전체, 엔트로피, 이기적 유전자, 카오스, 객관성의 칼날, 같기도 하고 아니 같기도 하고

'고전'이란 '너무도 유명하지만 아무도 안 읽은 책'이라거나 '아무도 읽지 않는 책', 더 나아가 '남들은 좋다지만 나와는 무관한 책', '괜히 남들 따라 읽느라고 고생하는 책'으로 여겨지는 경우(이현우, 2013 : 7~8)

가 많다. 그런데 앞에 두 사례에서 보듯이, 위대한 도서 목록을 개발하고자 하는 국내외 연구의 공통점들이 많다는 것은 우리에게 시사하는 바가 크다고 하겠다. 서울대기초교육원(2005)에 따르면, 소수의 고전이 모든 사회구성원이 따라야 할 가치 판단과 문화 활동의 전범(典範)을 제시하는 정전(正典, canon)으로서 군림하는 것은 가능하지 않으며, 고전의 범위도 상당히 넓어졌고 고전과 고전 아닌 것의 경계선도 불분명해졌다고 언급하고 있다. 그러면서 고전의 조건으로 '인간과 사회와 자연에 대한 종합적 이해와 폭넓은 사고를 촉진하고, 한 문화권에 과도하게 편중되지 않는 보편적 정서가 반영된 것이어야 한다.'고 제안하고 있다. 다른 말로 표현하면, 고전은 인간의 보편적 정서를 담고 있으며 무한의 해석이 가능한 작품을 의미한다고 할 수 있다.

이에 적합한 대표적인 예가 『돈키호테』와 『데미안』이라고 할 수 있을 것이다. 근대 소설의 효시라고 일컬어지는 『돈키호테』의 경우, 아이러니하게도 20세기 초 모더니즘 소설의 특징인 '자기참조성'과 '자기반영성'을 보여주는 대표적인 작품이다. 브레히트의 '거리효과(distance)'와 유사한 자기반영성은 독자에게 지금 소설(이야기)을 읽고 있다는 것을 지속적으로 노출시키는 장치이다. 또한 자기 참조성은 소설 쓰기에 관한 메타소설이라고 할 수 있는데, 세르반테스가 『돈키호테』에서 자기가 쓴 소설과 기존의 기사소설을 직접적으로 인용하는 기법을 의미한다. 이런 특징들은 뒤에 나오는 묘사와 전형성이 중심인 19세기 리얼리즘 작품들(예 : 보봐리 부인)에서 벗어나고자 했던 모더니즘의 특징을 더 드러내고 있는 것이다.

이렇게 이야기 전개를 중심으로 하는 초창기 근대 소설을 대표하면서도 리얼리즘을 뛰어넘으려는 소설 기법을 구사하고 있다는 점에서 『돈키호테』는 고전으로 취급될 만한 텍스트라 할 수 있다. 독자들이 이런 지점들까지 읽어낸다면 훌륭한 읽기를 수행했다고 인정할 수 있다. 독자들의 입장에서 보면 『돈키호테』는 읽는 과정에서 자신의 관점에 따라 매우 다양하게 해석할 수 있는 텍스트가 된다. 이런 점에서 투르게네프가 '햄릿형 인간'과 대비되는 '돈키호테형 인간'을 언급한 것(이현우, 2013 : 161~162)은 우연이 아니라고 하겠다. 독서 행위의 실제적 맥락에서 활용 가능한 텍스트로 『돈키호테』는 매우 적합하다고 하겠다.

한편 헤세의 자전적 소설로 알려져 있는 『데미안』의 경우에도 마찬가지 해석이 가능하다. 『데미안』에서 모호한 상징들이 의미하는 바를 찾아내는 것부터가 고전으로서 '해석의 무한'을 보여주는 것이라 하겠다. 예를 들어 『데미안』에 나오는 가장 유명한 표현을 보자.

> 새는 알에서 나오려고 투쟁한다. 알은 곧 세계이다. 태어나려는 자는 하나의 세계를 깨뜨려야 한다. 새는 신에게로 날아간다. 신의 이름은 아브락사스.
>
> —『데미안』(전영애 역, 민음사), 2014 : 123

인용된 구절은 뭔가 깊고 다양한 의미를 던지는 것 같지 않은가? 자신의 조국 독일을 향해 반전 호소문을 발표했던 헤세의 인식이 드러난 것도 같고, 전쟁을 새로운 세계로 나아가는 과정으로 인식한 것도 같다.[8] 결국 독자로서 한 개인이 읽어야 하는 텍스트는 실제적 맥락이 반

8 이현우(2012 : 94~104)에 따르면, 나치에 의해 헤세의 작품들은 금서로 간주되었지만 제2차 세계대전 중에 독일 병사들의 배낭에 『데미안』이 한 권씩 들어 있었다고 한다.

영되어야 하며, 그것은 전문가 집단에 의해서 고전이라 규정된 것들이 중심이 된 권장 도서들이 지침으로 작용되어야 한다는 것을 의미한다. 그런데 이런 실제적 맥락에 의해 선정되는 텍스트는 가르치는 가식적 맥락에서는 다른 양상으로 이해해야 할 것이다.

4. 어떤 텍스트로 가르쳐야 하는가–가식적 맥락

앞에서 언급한 대로 학교 독서는 가짜의 내용과 방법으로 실현된다. 즉 가식적 맥락에서 독서 행위가 나타난다는 것인데, 이런 독서는 형식적인 측면이 강하다. 제공된 텍스트를 읽는 과정이 체계적으로 제시되며, 그 텍스트를 읽는 목적 또한 분명하기 때문이다. 따라서 교육의 장면에서 어떤 텍스트로 가르쳐야 하는가의 문제는 '가르친다는 것'의 의미를 어떻게 설정하느냐에 다라 달라질 수 있다.

'가르치는 것'에 대한 이해를 위해서는 학교 교육의 설계도인 '교육과정'을 살펴보는 것이 중요하다. 특히 우리나라처럼 문서화된 형태로 고시되는 국가 수준의 교육과정은 학교 교육의 맥락을 이해하는 데 크게 도움이 된다. 2017년부터 초등학교 1, 2학년을 시작으로 적용될 "2015 개정 국어과 교육과정(2015년 9월 23일 고시)"에서는 다음과 같이 국어 교과 역량을 설정하였다(교육부, 2015b : 3~4).

> '국어'에서 추구하는 비판적 · 창의적 사고 역량은 다양한 상황이나 자료, 담화, 글을 주체적인 관점에서 해석하고 평가하여 새롭고 독창적인 의미를

부여하거나 만드는 능력이고, **자료 · 정보 활용 역량**은 필요한 자료나 정보를 수집, 분석, 평가하고 이를 효과적으로 활용하여 의사를 결정하거나 문제를 해결하는 능력이다. 의사소통 역량은 음성 언어, 문자 언어, 기호와 매체 등을 활용하여 생각과 느낌, 경험을 표현하거나 이해하면서 의미를 구성하고 자아와 타인, 세계의 관계를 점검 · 조정하는 능력이며, **공동체 · 대인 관계** 역량은 공동체의 가치와 공동체 구성원의 다양성을 존중하고 상호 협력하며 관계를 맺고 갈등을 조정하는 능력이다. 그리고 **문화 향유 역량**은 국어로 형성 · 계승되는 다양한 문화를 이해하고 그 아름다움과 가치를 내면화하여 수준 높은 문화를 향유 · 생산하는 능력이며, **자기 성찰 · 계발 역량**은 삶의 가치와 의미를 끊임없이 반성하고 탐색하며 변화하는 사회에서 필요한 재능과 자질을 계발하고 관리하는 능력이다. 이들 역량은 미래 사회에서 필요한 핵심적인 능력 요소로서, '국어'는 이를 신장하기 위해 의미 있는 목표를 설정하고 적정한 성취기준 및 효과적인 교수 · 학습과 평가의 방향을 체계적으로 제시하였다. (강조는 인용자)

이를 2015 개정 국어과 교육과정 개발 보고서에서는 〈그림 1〉과 같이 정리하고 있다(김창원 외, 2015 : 83). 여기서는 고시된 2015 개정 교육과정의 최종 역량 명칭을 반영해서 다소 수정하였다.

기본적으로 국어교육 맥락에 도입되는 텍스트는 이와 같은 교과 역량을 고려하여 설정될 필요가 있다. 총론의 핵심 역량과 국어 교과 역량은 국어교육에서 선정해야 하는 텍스트의 중요한 기준이 되는 것이다.

또한 2015 개정 국어과 교육과정은 초등학교 1~2학년, 3~4학년, 5~6학년, 중학교 1~3학년, 고등학교 1학년으로 단계화하여 영역별

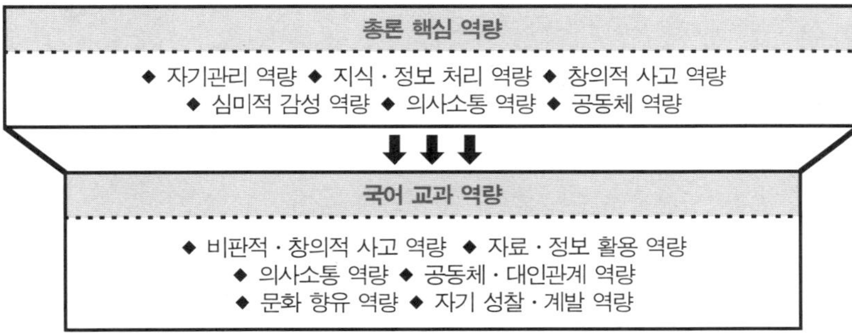

〈그림 1〉 2015 개정 국어과 교육과정의 국어 교과 역량

성취기준을 제시하고 있다. 그리고 각 학년군별 성취기준 말미에 '국어 자료의 예'를 제시하고 있는데, 이는 성취기준을 고려하여 활용할 수 있는 텍스트의 예라고 할 수 있다. 이 국어 자료의 예와 관련하여 "학습자의 요구와 수준에 따라 통합적 관점에서 내용의 위계성과 학습의 계열성을 고려하며 창의적으로 재구성하여 활용할 수 있다(교육부, 2015 : 11)"고 설명하고 있다. 교육과정에서 학년군별로 제시된 '국어 자료의 예' 중에서 이 논의와 관련된 것들만 골라서 정리하면 다음과 같다.

〔초등학교 1~2학년 국어 자료의 예〕

- 재미있거나 인상 깊은 일을 쓴 일기, 생활문
- 재미있는 생각이나 표현이 담긴 시나 노래
- 사건의 순서가 드러나는 간단한 이야기
- 인물의 모습과 처지, 마음이 잘 드러나는 이야기, 글
- 상상력이 돋보이는 그림책, 이야기, 만화나 애니메이션

〔초등학교 3~4학년 국어 자료의 예〕

- 본받을 만한 인물의 이야기를 쓴 전기문, 이야기나 극
- 일상의 경험이나 고민, 문제를 다룬 시, 이야기, 글
- 운율, 감각적 요소가 돋보이는 시나 노래
- 사건의 전개 과정이나 인과 관계가 잘 드러나는 이야기, 글
- 감동이 있거나 재미가 있는 만화나 애니메이션

〔초등학교 5~6학년 국어 자료의 예〕

- 인문, 사회, 과학, 예술, 체육 등과 관련한 교과 내용이 담긴 설명문
- 일상생활이나 학교생활에 대해 글쓴이의 주장과 근거가 잘 나타난 논설문
- 일상생활이나 학교생활에서의 의미 있는 체험이 잘 드러난 감상문, 수필
- 다양한 가치와 문화를 경험할 수 있는 문학 작품
- 비유 표현이 드러나는 다양한 형식의 시나 노래, 글
- 현실이 사실적으로 반영되거나 환상적으로 구성된 이야기
- 또래 집단의 형성과 구성원 사이의 관계를 다룬 이야기나 극

〔중학교 1~3학년 국어 자료의 예〕

- 사회・문화・역사적 배경이 잘 드러난 글, 전기문이나 평전, 문학 작품
- 바람직하고 가치 있는 삶에 대한 탐구와 성찰을 담고 있는 작품
- 비유, 상징, 운율, 반어, 역설, 풍자의 표현 방식이 뚜렷하게 드러난 작품
- 인물의 내면세계, 사고방식, 정서 등이 잘 드러난 작품
- 성장 과정의 고민과 갈등을 소재로 한 작품

- 문학 작품을 다른 갈래나 매체로 재구성한 작품
- 학습자가 즐겁게 읽을 수 있는 한국·외국 문학 작품
- 학습자 수준에 맞는 비평문

〔고등학교 1학년 국어 자료의 예〕
- 경험, 정서, 삶의 성찰을 담은 글, 수필, 자기소개서
- 삶의 방식, 이념, 문화 등의 차이에서 오는 갈등과 해결을 담고 있는 글이나 문학 작품
- 갈래의 특성이 선명히 드러난 문학 작품
- 문학사적으로 주요한 위상을 가지며 학습자에게 감동을 줄 수 있는 한국 문학 작품
- 학습자 수준에 맞는 적절한 길이의 고전 시가 작품
- 독창성과 미적 감수성이 뛰어난, 학습자가 즐겁게 읽을 수 있는 문학 작품
- 보편적인 정서와 다양한 경험이 잘 드러난 한국·외국 문학 작품

이와 같은 국어 자료의 예는 교과 역량과 함께 또 다른 텍스트 선정 기준이 될 수 있다. 실제적 맥락에서 선정된 텍스트들은 가식적 맥락(교육적 맥락)에서 제시되는 이 두 가지의 기준을 토대로 하여 걸러져야 한다. 교육은 텍스트가 생산된 맥락과는 다른 또 다른 유목적적인 행위이기 때문이다. 이런 측면에서 앞에서 예로 든 『돈키호테』와 『데미안』을 새롭게 해석할 필요가 있다. 『돈키호테』의 경우에는 3절에서 설명한 대로 고전으로서 교육적 맥락에서도 의미를 갖는다. 사회적 배경

이 잘 드러나 있고, 표현 방식이 뚜렷하게 드러난 작품으로 평가받기 때문이다. 반면, 『데미안』의 경우에는 동일한 고전이라고 하더라도 '집단의 광기'로 해석될 수도 있다는 점에서 교육적 맥락에서 활용하기에는 다소 무리가 있어 보인다.[9] 중학교 1~3학년 국어 자료의 예에서 보듯이, '바람직하고 가치 있는 삶에 대한 탐구와 성찰을 담고 있는 작품'의 관점에서 보면 논란의 여지가 있기 때문이다.

따라서 독서교육을 위한 텍스트 선정을 위해서는 교육과정에 제시된 교과 역량과 국어 자료의 예를 기준으로 지속적인 논의 과정을 거칠 필요가 있다. 다만, 고전의 반열에 오를 텍스트로서 좋은 텍스트는 '해석의 무한'이라는 점에서 보면, 교육적 측면에서 선정되는 텍스트는 그 자체가 중요하다기보다 그 텍스트를 읽어내는 힘이 중요하다는 것을 간과해서는 안 된다. 가식적 맥락으로서 학교 독서 교육을 위해서는 어떤 텍스트를 선정하든지 이런 지적 노력에 초점을 맞추어야 한다는 것이다.

부연하자면, 교육적 맥락에서 선정되는 텍스트들은 집필진의 우연성에 기인하는 경우가 많다. 그것은 실제적 맥락에서 선정된 텍스트들을 기본으로 하여 교과서 집필진들의 합의에 의해 선정되기 때문이다. 그것이 텍스트 선정의 단점으로 작동되기도 하지만, 달리 보면 그것은 어떤 텍스트를 선정하느냐가 중요하기보다 그 텍스트를 어떻게 다루는가를 더 중요하게 생각한다는 것을 반영한 결과이다. 박정진(2012)에

9 이런 해석은 더 깊이 있게 논의될 필요가 있다. 다만, 교과 역량과 국어 자료의 예로 제시된 기준에서 보면 『데미안』은 나치의 '종족' 개념에 의미를 부여해 줄 가능성이 있다는 점에서 그렇다는 것이다.

서는 원자료로서의 지식을 대상으로 고등 수준의 사고를 수행한다는 것이 독서에 대한 '의미 구성의 관점'이라고 제안한 바 있다. 이를 다르게 설명하면 독서 대상이 되는 원자료로서의 텍스트를 읽으면서 재인 또는 회상하고 이해하며 적용, 분석, 종합, 평가의 지적 노력을 하는 것에 의해서 독해가 이루어진다는 것이다. 따라서 실제적 맥락에서 선정된 텍스트라면 어떤 원자료로서 활용되든지 간에 지적 노력(기능)을 수행하는가가 더 중요하다고 하겠다.

5. 결론—독서의 자리매김

독서교육에서 다루어야 할 텍스트에 대해 논의하면서 놓치지 말아야 하는 질문은 '국어교육의 하위 영역으로서 독서가 국어 교과 내에서 읽기나 문학과 차별화되어 어떻게 자리매김해야 하는가?'에 관한 것이다. 이것은 실제적 맥락과는 구분되는 가식적 맥락으로서의 독서교육에서 다루어야 하는 텍스트를 정하는 데 중요한 영향을 미치기 때문이다. 여기서는 '독서'가 텍스트 선정이나 활용 등과 관련해서 '문학'과 어떻게 차별화되어야 하는지에 대한 다소 새로운 문제를 언급하면서 결론으로 대신하고자 한다. 이것은 '독서' 과목의 자리매김 문제로서 새롭게 검토해야 할 중요한 문제라고 생각하기 때문이다.

사실 이것은 어려운 문제가 아니어서 간단히 세 단계로 처리하는 방식을 제안해 볼 수 있겠다. 1단계는 독서가 읽기, 문학과 융합되어 나타나는 단계이다. 즉, 초등학교 저학년에서는 읽기 기능 중심(기초문식성, 비판적 문식성)으로 독서와 문학이 읽기에 통합되어 제시될 수 있다. 2단계는 문학이 독서와 읽기로부터 분가된 단계이다. 이 단계는 초등학교 6학년 이후의 시기로서 문학 지식, 문학 비평, 문학 감상 등이 문학적 접근 방식을 추구하는 것이다. 이것은 피아제의 '형식적 조작기' 단계에 해당한다는 점을 고려한 것이다. 끝으로 3단계는 독서의 독립 단계이다. 고등학교에 이르러서는 독서가 읽기 기능을 뛰어넘어 다양한 읽기 자료(텍스트)를 목적에 따라 접하게 되도록 해야 한다. 형식적 조작기를 넘어선 학생들에게 읽기 기능을 강조하는 것은 제한적인 교육을 하게 될 가능성이 크기 때문이다. 이렇게 되면, 독서교육을 위한 텍스트는 읽기나 문학을 위한 텍스트와 가식적 맥락에서 차이를 보이게 될 것이다.

다만, 실제로는 교육적 측면에서 텍스트를 선정한다는 것은 매우 어려운 일이다. 제한된 시간과 지면 등의 여건 속에서 제대로 된 텍스트를 접하게 한다는 것이 불가능하기 때문이다. 이런 현실은 감안하고 가식적이라는 교육적 맥락을 고려해 볼 때 실제성만을 추구하려는 것은 오히려 국어교육적 접근을 산만하게 할 가능성이 있다. 따라서 실제적 맥락을 전제하면서도 가식적(교육적) 맥락을 이해하는 텍스트 선정의 지혜가 필요할 것이다.

참고 문헌

[논문 및 단행본]

교육부, 『국어과 교육과정』(교육부 고시 제2015-74호[별책5]), 세종 : 교육부, 2015. Ministry of Education, *The Curriculum about Korean Language,* Sejong : Ministry of Education, 2015b.

김창원 외 28인, 『2015 개정 국어과 교육과정 시안 개발 연구』 (1), 한국교육과정평가원, 2015. Kim, C. W. etc., *A Study on Developing the Korean Language Subject Curriculum according to the 2015 Revised Curriculum*, Seoul : KICE, 2015.

노명완, 「독서 능력과 독서 태도의 평가 방향」, 『한국어교육학회 학술발표 자료집』, 한국어교육학회, 2010. Noh, M. W., "The Direction of Evaluation about Reading Ability and Attitude", *Proceedings of Conference of The Society of Korean Language Education,* 2010.

박정진, 『국어교육학 정체성 탐구』, 소통, 2009. Park, J. J., *A exploring the Identity of the Korean Language Eduction*, Seoul : Sotong Press, 2009.

______, 「'의미 구성' 관점의 재음미를 통한 독서교육의 지평 확장」, 『독서연구』 제28호, 한국독서학회, 2012. Park, J. J., "Expanding the horizons of reading education through reconsideration about meaning construction perspective", *Journal of Reading Research* 28, 2012.

______, 「'주제별 통합 독서(신토피컬 리딩)'의 의미와 독서교육적 맥락」, 『독서연구』 제32호, 한국독서학회, 2014. Park, J. J., "The Meaning of 'Syntopical Reading' and Reading Educational Context", *Journal of Reading Research* 32, 2014.

서울대학교 기초교육원 편, 『창조적 지식인을 위한 권장도서 해제집-문학에서 자연과학까지』, 서울대학교출판문화원, 2005. Faculty of Liberal Education in Seoul National University (Ed.), *Recommended Books Commentary for Creative Intellectuals*, Seoul : Seoul National University Press, 2010.

우한용, 「디지털시대의 독서와 독서교육의 정체성」, 『독서연구』 제30호, 한국독서학회, 2013. Woo, H. Y., "On the Reading and It's Education in the Age of Digital", *Journal of Reading Research* 30, 2013.

이남호, 『문자 제국 쇠망약사』, 생각의나무, 2004. Lee, N. H., *The Destruction History of Character Empire*, A Tree of Thought Press, 2004.

이현우, 『로쟈의 세계문학 다시 읽기』, 경기도 : 오월의 봄, 2012. Lee, H. W., *Re-Reading World Literature*, Kyunggido : Spring in May Press, 2012.

______, 『아주 사적인 독서』, 웅진지식하우스, 2013. Lee, H. W., *Very Private Reading*, Seoul : WJ books, 2013.

Adler, M. J., *How to Read a Book : A Guide to Reading the Great Books(1966 special edition)*, NY :

Simon and Schuster, 1966.
________, & C. V. Doren, *How to Read a Book : The Classic Guide to Intelligent Reading(first written in 1940)*, NY : Touchstone Books, 1972. 오연희 역, 『논리적 독서법』, 예림기획, 1997.
Hesse, H., *Demian. Die Geschichte einer Jugend von Emil Sinclairs*, Berlin : Fischer, 1919. 전영애 역, 『데미안』, 민음사, 2014.
국립국어원 표준국어대사전 : http://stdweb2.korean.go.kr(2015.12.25)

'주제별 통합 독서(신토피컬 리딩)'의 의미와 독서교육적 맥락

박정진

1. 서론–일상적인 독서의 모습

우리는 다양한 목적으로 책을 읽는다. 이런 읽기 목적은 크게 '알기 위하여, 깨닫기 위하여, 느끼기 위하여'로 정리될 수 있다. 이 세 가지는 결국 우리의 즐거움으로 귀결된다. 알게 되는 즐거움, 깨닫는 즐거움, 느끼는 즐거움이 그것이다. 이런 즐거움을 심화하여 구체적으로 가르치기 위해 고등학교『독서와 문법』'독서' 영역에서는 '사실적 독해', '비판적 독해', '추론적 독해', '감상적 독해', '창의적 독해'로 독해를 분류하여 제시하고 있다.

이러한 독서의 목적은 우리 삶의 이야기들과 직결된다. 앎, 깨달음, 느낌 모두가 우리의 삶이고, 그 삶 속에 담긴 이야기들이 텍스트 속에서 다양한 방식으로 전개되기 때문이다. 따라서 우리는 책을 읽을 때 이런 삶의 이야기들에 담긴 중심 생각들을 추적하면서 읽는다. 바로 그 중심 생각들이 '주제'라고 할 수 있는데, 이 주제는 하나의 측면으로만이 아니라, 여러 가지 소재 또는 다양한 장르 등을 통해 읽히게 된다. 다시 말하면, 우리의 일상적인 상황에서는 주제별로 통합적인 독서가 이루어진다는 것이다.

이것은 우리의 일상적인 글 읽기 모습에서 자연스럽게 확인된다. 예를 들어, 연애를 하는 청춘남녀의 경우, 연애편지를 쓰기 위해 '사랑'이라는 주제에 관심을 갖고, 그 주제와 관련된 다양한 장르의 책을 통합적으로 읽는다. 즉 여러 책에서 언급된 사랑에 관한 내용을 비교하고 분석하거나 통합하면서 읽는 것이다. 이것이 일상생활에서 주제별로 통합적인 독서를 하는 모습이다. 이는 인간의 언어 사용이 기본적으로 유목적적(예 : 사랑의 속삭임)이라는 것과 일상생활의 독서 활동은 대체로 특정 주제(예 : 사랑)를 중심으로 이루어진다는 것을 보여준다.

그러면 고등학생 독자(讀者)는 주로 어떤 독서를 하는가? 불행하게도 현재 우리 고등학생들은 깨닫고 느끼기 위한 독서는 거의 수행하지 못하는 것으로 보인다.[1] 그나마 고등학생이 독자로서 활동하는 대표적인 경우는 대입 논술 시험을 대비하기 위해 장르별 또는 영역별로 책을 읽는 경우일 것이다. 이런 점에서 고등학생의 일상적인 글 읽기 모습은 논술 시험에 대비하려는 목적의 독서에서 확인할 수 있다.

1 문화체육관광부 주관하여 (재)한국출판연구소에서 수행한 '2013년 국민 독서실태 조사 결과에 따르면, 고등학생의 1년 독서량(9.8권)은 초등학생(65.1권)과 중학생(22.0권)에 비해 턱없이 부족한 것으로 나타났다. 또한 자신의 독서량이 부족하다고 느끼는 비율에서도 67%로 초등학생(26.3%)이나 중학생(55.8%)과 차이가 많았다. 이런 상황에서 고등학생들이 실제로 다양한 목적의 독서를 수행하고 있다고 하기는 어려울 것이다.

우리나라 논술 시험은 대체로 장르 또는 영역을 통합한 형태로 출제되는데, 수험생의 입장에서 보면, 제시된 각 글들을 깊게 이해하고(심층 분석), 글들 사이의 관계를 파악한 후(비교 및 대조), 그 결과를 통합하거나(공통 주제 파악), 비판하며(자신의 생각과 비교하기) 읽을 수 있어야 한다. 다음은 2012학년도 연세대학교 인문 계열 논술 시험이다.

※ 아래 제시문 (가), (나), (다), (라)를 읽고 문제에 답하시오.

[제시문]

(가) 사람들에게는 자신의 활력을 임의로 이곳저곳에 소모하려는 정신 경향이 있습니다. 이러한 정신의 발현 방식 역시 세상이 진보하면 할수록 복잡해지는 것이 당연합니다. (이하 생략)

(나) 프랭크 길브레스는 과학적 관리법에 흥미를 갖고 이를 벽돌쌓기에 적용해보기로 했다. 그는 벽돌공의 동작들에 대해 매우 재미있는 분석과 연구결과를 내놓았고, (이하 생략)

(다) 기억에 망각이 특이하게 혼합되는 것은 우리 정신에 있는 선택 작용의 한 예이다. 선택은 그 위에 정신이란 배를 건조할 뼈대가 된다. 그리고 기억을 위해 선택이 쓸모 있다는 것은 분명하다. (이하 생략)

(라) 한 대학의 연구소에서 대학생들을 대상으로 시각적 인지에 관한 실험을 실시했다. 실험진은 피실험자들에게 한 번에 하나씩 총 8장의 컬러 슬라이드 사진을 보여주고, (이하 생략)

[문제 1] 제시문 (가)와 (나)를 '낭비'의 관점에서 비교하고, 두 입장을 활용하여 제시문 (다)에 나타난 정신 활동에 대한 이해 방식을 비판적으로 분석하시오.

[문제2] (앞부분 생략) 제시문 (나)의 길브레스가 '과학적 관리법'과 '제시문 (라)의 실험결과'를 결합해서 어떻게 채용과정을 설계해야 할지 의견을 제시하시오.

이 논술 문항에 제시된 논제들은 다양한 장르이면서도 '낭비' 또는 '효율성'에 관한 다양한 관점의 글로 구성되어 있다. 그리고 문제에서 요구하는 내용은 (가)와 (나)를 비교하고, 이를 바탕으로 (다)를 비판한 후 (나)와 (라)의 관점을 통합하여 본인의 생각을 제시하는 것이다. 이런 양상은 대부분의 대학 논술 시험에서 나타난다. 다음은 가톨릭대학교 2014학년도 문과 논술 시험이다.

[문항 1] (가)는 1980년대의 이야기이고 (나)는 2013년 현재의 상황이다. 갈등의 양상에 초점을 맞추어 (가)와 (나)를 비교하시오.

[문항 2] (라)와 (마)를 활용하면서 (다)의 '보편적 디자인'이 추구하는 정신에 근거하여 (나)에 나타난 갈등에 대한 해결 방향을 논술하시오.

[제시문]

(가) 팔순을 넘긴 김반장 할머니는 꼬부라진 허리를 아랑곳 않고 추위를 피해 종종걸음 치는 아낙네들 뒤를 따라가면서까지 외워댔다. (이하 생략)

(나) 2000년대에 들어 대형마트와 기업형 슈퍼마켓의 시장지배력은 꾸준히 커져 왔다. 그에 반해 주거지 근처의 작은 가게들로 이루어진 골목상권과 전통시장은 축소와 쇠퇴의 (이하 생략)

(다) 디자인은 보통 대량생산을 전제로 한다. 그렇지만 대부분의 디자인은 특정한 집단만을 대상으로 한다. (이하 생략)

(라) 문화접변에 의한 문화변동의 양상은 변동의 정도에 따라 문화공존, 문화동화, 문화융합의 세 유형으로 나타난다. (이하 생략)

(마) 생물들은 자신이 서식하고 있는 환경 조건에 알맞도록 몸의 구조와 기능을 변화시키기도 한다. (이하 생략)

이 논술 시험 역시 장르와 영역 통합적인 형태로 구성되어 있다. 소설, 신문기사, 사회과학과 자연과학 분야의 글을 통합적으로 읽고 비교와 분석을 통해 자신의 생각을 드러내도록 하고 있다. 이런 문항 형태에 대처하기 위해서 수험생들은 어떤 독서를 하게 되는가? 고등학생 독자라면 이런 논술 시험에 대비하기 위해서 다양한 주제에 관심을 가져야 하며 동시에 한 주제에 대한 다양한 장르의 글을 통합적으로 읽어야 한다. 즉 단일 텍스트 읽기 방식이 아닌 복수 텍스트 읽기 방식이 고생학생 독자의 일상적인 독서 모습인 것이다.

특정 분야에 관심을 가진 일반인의 경우에도 이와 유사하다. 자신의 관심 분야(공룡, 우주, 와인 등)를 이해하기 위해서 백과사전부터 시작해서 그 분야의 참고 서적들을 수집해서 관련 내용을 종합적으로 수용하며 읽는다. 보고서를 작성하는 학생 또는 직장인의 예도 있다. 보고해야 할 과제와 유사한 과제를 수행한 보고서들을 수집하고 서로 비교하면서 장점과 개선점들을 파악한 후 그것들을 통합하여 자신의 보고서로 작성하게 된다. 강의를 준비하는 강사 역시 강의와 관련된 내용이 설명된 책들을 모아 해당되는 부분들을 비교, 검토하면서 수강생들이 강의 주제를 쉽게 이해할 수 있는 방안 모색하는 과정을 거친다.

지금까지 언급한 독서 사례들에서 나타난 일반적인 독서는 주제를 중심으로 하여 복수의 텍스트를 비교, 대조, 분석, 통합하는 방식으로 이루어진다. 이는 기본적으로 유목적적인 우리의 언어 사용은 자연스럽게 특정 주제를 중심으로 이루어진다는 것과도 관련이 있다. 따라서 이 연구에서는 우리의 일상적인 독서 모습과 관련이 깊은 주제별 통합 독서(신토피컬 리딩, syntopical reading)[2]의 의미와 독서교육 맥락에서의 교육적 가능성을 살펴보고자 한다.

2. 복수 텍스트 읽기로서의 '주제별 통합 독서'

박정진 · 이형래(2009 : 12~15)에서는 상호텍스트성은 기본적으로 두 개 이상의 텍스트가 만나는 것을 전제로 한다면서 콘텍스트(맥락)의 일부분이라고 설명하고 있다. 앞에서 언급한 대로 우리의 일상적 독서가 주제를 중심으로 두 개 이상의 텍스트를 통합적으로 다루는 것이라면, 이는 주제를 중심으로 한 상호텍스트성을 드러내는 것이라 하겠다. 이 때 두 개 이상의 텍스트를 통합적으로 읽는 것이 '복수 텍스트[3] 읽기'의 양상이라면 이와 비교하여 '단일 텍스트 읽기'도 상정이 가능할 것이다.

단일 텍스트 읽기는 하나의 텍스트를 읽으면서 '이해, 분석, 비판, 평

2 'syntopical reading'은 고전과 교양교육이 강조된 '파이데이아 제안(1982년)'을 주도했던 고전주의 교육학자 아들러가 제안한 독서 단계이다. 이것은 신토피컬 리딩을 위한 안내서라 할 수 있다. 초보 독서(elementary reading) → 점검 독서(inspectional reading) → 분석 독서(analytical reading)의 수준을 거치고 난 후 마지막 단계가 신토피컬 리딩이다. 연구자에 따라서는 '종합 독서', '같은 주제 독서', '공통 주제 독서'라고 번역되고 있지만, 이 연구에서는 '주제별 통합 독서'라 지칭한다.

3 복수 텍스트는 영어 'multi text'에 대응되는 말이다. 이를 다중 텍스트라고도 부르는데, 여기서는 복수 텍스트로 지칭한다.

가, 감상'을 수행하게 되는 방식이다. 그리고 하나의 텍스트 읽기가 완성되면 또 다른 하나의 텍스트를 대상으로 새로운 '이해, 분석, 비판, 평가, 감상'의 과정을 거치게 된다. 다음 그림은 단일 텍스트 읽기 양상을 잘 보여준다(박정진 · 이형래, 2009 : 13).

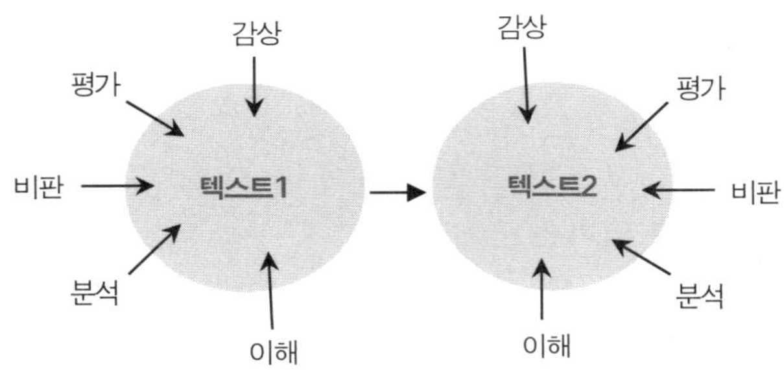

〈그림 1〉 단일 텍스트 읽기

이런 단일 텍스트 읽기에서는 텍스트1과 텍스트2가 의도된 상관성을 갖지 않는다. 반면에 복수 텍스트 읽기는 다음 그림에서 보는 바와 같이 "주제나 소재 또는 작가를 중심으로 통합될 수 있는 텍스트들을 서로 연결하여 읽는 방식(박정진 · 이형래, 2009 : 13)"이라 할 수 있다. 즉 복수의 텍스트들을 비교, 분석, 통합하면서 읽는 행위가 복수 텍스트 읽기이다. 보그랑데와 드레스러(1981)가 제안한 7가지 텍스트성에 '상호텍스트성'이 한 요인으로 포함된 것은 텍스트는 기본적으로 다른 텍스트들과 상호 관련된 면이 있기 때문에 복수 텍스트 읽기가 일반적 읽기 활동이 되어야 함을 시사한다고 하겠다. 다음 그림은 복수 텍스트 읽기 양상을 나타낸다(박정진 · 이형래, 2009 : 14).

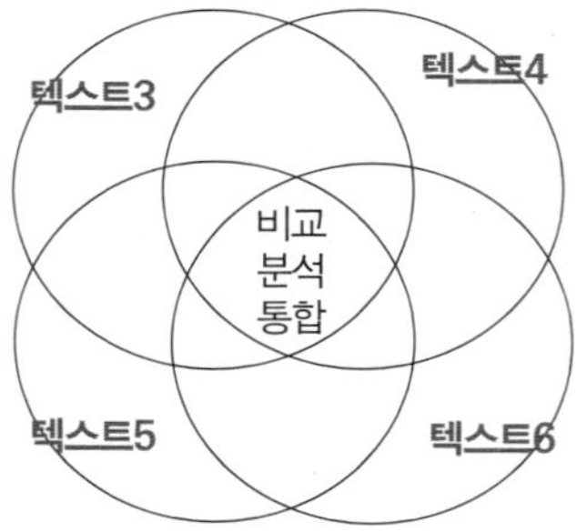

〈그림 2〉 복수 텍스트 읽기

1) 복수 텍스트 읽기–상호텍스트성

복수 텍스트 읽기는 상호텍스트성(intertextuality)에 근거하여 설명될 수 있다. 상호텍스트성은 한 텍스트가 다른 텍스트와의 영향 관계 속에서 이루어졌다고 보는 개념이기 때문이다(김도남, 2005 : 87~88). 상호텍스트성은 크게 '주제', '제재(소재)', '작가', '역사적 상황' 등에 의해 성립된다. 물론 두 가지 이상의 요인이 상호텍스트적 작용을 할 수도 있을 것이다. 따라서 독자의 입장에서는 하나의 주제나 제재로 연결되는 다양한 텍스트를 읽을 수도 있고, 한 작가가 생산한 다양한 작품을 읽을 수도 있다. 또한 임진왜란이나 베트남 전쟁, 또는 프랑스 대혁명과 같은 역사적 상황으로 연결된 다양한 텍스트들을 통합적으로 읽을 수도 있다.

김현(1983 : 185~187)은 둘 이상의 텍스트 사이의 공존 관계로 상호텍스트성을 설명한 쥬네트를 언급하면서 "상호텍스트성은 가장 명시적인 형태인 '인용'과 가장 은밀한 형태인 '표절'로 나뉜다"고 하였다. 그런데 인용과 표절은 텍스트들 사이의 관련성이 명시적으로 드러나는 현상이다. 따라서 텍스트들이 가지고 있는 전반적인 영향 관계에 대해서는 포괄적으로 다루지 못한다는 단점이 있다. 보그랑데와 드레스러(1981)의 경우에서 보듯이 한 텍스트가 다른 텍스트와 관계를 갖지 못하면 텍스트로서의 지위를 획득할 수 없다고 보는 관점도 있기 때문이다.

이렇게 명시적인 관점에서의 상호텍스트성은 텍스트 내에서 모자이크로 감추어진 여러 목소리에 주목한 바흐친처럼 텍스트 사이의 관련성이 암시적으로 숨어 있다는 관점으로 확장될 수 있다. 즉 의미를 하나로 축소하고 하나의 이데올로기적 지평을 갖는 구심적 언어(단어성, monoglossia)와 대비하여 타자성과 다원성을 강조하는 원심적 언어(이어성, heteroglossia)가 상호텍스트성을 형성하는 기반이라는 것이다(선주원, 2002 : 108~109; 김욱동 편, 1990 : 95~107). 이런 의미에서 보면 텍스트는 다양한 세상사의 안목이 반영되어 있어서 다성성을 지닌다고 보아야 하며, 더구나 다양한 독자에 의해서 그 의미가 완성되기 때문에 기본적으로 단일한 측면이 아닌 복수의 측면으로 이해될 필요도 있다. 따라서 상호텍스트성을 이론적 근거로 하는 복수 텍스트 읽기가 본연의 독서 양상이라 할 수 있다.

2) 주제 중심 독서–주제에 의한 상호텍스트성

주제 측면에서 상호 관련되는 텍스트들을 다루는 복수 텍스트 읽기가 '주제 중심 독서'이다. 즉 주제 중심 독서는 특정 주제에 대하여 경쟁적 관계를 맺는 복수의 텍스트를 독서 자료로 하여 통합적이고 비판적인 독서를 유도한다. 따라서 주제 중심 독서는 주제에 의한 상호텍스트성을 반영한 읽기 양상이라 할 수 있을 것이다. 이런 주제 중심 독서는 다섯 가지 유형으로 정리할 수 있다. 앞의 세 유형은 다양한 텍스트를 읽고 난 후 주제를 도출하거나 통합하는 형태이고, 나머지 두 유형은 선정된 주제에 따라 복수의 텍스트를 찾아 비교, 분석, 통합하는 형태이다. 학교 수업은 목표를 중심으로 이루어지므로 학교 교육에서는 〈유형 4〉와 〈유형 5〉의 경우가 더 적합하다고 하겠다. 각 유형을 도표로 정리하여 제시하면 다음과 같다.

〈유형 1〉

〈유형 2〉

〈유형 1〉은 동일한 주제로 상호텍스트성을 갖는 경우이고, 〈유형 2〉는 유사한 주제로 상호텍스트성을 갖는 경우가 된다. 전자는 복수 텍스트를 읽고 공통 주제를 도출하게 되는 유형인데 대체로 다양한 장르의 텍스트를 읽는 경우이고, 후자는 유사한 주제의 복수 텍스트가 드러내는 다양한 관점들을 비교하면서 읽는 경우이다. 예를 들면, 어떤 대학생이 자신에게 부과된 과제에 대해 복수의 텍스트들을 참고하면서 해결하는 과정이 이에 해당된다고 하겠다.

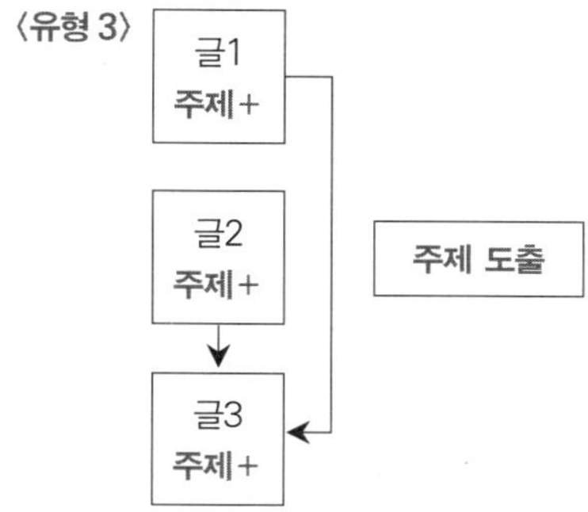

〈유형 3〉은 단일 텍스트를 읽고 주제를 도출한 후에 그 주제와 관련된 다른 텍스트를 연쇄적으로 읽는 경우이다. 특정 관심사에 대한 텍스트를 접하고 나서 거기서 얻은 정보로 관련 텍스트를 추가적으로 읽게 된다. 예를 들어, '와인' 관련 만화를 읽고 와인에 대한 관심이 높아진 독자가 와인에 대한 교양서적을 추가적으로 찾아 읽는 모습을 생각할 수 있다.

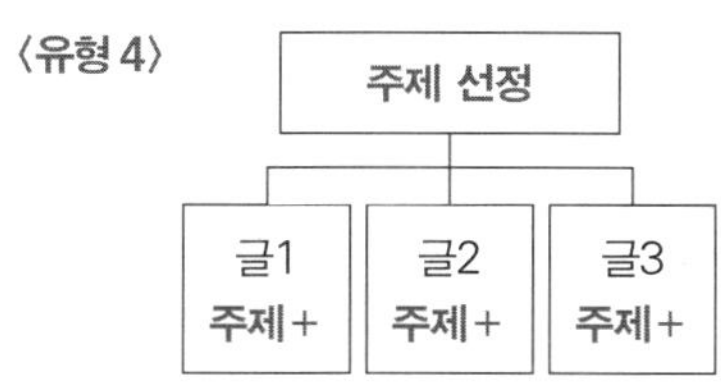

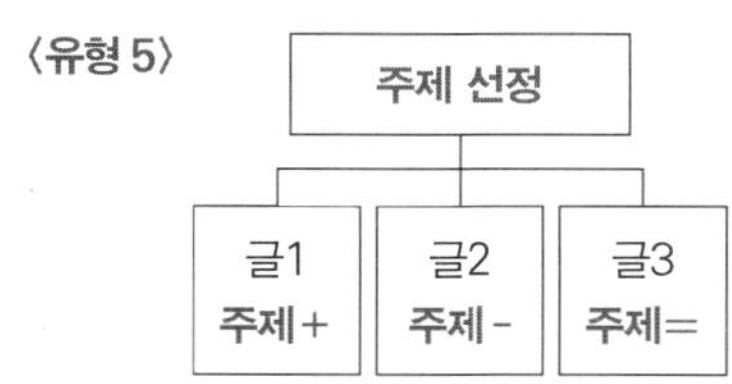

앞의 세 유형과 달리 〈유형 4〉와 〈유형 5〉는 주제를 선정하고 관련 문헌을 조사하는 과정이 선행한다. 제시된 주제에 따른 복수의 텍스트를 선정하고 통합적으로 읽는 과정을 거침으로써 동일한 주제가 텍스트에 어떻게 다양한 방식으로 전개되는지를 파악하게 된다. 따라서 교

육적 맥락에서 교육목표가 반영될 수 있는 형태라고 할 수 있다. 선정된 주제가 동일하게 반영된 복수의 텍스트를 읽는 과정이 〈유형 4〉이고, 그 주제가 다양하게 반영된 텍스트들을 읽는 것이 〈유형 5〉의 과정이다. 이 연구에서 관심을 갖는 것은 이 두 유형으로 설명되는 '주제별 통합 독서(신토피컬 리딩)'로, 적극적인 교양교육을 강조했던 아들러의 관점이 반영된 것이라 하겠다.

3) **주제별 통합 독서**–제시된 주제에 따른 상호텍스트성

주제별 통합 독서는 아들러와 도렌이 1940년에 처음 제시하고 1972년에 상세화한 독서의 최종적 수준이다. 이 독서 방법이 상세화될 수 있었던 기반에는 고전주의 교육학자인 아들러가 주도하고 시카고 대학과 브리태니카 백과사전이 함께한 '위대한 저서(The Great Books of the Western World)' 백과사전화 작업이 있다(Adler, 1966 : ix). 이것은 100여 명의 학자들이 8년 동안 철학, 문학, 신학, 사회과학, 자연과학 등의 분야를 망라하여 54권의 전집(저자 74명, 작품 443편)으로 개발한 것이다. 그 54권 중 아들러가 주도한 2, 3권을 '위대한 아이디어(Syntopicon)'[4]라 부르고, 이를 활용한 독서 수준을 독서의 네 번째 수준인 '주제별 통합 독서(신토피컬 리딩)'로 명명하였다.

Adler는 선정된 위대한 저서들에 대해 여섯 가지 관점으로 자세하게

4 신토피콘(syntopicon)에는 102개의 기본 아이디어에 대한 저자들의 사유를 소개하고 있으며, 2,987개의 논제가 색인으로 제시되어 있다. 이는 '위대한 저서들'을 읽게 하는 안내서라고 할 수 있다.

설명하고 있다. ①폭넓게 읽힐 수 있는 책, ②현학적이지 않고 대중적인 책, ③항상 현대적인 책, ④읽기 쉬운 책, ⑤교훈적이며 계몽적인 책, ⑥미해결된 인생 문제를 다룬 책 등이 그것이다(Adler, 1966 : 328~335). 참고로, '위대한 저서' 목록을 집약하여 제시하면 다음과 같다(Adler, 1966 : 374~389 참고).

〔제1권〕

The Great Conversation : The Substance of a Liberal Education(위대한 대화 : 교양교육의 본질)

〔제2권〕

The Great Ideas, A Syntopicon of the Great Books of the Western World Ⅰ. Angel to Love(위대한 아이디어들, 서양의 위대한 저서들의 신토피콘Ⅰ. 천사에서 사랑까지)

〔제3권〕

The Great Ideas, A Syntopicon of the Great Books of the Western WorldⅡ. Man to World(위대한 아이디어들, 서양의 위대한 저서들의 신타피콘Ⅱ. 인간에서 세계까지)

〔제4권〕

Homer (호머) The Illiad(일리어드)/The Odyssey(오디세이)

(…중략…)

〔제54권〕

Sigmund Freud(1856~1939)(프로이트)

The Origin and Development of Psycho-analysis(정신분석의 기원과

발달)

(…중략…)

New Introductory Lectures on Psychoanalysis(정신분석학 입문강의)

1권은 시카고 대학 총장이었던 허친스가 집필하였고, 신토피콘인 2권과 3권은 아들러의 주도로 만들어졌다. 1952년에 목록이 처음 출판된 이후, 베르그송부터 사무엘 베켓의 20세기 저작들이 추가되었는데 현재는 60권으로 구성되어 있다. 아들러가 집필한 *How to Read a Book*(1966 special version)은 이 '위대한 저서' 사용 설명서라고도 할 수 있다. 이를 기반으로 하여 주제별 통합 독서의 절차를 정리하면 다음과 같다.

준비(주제 선정, 관련 문헌표 작성, 주제와의 관련성 조사) → 관련 문헌 조사와 정리 → 주제의 구체화 및 명확화 → 통합 독서 → 용어와 개념의 비교와 통일 → 일련의 질문과 공정한 명제 수립 → 저자의 대답 정리 및 논점 파악 → 질문과 논점 정리 후 논점 분석(일반적 논점에서 특수한 논점으로)

이 절차의 특징은 주제 선정을 위한 조사 과정과 주제를 구체화한 후 통합 독서를 수행하고, 비교·분석·통합의 과정을 거치면서 일반적 논점들을 특수한 논점들로 전환시킨다는 데 있다. 즉 주어진 과업을 수행하면서 독자 스스로의 관점을 형성하도록 돕는다는 것이다. 이것은 앞에서 제시한 주제 중심 독서의 〈유형 4〉와 〈유형 5〉가 구체화된 것인데, 두 유형을 상세화하면 다음과 같다.

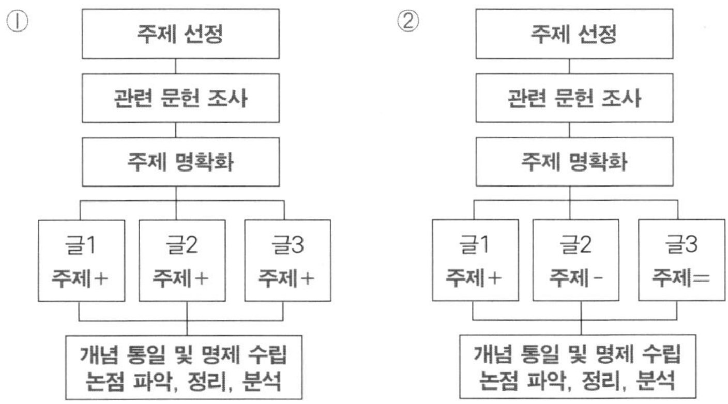

아들러와 도렌(1972)에서는 주제별 통합 독서를 유도하는 신토피콘(syntopicon)의 한계 역시 지적하면서 다음과 같은 활용 방향을 제시하고 있다.

> 물론 신토피콘에는 하나의 중요한 결함이 있다. 그것은 단지 하나의 전집에 대한 색인이다. 따라서 그 전집에 들어있지 않은 다른 책들에 대해서는 극히 대략적으로만 언급되어 있을 뿐이다. 그럼에도 불구하고 그것은 적어도 종합적 책읽기에 관한 출발점을 제공해 준다. (…중략…) 그리고 그것은 '한 권의 책을 통독하는 것'이 아니라 위대한 저서들과 관련된 '일련의 책들을 관련지어 탐독하는 것'으로 인식하도록 도와준다(오현희 역, 1997 : 364~365).

이런 관점에서 볼 때, 주제별 통합 독서는 주어진 고전 읽기나 그야말로 위대한 저서들을 대상으로만 한다기보다 상황에 적합한 다양한 도서들을 활용하여 초보독자를 우수한 독자로 이끌어주는 독서 방법이라 할 수 있다. 특히 독자가 책을 읽는 동안 주제별 통합 과정을 거치면서 세상사에 대한 인식이 확장되도록 유도하게 된다. 이것은 다양한 분야의 융복합이 강조되는 최근의 사회문화적 경향에 시사하는 바가 크다고 하겠다.

3. 주제별 통합 독서를 통한 독자의 인식 확장

주제별 통합 독서의 영어 표현인 'syntopical reading'에서 syntop-ical은 '함께 또는 합성'을 뜻하는 'syn-'과 '화제 또는 주제'를 뜻하는 'topic'이 합쳐진 복합어이다. 따라서 신토피컬은 주제나 화제를 통합한다는 의미를 갖는다고 할 수 있다. 여기서 주제나 화제를 통합하기 위해서는 어떤 분야의 다양한 관점이나 다양한 분야 또는 장르를 필요로 한다. 즉 다양한 관점, 분야, 장르 등을 통합하는 것이 신토피컬이고, 그렇게 통합적으로 읽는 것이 신토피컬 리딩 즉 주제별 통합 독서이다.

이런 측면에서 주제별 통합 독서는 융복합적 사고 또는 지식의 대통합 즉 통섭(統攝, consilience)을 유도한다고 할 수 있다. 이는 주제별 통합 독서가 단일 텍스트 읽기에 따른 구심적 인식 수준이 통합적 읽기에 의한 원심적 인식 수준으로의 확장을 이끈다는 것을 의미한다. 다음은 이런 독서를 통한 통섭의 양상을 축약해서 보여준다.

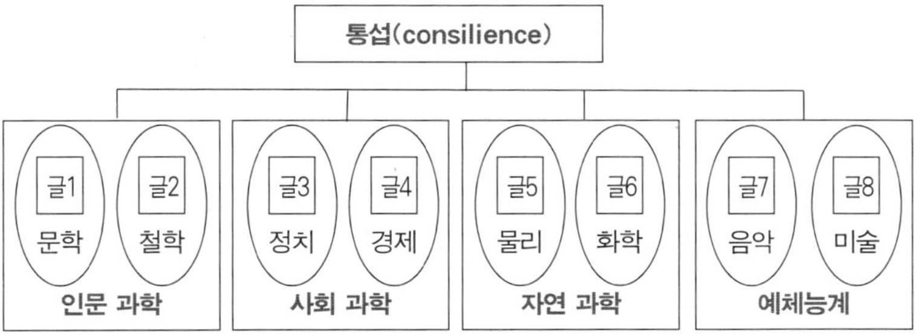

〈그림 3〉 독서를 통한 통섭의 양상

문학 분야의 개별 텍스트를 읽을 때에는 다른 분야와의 비교, 분석, 통합이 활성화되지 않지만, 같은 문학 분야의 다른 텍스트나 철학과 같은 다른 인문 분야 또는 정치, 물리, 음악 등과 같은 다른 학문 분야의 텍스트와 통합적으로 읽을 때에는 독자의 인식이 극적으로 확장될 수 있다. 이때 문학 분야 내에서 텍스트1과 텍스트2의 주제 통합, 인문 과학 내에서 문학 분야와 철학 분야의 주제 통합, 인문 과학, 사회 과학, 자연 과학의 주제 통합 등은 모두 시대정신 또는 패러다임을 반영한다. 이것은 세상사에 대한 인식의 확장 즉 추상화나 일반화 과정이라 할 수 있다. 이를 실제의 문제들이 이론화 과정을 거치는 과정에 비유하여 표현하면 다음과 같다.

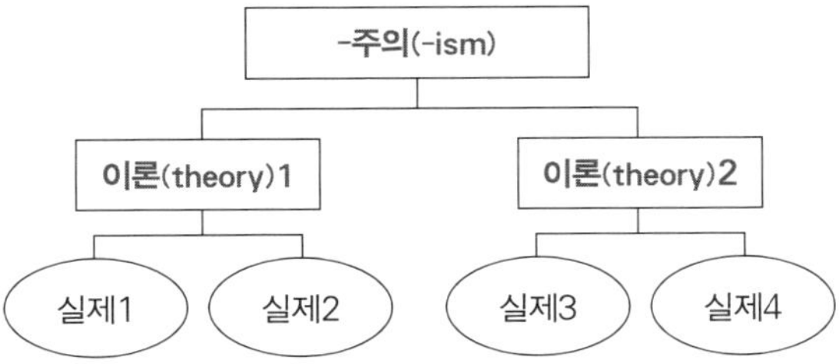

〈그림 4〉 개별 실제의 추상화 및 일반화 과정

개별 실제들은 모두 구체적이고 상황에 따른 특수한 사실들로 이루어져 있다. 이런 실제들은 통합될수록 추상적이고 일반적인 이론의 수준으로 수용된다. 결과적으로 이론들은 다음 단계의 일반화 과정을 거치면서 '-주의'라고 하는 하나의 패러다임을 형성하게 된다. 그리고 그것이 동시대의 세계관을 보여주는 시대정신인 것이다. 이 과정에서 주목해야 하는 것은 이렇게 일반화된 수준에서는 학문이나 현상을 넘나들 수 있다는 점이다.

이러한 측면에서 독자의 인식 수준을 지속적으로 확장시킬 수 있는 주제별 통합 독서의 의미와 가치를 평가할 수 있을 것이다. 이제 다음 장에서는 독서교육적 맥락에서 주제별 통합 독서의 가능성을 살펴보고자 한다.

4. 결론–독서교육적 맥락과 주제별 통합 독서

이 연구의 목적은 주제별 통합 독서의 의미를 살펴보고 그것이 독서교육적 맥락에서 어떻게 활용될 수 있는지를 밝히는 데 있다. 여기서는 결론을 대신하여 지금까지 살펴본 주제별 통합 독서의 교육적 의미를 독서교육적 맥락과 관련하여 정리하고자 한다. 독서교육의 맥락은 다양한 측면에서 논의될 수 있으나, 연구자는 두 수준에서의 맥락에 한정하여 언급하고자 한다.

먼저, 독서교육을 구성하는 요인들이 만들어내는 맥락에서 주제별 통합 독서의 효과를 설명할 수 있다. 다음 그림에서 보는 바와 같이 독서교육을 구성하는 요인으로는 과정 측면에서의 '교육'과 현상 측면에서의 '텍스트, 독서 행위, 인간' 등이 있다.[5]

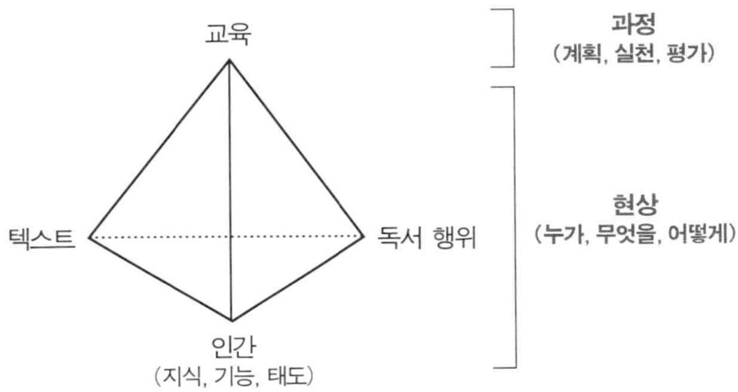

〈그림 5〉 독서교육의 하위 요인에 따른 독서교육적 맥락

계획, 실천, 평가로 이어지는 교육의 과정(the process of education)이 독서교육의 한 축인 '교육' 요인이다. 그리고 또 다른 축은 독서 자료와 수단인 '텍스트', 독서 과제와 수행인 '독서 행위', 독서의 주체로서 지식, 기능, 태도를 발현하는 '인간' 등으로 구성된 독서교육의 내용이다. 이런 독서교육의 맥락은 텍스트가 독서 행위를 통해 인간과 만나야 하며, 그것은 교육적 상황에서 이루어져야 한다는 것을 의미한다. 이런 만남들은 기본적으로 통합적 작용을 전제로 한다. 즉 다양한 텍스트와 인간, 개별적이자 협동적인 독서 행위, 여러 형태의 교수와 학습 등이 함께 작동될 때 독서교육적 맥락이 형성된다는 것이다. 그리고 이런 독서교육적 맥락은 자연스럽게 주제별 통합 독서의 의미와 맥을 함께 한다고 할 수 있다.

5 박정진 · 이형래(2009 : 17~18)에서 제안한 '언어 교육의 맥락'을 독서교육 측면에서 수정하였다.

독서교육의 맥락의 두 번째 수준은 앞에서 언급한 독서교육을 구성하는 것 중 '인간' 요인을 중심으로 한 맥락이다. 즉 독서교육은 인간의 지식, 기능, 태도에 따라 적절한 맥락이 형성된다는 것이다. 박정진(2012 : 268~271)에서 제시한 바와 같이 "독서교육은 지식, 기능, 태도의 문제와 직결되어 있다."

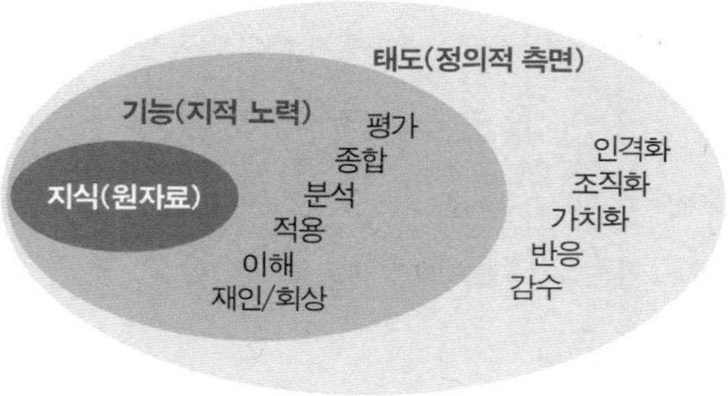

〈그림 6〉 '인간'의 능력에 따른 독서교육적 맥락(박정진, 2012 : 271)

텍스트는 지식(원자료)을 담고 있는 원천이므로 텍스트(독서 자료)를 읽는다는 것은 기본적으로 지식에 접근하는 행위이다. 그리고 이렇게 지식에 접근하는 행위는 지식을 다루는 지적 노력(사고 기능)을 불러일으키는 독서의 과정이다. 이때 지적 노력은 초등(하위) 수준의 기능과 고등(상위) 수준의 기능으로 유목화가 가능하다. 하위 수준의 사고 기능에는 (지식에 대한) 재인 및 회상이 있고, 상위 수준의 사고 기능에는 (지식에 대한) 이해, 적용, 분석, 종합, 평가가 포함된다.[6] 더 나아가서 독서

6 이런 유목화를 '요리 과정'에 비유하면, 지식의 요리 재료에 해당하고, 하위 수준의 사고 기능인 재인 및 회상은 요리 재료를 선택하여 조리대에 올려놓는 일에 해당된다고 하겠다. 그리고 나머지 상위 수준의 사고 기능은 준비된 재료를 가지고 요리를 해서 음식을 내놓는 것에 비유할 수 있겠다. 음식의 맛은 실제 요리 작업에 있는 것과 같이 인간의 지적 능력 수준은 상위 수준의 사고 기능

과정의 궁극적인 결과는 독자의 태도와 관련된다. 즉 일련의 '독서 과정'은 장기적이고 거시적인 측면의 정의적 능력으로 확장되어야 완결된다고 하겠다. 여기서 정의적 능력은 (지식에 대한) 감수, 반응, 가치화, 조직화, 인격화로 유목화될 수 있다.

이렇게 독서의 과정에서 작동되면서 동시에 계발되는 인간의 능력인 기능과 태도는 복합적인 사태를 통합적으로 접근할 때 극적으로 부각되는 것들이다. 특히 개별 지식에 초점을 맞춘 '재인 및 회상'이라는 초등 사고에 비해, '이해' 수준 이상의 고등 사고는 다양한 관점이나 내용이 서로 만날 때 나타난다. 따라서 인간의 능력에 따른 독서교육적 맥락 역시 주제별 통합 독서의 기본적인 의미나 전략과 그 궤를 같이 한다고 할 수 있다.

이제 주제별 통합 독서의 교육적 가능성을 몇 가지 면에서 정리하면서 마무리 하고자 한다. 먼저, 독자의 수준에 따른 교육적 효과가 다양하게 나타날 수 있다. 초보독자에게는 적절한 주제 선정을 통해 흥미를 유발한다는 점에서 선도적으로 독서 행위를 이끌고 연상적 확산을 통한 관심을 유지시키는 효과가 있다. 그리고 중급독자에게는 독서 영역 확장을 이끌 수 있는 주제를 활용하여 세상사에 대한 인식을 확대시킬 수 있다. 이런 독자를 대상으로는 주제별 통합 독서 과정에서 안내된 독서 방식을 적용할 필요가 있을 것이다. 또한 고급독자의 경우에는 주제별 통합 과정에서 필자별, 내용별 주제 표상 방식의 확장된 양상을 학습할 수 있다. 특히 이 수준의 독자들은 주제별 통합 독서 전 단계를

(지적 노력)에 있다고 하겠다.

독립적 수준에서 수행할 수 있다는 장점이 있다.

다음으로는 학습 효과와 관련된 주제별 통합 독서의 의미를 생각해 볼 수 있다. 특정한 목적을 가지고 짧은 시간에 비교적 많은 텍스트를 읽게 함으로써 독서, 더 나아가 학습에 자신감을 갖게 할 수 있다. 이는 특정 주제에 대하여 종합적이고 균형적인 관점을 형성하게 하고 더 나아가 문제 사태에 대한 효과적인 해결책을 스스로 탐색하게 함으로써 문제해결력을 향상시키는 데까지 이어진다. 또한 복수 텍스트를 다루면서 비교, 분석, 통합이라는 지적 노력을 수행하는 동안 다양한 분야의 표현들에 익숙해질 수 있는 것과 같은 부수적 학습 효과(incidental learning effect)를 나타낼 수 있다.

끝으로, 주제별 통합 독서가 가지고 있는 의도적 학습 효과(intentional learning effect)의 일종으로서 독서 기능(技能, skills)의 발달이라는 교육적 가능성을 찾을 수 있다. 복수 텍스트를 대상으로 다독(확장)과 정독(심화)을 하는 과정에서 독서 기능이 심화될 수 있으며, 신토피콘(syntopicon)과 같은 색인목록을 활용함으로써 독서 행위에 대한 접근성이 높아지게 된다. 특히 필자마다 보여주는 다양한 구성 방식과 표현 방식의 이해를 통해 독자로서의 분석 능력을 키울 수 있다는 점에서 그 교육적 가능성은 크다고 하겠다.

참고 문헌

[논문 및 단행본]

김도남, 『상호텍스트성과 텍스트 이해 교육』, 박이정, 2005.

김욱동 편, 『바흐친과 대화주의』, 나남, 1990.

김현, 『문학과 사회학』, 민음사, 1983.

박승배, 『교육과정학의 이해』, 학지사, 2007.

박정진, 「'의미구성' 관점의 재음미를 통한 독서교육의 지평 확장」, 『독서연구』 제28호, 한국독서학회, 2012.

박정진 · 이형래, 「읽기 교육에서의 콘텍스트－의미와 적용」, 『독서연구』 제19호, 한국독서학회, 2009.

선주원(2002), 「상호텍스트성의 관점에 의한 소설교육」, 『청람어문교육』 24집, 청람어문교육학회, 2002.

주진홍, 「주제 중심 소설 독서 지도 방법 연구」, 한국교원대 석사논문, 2002.

Edward O. Wilson, 최재천 · 장대익 역, 『통섭－지식의 대통합』, 사이언스북스, 2005.

Adler, M. J., *How to Read a Book : A Guide to Reading the Great Books(1966 special edition)*, NY : Simon and Schuster, 1966.

Adler, M. J. and Doren, C. V., *How to Read a Book : The Classic Guide to Intelligent Reading(first written in 1940)*, Touchstone Books, 1972; 오연희 역, 『논리적 독서법』, 예림기획, 1997.

de Beaugrande, R. and Dressler, W., *Introduction to Text Linguistics*, London : Longman, 1981; 김태옥 · 이현호 역, 『담화-텍스트 언어학 입문』, 양영각, 1995.

PBL을 활용한 디지털스토리텔링 교육방법론

이동은

1. 서론

1) 연구의 배경과 목적

문화콘텐츠학과가 국내 대학에 설립된 지 벌써 15년 남짓이다. 문화콘텐츠학과의 설립은 학문적인 필요성에 의해 진행되었기 보다는 산업의 부흥과 경제적 가치 창출이라는 특수한 목적을 달성하기 위해 정부의 주도로 진행되었다는 특징을 가지고 있다. 정보화시대 이후 유럽과 북미의 많은 국가들이 기존 산업의 쇠락을 막고 새로운 경제성장과 고용창출을 위해 문화창조산업을 지향하기 시작했다. 유엔무역개발협의회(UNCTAD)에 따르면 창조산업은 크게 유산(Heritage), 예술(Arts), 미디어(Media), 기능적 창조물(Functional creations)을 중심으로 공연예술, 축제, 문화유적지, 시각예술, 출판, 영화, 텔레비전, 비디오게임, 소프트

웨어, 광고, 그래픽, 패션 등 다양한 장르를 포함한다.[1]

국내 역시 2000년 이후 문화콘텐츠를 미래 성장 동력으로 파악하고 문화콘텐츠 5대 강국 도약을 위해 국가적인 차원에서 육성하고 있다. 다양한 지원책을 통해 문화콘텐츠 기업에 자본을 투입하고 글로벌 마케팅과 수출을 지원하여 실질적으로 한류와 같은 새로운 패러다임을 만들어내면서 산업적 성과를 거두고 있다. 뿐만 아니라 정부는 문화콘텐츠 인력 양성 사업의 일환으로 전국 대학에 문화콘텐츠 유관 학과 설립을 도모하였다. 그 결과로 2013년 기준, 4년제 대학에서 개설, 운영되고있는 문화콘텐츠 유관학과는 58단위로 추정된다.[2] 뿐만 아니라 문화콘텐츠 관련 주요학회는 30여 개를 넘어섰고, 일반 학술 논문은 1308편, 학위 논문으로는 석사 논문이 968편, 박사 학위 논문이 98편에 육박한 것으로 확인된다.[3] 문화콘텐츠학이 미흡한 학문적 토대에서 시작되었음에도 불구하고 석·박사를 1,000여 명 넘게 배출시키는 등 빠르게 성장하고 있다는 것은 주목할 만하다.

문화콘텐츠학의 괄목할 만한 성장 이면에는 문화콘텐츠학을 실용 중심의 기술이 아닌 독립적인 분과 학문으로 인식시키기 위한 문화콘텐츠 연구자들의 많은 노력이 있었다. 범용적으로 사용되던 콘텐츠의 개념을 학문적으로 정의내리고[4] 문화콘텐츠학을 정립하기 위해 그 변별성에 대한 검증 작업도 이뤄졌으며[5] 한국학술진흥재단과 같은 기존

1 NCTAD, *Creative Economy Report 2008*, UN Publications, 2008. http://unctad.org/en/pages/PublicationArchive.aspx?publicationid=945 검색일자(2016.06.20)

2 신광철, 「대학에서의 문화콘텐츠 인력 양성의 현재와 미래」, 인문콘텐츠학회, 『인문콘텐츠』 제32호, 2014, 42쪽.

3 박범준, 「소통의 문화콘텐츠학 학문적 체계 연구」, 한국외국어대 박사논문, 2014, 34~39쪽.

4 김기덕, 「콘텐츠의 개념과 인문 콘텐츠」, 『인문콘텐츠』 제1호, 인문콘텐츠학회, 2003.

연구 시스템에 문화콘텐츠학이 분과 학문으로 등재를 주장[6]하기도 했다. 그 결과 국가과학기술표준분류표에는 중분류에 '콘텐츠' 코드가 생성되기도 하였으며, 소분류에는 '콘텐츠 창작/기획','캐릭터/만화/애니메이션', '게임', '모바일/뉴미디어 콘텐츠', '스토리텔링', '문화원형 디지털화', '융합형 콘텐츠' 등 19개의 코드들이 생성되어 독자적인 학문의 영역으로 자리매김 중이다.

뿐만 아니라 다양한 연구방법론들도 제기되고 있다. 특히 문화콘텐츠학은 예술을 기반으로 산업의 영역 안에서 논의가 이루어져야하기 때문에 창작/제작, 유통, 마케팅, 투자, 정책의 다양한 영역에서 연구가 진행되어야 한다. 이에 문화콘텐츠 연구자들은 인문학, 사회과학, 자연과학, 공학, 예술학 등 다양한 학문 영역의 이론들을 차용해 문화콘텐츠를 분석하고 독자적인 연구 영역을 개척하고 있다.[7] 이와 같은 연구의 흐름은 문화콘텐츠학이 예술, 공학, 인문학 등이 어우러진 가운데 학제간 융합을 추구하는[8] 특성의 반영이라고 할 수 있다.

---

5 박기수, 「한국 문화콘텐츠학의 현황과 전망」, 『대중서사연구』 제16호, 대중서사학회, 2006.

6 박상천, 「문화콘텐츠학의 학문 영역과 연구 분야 설정에 관한 연구」, 『인문콘텐츠』 10호, 인문콘텐츠학회, 2010.

7 이종 학문의 이론을 접목시켜 문화콘텐츠를 분석한 대표적인 연구로는 다음과 같다.
백승국 · 태지호 · 권지혁 · 한창호, 「자크 라캉의 주체성과 게임 인터페이스에 관한 연구」, 『인문콘텐츠』 제22호, 인문콘텐츠학회, 2011.
윤영득, 「복잡계 디지털경제의 문화콘텐츠 산업구조」, 『문화산업연구』 제11권 제1호, 한국문화산업학회, 2011.
류철균 · 정유진, 「디지털 서사도구의 인과율 개념 연구」, 『인문콘텐츠』 제22호, 인문콘텐츠학회, 2011.
이동은, 「디지털 게임 플레이의 신화성 연구」, 이화여대 박사학위 청구논문, 2013.
변민주, 「심층메타포 이론으로 유형화한 광고스토리텔링의 구조적 특성 연구」, 한국과학예술포럼, 2013.
서성은, 「매체 전환 스토리텔링 연구」, 이화여대 박사학위 청구논문, 2015.
조해진, 「문화콘텐츠작품분석을 위한 스토리공학적 모델설계에 관한 연구」, 『인문콘텐츠』 제37호, 인문콘텐츠학회, 2015.

반면 문화콘텐츠 학문의 또 다른 큰 축이라고 할 수 있는 교육에 대한 연구는 미비한 실정이다. 문화콘텐츠학의 교육방법에 대한 선도적인 연구로는 2013년도 인문콘텐츠학회 추계 학술대회를 통해 발표된 논문들을 대표적으로 꼽을 수 있다. 이들은 국내 주요 대학의 문화콘텐츠 개발과정별 교육의 목표와 특성, 그리고 세부적으로 설계된 교과과정을 체계적으로 분석함으로써 대학 혹은 대학원 교과 시스템을 통합적으로 조망할 수 있다는 점에서 그 의의가 있다.[9] 그러나 이 연구들의 거시적이고 선험적인 관점들은 실제 문화콘텐츠 교육이 대학 수업 내에서 어떻게 실천적으로 이루어지고 있는지를 확인할 수 없다는 한계 또한 안고 있다.

이에 본 논문에서는 문화콘텐츠학과의 교육이 실제로 어떻게 구조화되고 운영되어야 하는지에 대한 문제를 논하고자 한다. 다만 문화콘텐츠학의 범주가 워낙 다양한 만큼 모든 분야를 통합할 수 있는 일반화된 교육방법론을 제시할 수는 없을 터, 본고에서는 연구자의 전공분야인 디지털스토리텔링이라는 교과목에 한정하여 교과목 설계와 운영의 구체적인 사례를 살펴보고자 한다.

---

8 한혜원, 「문학의 학문적 확장과 융합」, 『우리어문연구』 제46집,우리어문학회, 2013.

9 유동환, 「기획과정 교육방법 특성화방안」, 『2013 인문콘텐츠학회 전국 학술대회 논문집』, 2013.
한혜원, 「창의형 미디어 스토리텔링 교육 방안」, 『인문콘텐츠』 제32호, 인문콘텐츠학회, 2014.
우운택, 「문화기술 교육방법 특성화 방안」, 『2013 인문콘텐츠학회 전국 학술대회 논문집』, 2013.
김영재, 「문화마케팅 및 정책 교육방법론 특성화 방안」, 『2013 인문콘텐츠학회 전국 학술대회 논문집』, 2013.

2) 연구의 방법과 범위

본 연구는 문화콘텐츠학과에서 스토리텔링이라는 세부 학문을 어떻게 교육해야 하는지에 대한 방법론을 연구하기 위한 것으로 구체적인 교과목 설계와 운영 사례를 통해 연구되었다. 본 연구에서 구체적인 교육 사례로 다루고자 하는 스토리텔링 트랙의 세부 교과목은 '디지털스토리텔링'이다. 이 교과목은 2015년 2학기 개설, 운영된 것으로 가톨릭대학교 미디어기술콘텐츠학과 전공과목이다. '디지털스토리텔링'은 40명의 학생이 수강하였다. '디지털스토리텔링' 교과목은 다양한 교육방법론 중 구성주의적 교육방법론을 기반으로 설계되었다. 특히 구성주의적 교육방법론 중에서도 PBL(Problem-Based Learning : 문제중심학습) 모델을 중심으로 삼았다. 구성주의 이론과 PBL 모델에 대해서는 2장에서 더욱 자세히 다루겠지만, 간략히 언급하면 지식을 교수자로부터 전달받아 이해하고 습득하는 전통적인 교육방법인 객관주의적 교육방법론에 반해 등장한 것으로 학습자 스스로가 문제를 해결하는 과정을 통해 능동적으로 의미를 획득하게 유도하는 교육방법론이다. 이와 같은 교육방법론이 '디지털스토리텔링'이라는 교과목에 적용하기에 적합하다는 판단은 스토리텔링의 본질이 실천적, 생성적, 과정추론적, 문제해결적, 융합적이라는데 기인한다. 뿐만 아니라 문화콘텐츠학과의 스토리텔링 교육은 문제를 발굴하고 해결할 수 있는 융합형의 인재 양성을 목표로 하고 있는데 이는 PBL 교육이 지향하는 가치와 이를 통해 양성하고자 하는 인재의 유형과도 일치한다는 점이 작용했다.

다만 이와 같은 수업 설계와 진행이 아직은 실험적인 단계로 그 준비

과정이나 운영체계가 다소 즉흥적이고 직관적이라는 점, 그리고 실제 수업의 목표와 접목시키다보니 교육방법론을 유연하게 적용, 응용했다는 점이 한계로 지적된다. 그러나 이와 같은 시도와 사례공유는 향후 더욱 효과적이고 체계적인 교육시스템을 구조화할 수 있는 초석이 될 수 있다는점에서 의의를 찾을 수 있다고 사료된다.

2. 이론적 배경

1) 객관주의와 구성주의 이론

최근 교육계와 학교 현장에서는 구성주의에 대한 논의와 이 이론을 활용한 교수법・학습법이 화두다. 구성주의는 학교와 교수의 책무성(accountability)에 대한 제고와 직접적으로 관련된다. 존 듀이(John Dewey)는 교과 본위의 교육이 아닌 학생 본위의 교육을 주장한다.[10] 이른바 교과를 가르치는 게 아니라 학생을 가르쳐야함을 강조한 말이다. 교과를 가르치는 것은 죽은 지식인 형식적 지식이다. 반면 살아있는 지식은 암묵적 지식(tacitknowledge)로 실천적이고 체험적인 성격을 내포하고 있다. 이 두 가지 교육방법론을 교육학 이론에서 객관주의와 구성주의 이론이라고 부른다.

행동주의나 인지주의에 그 뿌리를 두고 있는 객관주의 교육법은 학습이 이루어지는 과정에 대해 연구하는 심리학적인 접근인데 비해 구

10 존 듀이, 강윤중 역, 『경험과 교육』, 배영사, 1995.

성주의는 지식이란 무엇이며 지식이 어떻게 구성되는지에 대해 관심을 갖는 철학적 접근이다.[11] 전통적인 교육학 모델들이 교수자가 객관화된 지식을 어떻게 하면 학습자에게 효과적으로 가르칠 것인가에 초점을 맞추었다면, 구성주의 이론은 학습자가 배우는 방법론에 관심을 기울인다. 즉, 학생들이 어떻게 새로운 지식을 탐색하고 구성해 나가는지를 밝혀 알맞은 수업 환경과 수업자의 수업방법을 제공하는 데 초점을 맞춘다.[12]

객관주의는 인간의 외부에 실세계가 존재하며 인간의 경험과는 독립적으로 실세계가구조화되어 있다고 가정한다. 그렇기 때문에 실세계에 대한 완벽한 지식인 진리가 존재하고 인간은 모두 이 진리를 완벽하게 이해할 것을 목표로 삼는다는 데 뿌리를 두고 있다. 때문에 이런 패러다임 안에서의 학습이란 진리를 완벽하게 이해하는 교수자가 학습자들에게 진리를 전달하고 진리를 이해할 수 있도록 돕는 것을 목적으로 한다.

반면 구성주의는 지식은 진리로 존재하는 것이 아니라 학습자 내면에 존재한다고 접근한다. 지식은 학습자가 자신의 경험에 대한 해석으로 획득될 수 있기 때문에 학습은 지식을 구성하고 스스로 해석하는 방법을 배우는 것을 목표로 한다. 때문에 교수자는 학습자가 의미를 구성할 수 있도록 보조하는 코치의 역할을 수행해야하며 의미를 구성할 수 있는 방법을 보여주는 모델이 되어야 한다. 〈표 1〉은 두 교육방법론의 원리를 비교한 것이다.[13]

11 박성익 · 임철일 · 이재경 · 최정임, 『교육방법의 교육공학적 이해』, 교육과학사, 2011, 90쪽.
12 변영제, 『교수 · 학습 이론의 이해』, 학지사, 2013, 346쪽.

〈표 1〉 객관주의와 구성주의의 원리 비교

	객관주의	구성주의
철학	세계는 우리의 경험과는 별도로 외부에 객관적으로 존재	세계는 인간의 해석, 우리가 경험하는 세계는 존재하나 그 의미는 인간에 의해 부여되고 구성됨
학습	외부의 절대적인 진리가 학습자의 내부 세계로 전이되는 것	개인적인 경험에 근거해서 의미를 개발하는 능동적인 과정
학습의 조건	절대적 진리 자체는 상황과 분리되어 가르칠 수 있음	어떤 사실과 기술도 그것이 사용되는 문제상황과 독립적으로 해석될 수 없으므로 풍부하고 실세계를 반영하는 상황이 제공되어야 함
학습의 결과	모든 사람이 같은 이해에 도달	구성된 실재의 모습이나 의미는 개인에 따라 다름
교수자의 의미	교사에 의해 기존 진리가 전달되는 것	학습자가 세상에 대한 의미를 구성하도록 보조, 지원하는 것. 세계에 대한 의미 구성 방법을 보여주는 것
교수의 목적	효과적이고 효율적인 방법으로 지식을 전달하는 것	학습자의 의미화, 문제해결력 배양
수업의 중심	교수자	학습자
교수자의 역할	진리 전달자	학습보조자, 학습촉진자, 코치
학습의 조건	절대적 진리 자체는 상황과 분리되어 가르칠 수 있음	어떤 사실과 기술도 그것이 사용되는 문제상황과 독립적으로 해석될 수 없으므로 풍부하고 실세계를 반영하는 상황이 제공되어야 함
교수설계	결정된 내용을 효과적으로 전달하는 것	학습이 일어날 수 있는 환경 설계
교수의 초점	사실의 이해	지식의 전이, 활용
지식의 형태	사실적 정보	문제해결능력, 고차적 인지전략
주된 교수방법	강의식	문제중심, 토의식, 발견학습

때문에 구성주의는 오늘날 '교육학의 신화'를 전복시키는 실질적인 방법론으로 자리 잡고 있다. '교육학의 신화'란 자크 랑시에르(Jacques

13 박성익 · 임철일 · 이재경 · 최정임, 앞의 책, 94쪽.

Rancière)가 지능 세계에 세워진 위계 질서, 힘의 논리를 일컫는 말이다. 앞서 언급했던 것처럼 기존의 교육체계는 스승을 '우월한 지능이 있는 자'로, 그리고 학생을 '열등한 지능이 있는 자', 즉 '무능한 자'로 양분화 시키고 지식 전달과 이해를 유일한 목표로 삼는다. 그러나 구성주의에서처럼 가르치고 배우는 두 상반된 행위에 작동하는 힘의 균형을 무너뜨리기만 하면 교육의 목적과 방법론은 180도 달라진다. 모든 인간 존재의 지적 능력을 신뢰해야 하는 철학적 전제 하에 학생이 그의 고유한 지능을 쓰도록 학습 환경을 만들어준다면 학생은 그 스스로 내재된 지능을 쓰는 방법을 배우게 된다. 심지어 교수자가 모르는 것을 홀로 배울 수 있다.[14] 결과적으로 학습자는 이 과정을 경험함으로써 주어진 지식을 수동적으로 받아들이는 소비자가 아니라 주체적으로 학습 과정을 구성하고, 능동적으로 구성 과정에 참여하는 주체가 될 수 있다.[15] 뿐만 아니라 응용과 활용 능력이 강화되는 긍정적인 결과를 양산할 수 있다.

2) PBL모델과 '디지털스토리텔링' 교과목의 친연성

그렇다면 문제는 이제 어떤 학습 환경이어야 내재적인 지능을 끌어올리게 할 수 있는것인가에 귀착된다. 이에 본 교과목에서는 PBL 모델을 근저로 삼았다. PBL 모형은 창의적이고 사고의 깊이가 있는 문제

14 자크 랑시에르, 『무지한 스승』, 궁리, 2009, 13~35쪽.

15 안정선 · 배진형, 「사회복지전공교육에 있어서 구성주의 기반 프로젝트 학습적용 수업설계의 효과 분석 및 모형 제안」, 『한국사회복지교육』 제26호, 2014, 24쪽.

해결자를 양성하기 위한 학습방법으로 1969년 캐나다 McMaster 의과 대학 Barrows 교수가 창안한 교수법이다. PBL은 학생이 학습의 전 과정에 주도적으로 참여하여 주제나 제재, 문제와 쟁점 등에 관한 탐구 활동과 그 결과에 대한 표현 활동을 하며 그 결과를 만들어가는 교육과정의 성격이 나타나는 학습이다.[16] 이른바 지식 전달이라는 교실의 신화를 깨고 지식을 새로이 구성하는 새로운 교육의 패러다임을 실천하기 위한 최적의 방법론인 것이다. 이 같은 활동을 통해 학생들은 그들이 필요로 하는 지식뿐 아니라 그로 말미암은 기능, 세부적으로는 학습에 대한 책임감, 타인과 의사소통능력, 사회성, 협동심, 사회에 대한 관심과 문제해결력, 다양한 탐구와 표현능력 등을 하나의 프로젝트를 수행하는 과정에서 자연스럽게 획득할 수 있다.[17] 따라서 본 연구에서 PBL 모델이 지향하는 바가 스토리텔링 교육이 양성하고자 하는 인재상과 일치한다는 점에 착안하여 PBL 기반의 스토리텔링 교육을 설계, 운영하게 된 것이다.

기본적으로 스토리텔링은 'story'에 '-ing'가 첨가되면서 진행, 생성, 과정, 변화[18]라고 하는 새로운 패러다임을 갖게 되었다. 구체적으로 언급하면 스토리텔링은 기존 서사 연구와 같이 해석 중심의 의미 탐구가 아니라 생산을 위한 전략 기획이고, 구체적인 차원에서 실천적으로 전개되어야 한다. 이른바 실천적 차원, 참여 중심, 체험 중심, 과정 중심의 향유 지향적 성격[19]까지를 모두 만족시킬 수 있어야 한다는 것

16 김대현 외, 『프로젝트 학습의 운영』, 학지사, 1999, 12쪽.
17 강숙희, 『인터넷과 수업』, 교육과학사, 2001.
18 이인화, 『스토리텔링 진화론』, 해냄, 2014, 117쪽.
19 박기수, 『문화콘텐츠 스토리텔링 구조와 전략』, 논형, 2015, 53~54쪽.

인데 여기서 가장 중요한 말이 바로 생산과 실천이다. 콘텐츠를 기획하고 스토리를 부여하는데서 그치는 것이 아니라 그것이 새로운 미디어와 만나 실제로 실행되고 소비자와 소통하여 산업의 영역에서 작동할 때 진정한 스토리텔링 교육, 의미 있는 스토리텔링 활동이 이루어졌다고 말할 수 있다. 따라서 스토리텔링 관련 과목들 역시 학생 스스로가 학습의 전 과정에 주도적으로 참여하여 문제와 결과를 도출하게 하고, 그 과정을 통해 문화콘텐츠의 스토리텔링이 어떤 활동을 요구하는지 자연스럽게 습득하게 하는 설계를 필요로 한다. 그리고 그런 관점에서 PBL은 최적의 교육방법론일 것이다.

3. PBL 기반의 스토리텔링 교육 사례

1) 준비과정

'디지털스토리텔링'은 매년 1학기에 개설, 운영되는 '디지털스토리텔링입문'의 심화 과정이다. '디지털스토리텔링입문'은 150여 명의 학생이 수강하는 이론 중심 교과목으로 디지털패러다임의 도래로 스토리텔링의 개념과 영역이 변화하고 있는 양상을 추적하며 구체적인 사례를 통해 디지털스토리텔링의 미래를 전망해보는 교수자 중심 수업이다. 반면 '디지털스토리텔링'은 '디지털스토리텔링입문'의 심화 과정으로 디지털스토리텔링이 적용된 여러 분야 중 하나인 게임 스토리텔링에 대한 이해와 실제를 경험할 수 있도록 설계되었다. 때문에 '디

〈표 2〉 디지털스토리텔링 교과목 개요

교과목명	디지털스토리텔링	선수과목	디지털스토리텔링입문
교과목 개요	본 교과목은 디지털스토리텔링의 다양한 영역 중 하나인 게임 스토리텔링에 집중하여 게임학 기초와 게임 스토리텔링에 집중하여 게임학 기초와 게임 스토리텔링 이론을 이해한 후, 대체현실게임 기획에 적용하는 것을 목표로 합니다. 아울러 개별과제로서 퀘스트 기반의 인터랙티브 스토리 창작을 경험하게 될 것입니다.		
강의목표	1. 게임학의 기초적인 이론들을 이해하고 설명할 수 있다.		
	2. 게임 스토리텔링의 구성요소를 이해하고 실제 게임 기획에 활용할 수 있다.		
	3. 인터랙티브 스토리를 창작하고 대체현실게임을 기획, 실행할 수 있다.		
강의방법	이론 수업(30%) : PPT 활용		
	실습 및 토론 수업(70%) : 개인과제+팀 프로젝트		
수강인원	40명		
전공생 비중	12명/40명	2전공생 비중	26명/40명
개발역량	문제해결역량, 학문역량		

지털스토리텔링’은 ‘디지털스토리텔링입문’을 선수 과목으로 이수한 학생들을 대상으로 개설되었으며 강의 역시 이론보다 실습, 토론, 실행을 강조하는 형식으로 디자인되었다.

교과목 ‘디지털스토리텔링’의 핵심은 게임에 대한 기초 지식을 습득한 후 실제 대체현실게임을 기획하고 플레이해보는 과정에 있다. 왜냐하면 ‘디지털스토리텔링’이라는 교과목은 변하지 않는 진리와 지식을 습득하는 것을 목적으로 하는 것이 아니라 학생들이 언제든지 마주할 수 있는 문제를 해결하고 다른 사람들과 협업하여 프로젝트를 완성시킬 수 있는 능력을 키우는 것을 목적으로 하고 있기 때문이다. 물론 게임이라는 형식을 빌어서 말이다.

때마침 '디지털스토리텔링'은 '2015년도 역량기반 교육과정 개발 지원 사업'에 선정되었다. 이 사업은 가톨릭대학교 교수학습센터에서 지원하는 것으로 전공 및 교양 교육과정에서 교수자들이 보다 효과적으로 학생들의 핵심역량을 길러낼 수 있도록 교육과정 개발과 적용과정을 전문적으로 지원하는 사업이다. 이를 위해 1학기 말(6월 23일)에 1차 워크숍이 개최되었으며 이 워크숍을 통해 가톨릭대학교에서 주력하고 있는 핵심 역량별 주요 내용이 무엇인지를 파악하고 교과목과의 일치성을 탐색, 결정한 후 이를 강화시키고 평가할 수 있는 방법론을 구체화할 수 있었다. 이후 역량기반 교육과정 시안을 제출하고 교육학 전문가의 검토와 컨설팅을 받아 최초 설계된 교육과정을 수정하였다. 또한 하계 방학 중에 2차 워크숍을 통해 사전 준비를 진행하였다. 학기가 시작되면서는 학생들의 역량이 계획대로 향상되었는지를 평가하기 위한 프로세스가 진행되었는데, 수강생 대상 역량 사전 검사와 사후 검사가 그것이다. 마지막으로 검사 결과에 대한 컨설팅과 함께 결과보고서를 제출하는 과정으로 사업이 마무리된다.

역량기반 교육과정 컨설팅을 통해 '디지털스토리텔링'은 문제해결역량과 학문역량을 강화하는 쪽으로 학생들의 활동을 설계하기로 결정하고 교과목의 목적에 부합하도록 각 핵심역량과 하위역량들의 사전적인 정의를 설계하였다. '디지털스토리텔링' 교과목에서 추구하고자 하는 핵심역량인 문제해결역량과 학문역량의 세부 하위 역량의 정의는 〈표 3〉과 같다.

〈표 3〉 '디지털스토리텔링' 교과목의 개발 대상 역량 영역에 대한 정의

교과목명	하위역량	내용
문제해결역량	문제탐색	창의적으로 문제를 발견하고 도출할 수 있는 능력
	실행능력	정보수집, 분석비판능력, 기획력, 실행력
학문역량	학업효능감	구체적인 과제를 성공적으로 수행했다는 데서 오는 자존감과 만족감
	상생적 협력학습능력	서로 다른 능력과 목표, 그리고 관점을 가진 친구들과 의견을 나누고 존중하며 함께 협력하여 학업적 성과를 낼 수 있는 능력
	자기주도적 학습태도	스스로 목표를 세우고 이를 위한 학습 계획을 세워 단계적, 체계적으로 학업을 성취해나갈 수 있는 능력
	학문적 의사소통	아이디어를 도출하고 구체적인 스토리텔링 안을 구성, 실행하는 데 있어 적합한 학문적 어휘와 문법을 사용하고 사회적 맥락에 맞게 의사소통을 할 수 있는 능력
	지식융합능력	직접적으로 관계가 없거나 유관 분야의 지식이나 경험들을 서로 연결시키는 융합적 사고 능력

2) 교육과정 설계와 수업진행

'디지털스토리텔링' 교과목은 크게 세 단계의 세부 과정으로 나뉘고, 각 단계는 교육방법론이라는 관점에서 보면 다시 또 세 가지 학습 유형에 기반 한다. 첫 번째 단계는 게임학의 기초라 할 수 있는 게임의 정의, 장르, 게임 스토리텔링의 기초적인 특징 등을 이해하는 것을 목적으로 하는 것으로 설명식 수업에 의존하였다. 앞서 언급했던 것처럼 사실 이 교과목은 '디지털스토리텔링입문'이라는 교과목을 선행한 학생들을 대상으로 개설되었다. 때문에 원래 강의 계획안에는 이 단계의 학습은 생략되어 있었다. 이미 학습이 완료되었음을 전제로 했기 때문이다. 그러나 하계 방학 중에 본 교과목을 실제 수강 신청한 수강생들의 면면을 살펴보니 선수과목을 이수하지 않은 학생이 80%에 육박한

다는 사실을 확인하게 되었다. 따라서 선수 학습이 부족한 신규 학습자들에게 게임이라는 뉴미디어의 개념과 성질에 대한 기초 교육을 단기간에 완료해야 하는 미션이 발생한 것이다. 설명식 수업은 새로운 정보나 지식 등 변하지 않는 진리를 빠른 시간에 획득하게 하는 가장 적합한 방법 중 하나이다. 그렇기에 개념 습득을 위한 초반 3주간의 강의는 설명식 수업으로 진행되었으며 이해도에 대한 판단은 객관식, 주관식, 서술식의 시험으로 평가되었다.

두 번째 단계에서는 탐구식 수업방식을 활용하였다. 두 번째 단계는 게임의 구성 요소인 게임규칙, 레벨디자인, 게임 세계관과 캐릭터, 퀘스트 등을 디자인하는 방법을 학습한다. 문제는 이 단계의 학습 수준을 실제 게임 기획에 활용될 수 있는 정도까지 올려야 한다는데 있었다. 특히 수강생들의 면면을 조사했을 때 학생들의 게임에 대한 관심도는 흥미 수준에 머물러 있었다. 게임 기획을 해본 학생은 두 명이 전부였고, 수강생의 절반 정도는 평소 게임을 하지 않았으며 게임 플레이를 하는 학생들 중에서도 절반가량이 '팡'류나 '런'류의 캐주얼 게임을 아주 가끔 하는 정도였다. 때문에 게임 기획에 대한 지식이 전무한 학생들에게 게임의 구조를 이해하게 만들어 스스로가 사고를 진행시킬 수 있도록 하는 것이 관건이었다. 이를 위해 본 단계에서는 게임스토리텔링의 구성 요소를 4가지로 나누고, 각각 과제를 통해 학습자가 특정 사실들을 발견할 수 있도록 구조화시켰다.

예를 들어 게임의 규칙을 알아보는 과정에서는 아주 간단한 게임인 틱택토의 규칙을 시범적으로 작성해보는 것에서 출발한다. 이를 통해 게임 규칙의 의미, 특성, 유형, 규칙 작성법, 규칙의 단순화와 적절성에

〈표 4〉 레벨디자인의 탐구식 학습 Process

단계	주요 활동 내용
대표사례연구	- 〈블레이드 앤 소울〉의 세계관 설정에 다른 전체 지도 작성. - 플레이어 캐릭터의 전체 공간 설계 사례 연구 (플레이어 레벨 범위, 동선과 각 지역별 플레이 소요시간, 주요 건물 및 장애물 설계, 주요 퀘스트와 NPC/몹의 수와 위치, 몹의 공격 패턴/속도 등).
개별 문제 탐구	〈드래곤플라이트〉와 〈쿠키런〉중 하나를 선택하여 게임 플레이 후 규칙을 발견하되 스테이지별 난이도를 디자인하는 구체적인 방법론을 발견할 것
조별 토의&수정	4인 1조의 토론으로 〈드래곤 플라이트〉와 〈쿠키런〉의 스테이지별 레벨디자인 방안을 정리하고 발표.
교수자의 피드백&모범 답안 확인	학생들이 발견한 요소들을 유형별로 묶어주는 작업.

〈표 5〉 세계관, 캐릭터, 퀘스트 디자인의 탐구식 학습 Process

단계	주요 활동 내용
대표사례연구	어드벤처 게임인 〈원숭이 섬의 비밀〉의 사례를 통해 세계관, 캐릭터, 사용자 인터랙션의 유형과 상호작용 내러티브의 유형 탐색.
개별 문제 탐구	없음.
조별 토의&수정	인터랙티브 콘텐츠인 하이퍼텍스트 픽션 제작. 조별활동으로 모두가 잘 알고 있는 이야기를 활용하여 결정적 장면(3~5분기)을 중심으로 퀘스트를 구성하고, 스토리 창작(세계관, 캐릭터, 퀘스트). 파워포인트 프로그램을 활용하여 제작.
교수자의 피드백&모범 답안 확인	실제 플레이 및 평가를 통해 수정. 학기말 미디어콘텐츠대회에 완성품 제출.

대한 문제들을 자연스럽게 이해할 수 있게 된다. 이후 게임 테트리스의 구성적 규칙을 스스로 작성하게 하고, 개인이 작성한 규칙을 4인이 1조가 되어 서로 비교, 토론하면서 수정하는 과정을 경험하게 한다. 이후 교수자는 4인 1조가 재정리한 테트리스의 규칙에 대한 피드백과 함께 모범이 되는(그러나 정답은 아닌) 답안을 제시하는 것으로 이 과정을 마

무리를 한다. 이런 탐색의 과정은 세 번째 단계의 본격적인 협업을 위한 준비 단계임과 동시에 실질적으로 학생들을 게임 기획에 돌입할 수 있는 수준의 상태로 끌어올리기 위한 선행 단계라 할 수 있다.

이와 같은 단계는 나선형의 구조로 대응된다. 반복과 변형을 통해서 배운 것 위에서 다시 새로운 것을 배울 수 있도록 구조화한 것인데, 이와 같은 반복의 과정은 학습자 스스로가 원리를 발견할 수 있으리라는 것을 기대하게 하며 또한 짧은 시간 낯선 것을 체득하는데 가장 효과적인 방법이라 말할 수 있다.

마지막 세 번째 단계는 대체현실게임(Alternative Reality Game, 이하 ARG)을 실제로 기획하고 플레이해보는 단계로 협동식 학습을 지향한다. 두 번째 단계가 PBL 모델의 연습단계였다면 이 단계는 본격적인 PBL 모델에 돌입할 수 있도록 설계하였다. 이를 위해 실직적인 '과업'을 만드는 것이 중요했는데, 이는 PBL 모델이 실질적으로 주어진 문제의 원인을 파악하고 그 해결책을 모색, 실제 문제를 해결하는 과정을 경험하게 한다는 데 주목하기 때문이다. 다만 그 과업은 단편적이고 쉽게 해결될 수 있는 성질의 것이 아니어야 한다. 지식간의 관계가 복잡하게 연결되어 있으며, 다양한 접근이 가능하며, 실생활에서경험할 수 있는 비구조화 되고 실제적인 문제여야 한다.[20] 그래야 과제에 접근하는 방식과 풀어내는 과정이 다양한 관점에서 진행될 수 있기 때문이다.

이런 관점에서 ARG는 매우 적합한 PBL 모델의 '과제'가 될 수 있을 것이라 판단하였다. ARG는 가상의 사건이 현실에서 일어났다는 가정

20 박성익 · 임철일 · 이재경 · 최정임, 앞의 책, 227쪽.

하에 사건을 해결해가는 게임을 말한다. 제인 맥고니걸(Jane Mcgonigal)은 ARG를 몇 주 혹은 몇 달에 걸쳐 온라인과 실제 세계에서 수천 명의 플레이어들이 협력적인 네트워크를 통해 주어진 문제를 해결하는 인터랙티브 드라마로 정의한다.[21] 뿐만 아니라 디지털 게임에 익숙하지 않은 대다수의 학생들에게 아날로그적인 게임 형식[22]이 가미된 ARG은 진입장벽이 낮을 것이라는 판단, ARG의 규모와 러닝타임에 따라 다른 여러 장르의 게임에 비해 단기간에 기획과 실행이 가능하다는 점, 마지막으로 ARG는디지털게임에 비해 규칙을 재설계하는 과정이 용이하고 플레이어의 돌발적이고 우발적 상황에 즉각적으로 유연하게 대처할 수 있다는 특징이 있는데, 때문에 ARG를 기획하고 두 차례의 시뮬레이션과 본 게임을 플레이하는 과정을 통해 학습자 스스로가 게임을 만든다는 것이 수정에 수정을 거듭하는 작업이라는 점을 자연스럽게 익힐 수 있게 된다는 점 때문이다. 이상 네 가지 이유에 의해 설계된 '디지털 스토리텔링'의 PBL 모델 기반의 ARG 기획과 실행은 모두 8주간의 일정으로 진행되었다.

두 번째 단계인 탐구식 학습이 구조화된 학습이었다면 세 번째 단계는 비구조화 된 학습의형태로 진행되었다. 교수자는 학습자들에게 ARG의 기본적인 이해와 레퍼런스를 제공하고, 8주간의 전체 스케쥴과 ARG를 기획할 때 지켜야하는 최소한의 조건만을 제시하였다. 40명의 학생은

---

21 Jane Mcgonigal, "Alternative Reality Gaming : Life ImitatesARG", http://www.avantgame.com/McGonigal%20ARG%20MacArthur%20Foundation%20NOV%2004.pdf 검색일자(2016.06.20)

22 특히 최근 JTBC의 〈크라임씬〉과 같은 게임형식을 빌린 텔레비전 프로그램이 다수 등장하고 있어 게임이 낯선 학생들에게 익숙함을 유발시키는 계기가 되기도 하였으며, 실제로 학생들이 자신들의 게임 기획에 문제가 발생했을 때 이를 해결하는 과정으로 유사 TV프로그램을 참고하기도 하였다.

모두 3개 조로 나뉘어 편성되었다. 구성원들은 특별한 제한 조건 없이 원하는 팀장을 선택하였는데, 적절하게 13~14명의 고른 분포로 팀이 나뉘었다. 이후 수업은 2시간 수업에서는 주로 각 팀 위주의 협동학습 시간으로, 1시간 수업에서는 발표와 질의를 통해 팀별 진행사항을 서로 공유하는 시간으로 활용되었다. 팀이 구성되자마자 학습자들은 자발적으로 SNS 등의 플랫폼(밴드, 카카오톡, 네이버카페)을 활용하여 온라인 커뮤니티 공간을 만들었다. 이는 수업 시간 이외의 시간을 on/off-line에서 투자하겠다는 의지의 반영이었다. 실제로 학생들은 정해진 수업 시간에는 주로 13~14명의 팀원 전체가 참여하는 회의를 진행하였고, 별도의 시간을 내어 개별 혹은 맡은 역할에 따라 2~5명 정도의 인원이 모여 소주제에 대한 회의를 진행하고 그 결과를 on-line 플랫폼을 통해 공유하였다.

3개 조의 초반 회의는 대부분 아이디어를 도출, ARG 레퍼런스 탐색, 아이템 확정, 역할분담과 스케쥴 확정으로 진행되었다. 각 조원들의 성격에 따라 세부 진행 사항들의 순서는 차이가 있었다. 팀을 구성하는 단계에서부터 이미 다양한 아이디어를 가지고 있었던 A조는 첫 회의에서부터 다양한 아이디어가 쏟아져 나왔다. B조는 역할을 분담하고 스케쥴을 확정하는 등의 조직적인 시스템을 갖추는 일을 먼저 진행하였다. 반면 C조는 ARG의 레퍼런스들을 개별적으로 탐색하고 이를 공유하는 시간으로 회의를 시작하였다.

아이템을 확정하는 단계에서는 교수자가 학습자에게 준 가이드는 다음과 같은 것이었다.

• 기존의 다른 게임에서처럼 허구의 스토리와 세계관을 만들어내는 것이 아니라 시간적으로 현재, 공간적으로는 대한민국에서 실제로 일어난, 혹은 일어날 법한 현실적인 사건에 기반한 스토리 구조를 가질 것.

• 표면적으로는 게임의 재미를 추구하지만 이면적으로 주제에 대한 의미 있는 사고를 할 수 있도록 게임 스토리를 구성할 것.

이와 같은 가이드에 따라 A팀은 대학구조조정에 따른 학과통폐합 문제를, B팀은 대학생왕따와 자살문제를, C팀은 폭탄테러와 관련한 인권문제를 각각 주제로 삼고 게임 기획을 진행하였다. 학습자들이 이 주제를 정하는데 있어서 교수자는 두 가지 측면을 제외하고는 관여를 최소화하였다. 관여된 두 기준은 해당 주제가 실제로 현재, 이 문화권 내에서 해결해야하는 문제인가와 실제 학습자에게 의미와 가치를 전달할 수 있는 문제인가에 대한 것이었다. 아이템을 정한 후 학습자들은 그들의 주제를 전달하기 위한 가장 효과적인 게임 플레이의 플롯을 짜기 위한 방안을 모색하는 과정으로 돌입했다. 최적의 게임 플레이를 도출하기위해 여러 번 반복적으로 문제를 재확인하고 새로운 해결안을 제시하는 등의 과정을 반복하였다. 일례로 B팀의 경우 ①자살 동기에

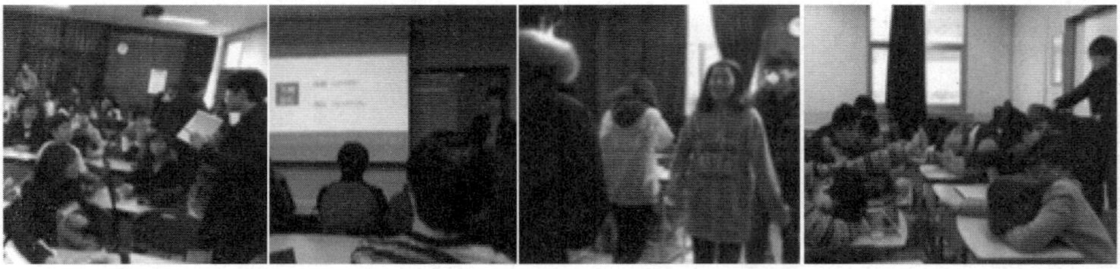

〈그림 1〉 좌로부터 팀회의, 전체 구성원 공유(발표와 Q&A), 내부 시뮬레이션

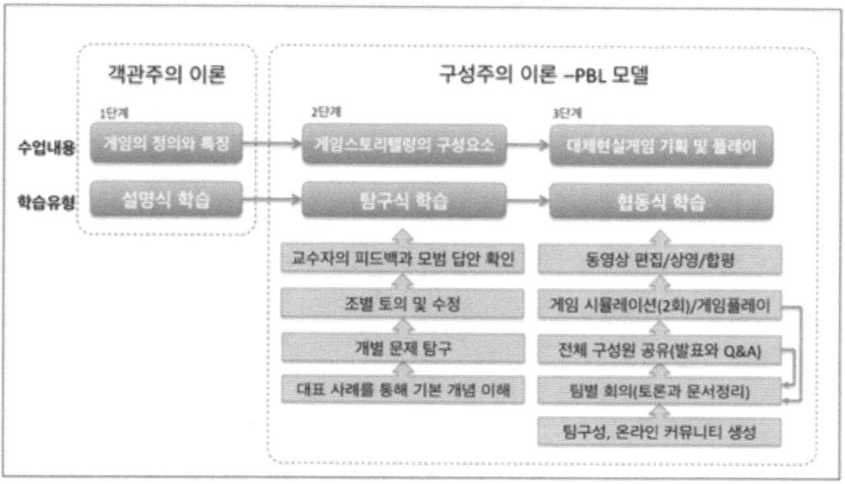

〈그림 2〉 '디지털스토리텔링'의 3단계 수업 설계

대한 이유를 찾는 것을 목적으로 스토리와 게임미션을 구성하다가 ② 살인범을 찾은 것을 목적으로 하는 과정을 거쳐 ③참여한 플레이어가 모두 유력한 용의자로 의심을 받고 있다는 설정 하에 자신이 살인범이 아님을 증명하는 단서를 확보해 무죄를 증명하는 쪽으로 스토리를 재구성하였다. 이와 같은 스토리텔링의 변화는 '방관도 범죄다'라는 주제의식을 전달하는데 가장 적합한 해결안이라고 여겼기 때문이다.

뿐만 아니라 디벨롭되는 게임 아이디어를 모두 두 차례에 걸쳐 시범적으로 플레이해보게 되는데, 이 과정을 시뮬레이션이라고 한다. 첫 번째 시뮬레이션에서는 비공개 형태로 팀원들이 직접 플레이해보는 내부 시뮬레이션으로 진행하였고, 두 번째 시뮬레이션 다른 팀의 구성원을 모집하여 플레이해보는 클로우즈 베타 시뮬레이션을 진행하였다.

이 과정에서 팀원은 게임의 재미요소와 부족한 시스템 등을 자발적

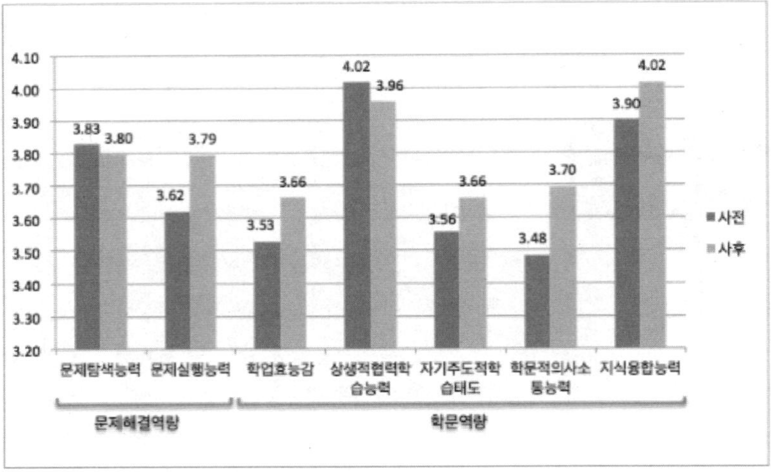

〈그림 3〉 역량검사 사전 사후 검사 비교

으로 탐색하고 문제점을 발견한 후 수정, 재구성하는 경험을 획득하게 된다. 최종적인 게임플레이까지 마치면 학습자들은 게임플레이 시 찍은 동영상을 편집하고, 유튜브(youtube)에 올리게 된다. 학습자들은 모두 함께 모여 영상을 관람하고 합평을 통해 교과과정을 완료하게 된다. 이 합평의 과정은 학습결과를 정리하며 학습 결과와 수행에 대한 평가를 실시하는 단계로 스스로의 평가 뿐 아니라 동료에 의해 평가받는 과정도 포함하고 있다.

3) 산출물과 실행성과

이 교과목의 최종적인 산출물은 ARG 플레이와 이를 촬영, 편집, 유튜브에 게시한 영상물이다. 이를 위해 게임의 세계관과 캐릭터, 그리고 퀘스트 등의 플레이 시나리오를 포함한 게임 기획서가 완성되었으며, 플레이에 도움이 되는 기반스토리를 담은 영상물도 제작이 완료되었다. 뿐만 아니라 실제 플레이를 어떻게 촬영해야하는지에 대한 구성안이 담긴 큐시트 혹은 촬영계획안도 작성하였다. 특히 학습자들은 매 과정 회의록을 작성하고 이를 on-line 플랫폼을 통해 공유하였다. 이 모든 과정은 학습자들의 자발적인 판단에 의해 진행되었다.

이 교과목을 통해 학생들의 역량이 실제로 어떻게 개발되고 향상되었는지에 대한 평가는 종강하기 3주일 전인 13주차에 교수학습센터의 지원으로 진행되었다. 사전, 사후 검사에 모두 응답한 학생들은 모두 32명이었으며 이들의 평가 결과를 토대로 문제해결역량과 학문역량의 대부분이 향상되었음을 확인할 수 있었다. 다만 문제탐색능력과 상생적 협력 학습능력이 다소 하락하는 지표를 보여주고 있는데, 이 지수가 허용 가능한 오차범위에 있는 값이기에 의미를 갖지는 않는다.

따라서 PBL 기반의 프로젝트 수업은 '디지털스토리텔링'이라는 이론과 실제가 병행되어야하는 교과목에 적합한 교육방법론이라고 말할 수 있다. 본 수업을 통해 학습자는 문제를 인식하고, 정보를 수집하며 분석을 통한 비판적 사고 능력을 기를 수 있었다. 또한 다양한 아이디어들을 경험하고 이를 공유하는 과정에서 창의적이고 융합적인 사고를 경험할 수 있었다. 뿐만 아니라 아이디어를 풀어놓는 수준이 아니라 문서로 재구조화하고 발표를 통해 문제를 발견, 다시 구성하는 반복적 학습 과정의 필요성을 절감하며 그 능력 또한 향상되었다고 평가할 수 있다. 실제 학습자들은 학문역량의 하위 역량인 학문적 의사소통 능력의질문 문항 중 '제시된 주제의 핵심에 대해 말로 명확하게 설명할 수 있다'와 '제시된 주제에 맞게 글을 논리적으로 쓸 수 있다'에서 1명의 제외한 모든 응답자가 사전 수준을 그대로 유지하거나 향상된 결과를 보여주었다.

무엇보다 가장 중요한 점은 기획에 그치지 않고 이를 실행해보는 단계까지 도달했다는 점이다. 이 과정에서 학생들은 모험을 감수하고 끈기 있게 문제를 해결해나가는 실행능력을 강화시킨 것으로 평가된다. 실제로 문제해결역량의 하위역량인 문제 실행 능력은 다른 역량에 비해 높은 점수를 획득했는데, 그 중에서도 '문제해결을 위한 다양한 해결방안들을 종합하여 더 나은 해결책을 제시할 수 있다'와 '문제가 잘 해결되지 않을 때에도 끈기 있게 해결방법을 찾는다'와 같은 항목들이 사전 검사 때에 비해 상대적으로 높은 값을 받았다.

전반적으로 학습자들은 수업 후반부로 갈수록 협업에 익숙해졌으며 여러 사람이 함께 모여 결과물을 만들어나가는 자체에서 오는 기쁨과 경쟁이 아닌 무엇인가를 함께 이루어나간다는 것이 가장 큰 수확이라는 자체적인 평가를 하였다. 특히 학습자들 간의 동료 티칭이 자발적으로 그리고 원활하게 이루어졌다. 실제로 팀원들 간의 역할이 업무를 중심으로 세분화되어 있다 보니 학습자들은 자신이 잘 알지 못하는 영역을 동료의 도움을 받아 준비하고 해결해나가는 양상을 보였다. 학생들의 수업평가에서 "팀플이 재미있었던 수업은 대학 인생 처음이다", "학우들과 자유롭게 아이디어를 공유하면서 각자 학생들의 역량을 맘껏 펼칠 수 있었다", "팀 프로젝트 당시 모든 인원이 성적 때문이 아닌 자기 개발을 위해서 참여하였다" 등의 의견을 보이기도 하였다. 이런 과정들이 수업을 보다 생동감 있게 만들고 좋은 성과를 만들어주는 핵심 영역이라 할 수 있다.

4. 결론

본 연구는 디지털스토리텔링 교육을 어떻게 구조화시키고 운영해야 하는지에 대한 문제 의식에서 출발하였다. 스토리텔링 교육은 창의적인 융합형의 인재를 지향하면서도 모험심과 실행 능력을 갖춘 인재를 양성하는 것을 목표로 한다. 그리고 이런 인재들은 기본적으로 문제를 발견하고 해결하는 능력을 갖추어야하며 자기 주도적이면서도 협업이 가능한 커뮤니케이션 능력을 함양해야 한다. 때문에 교육방법론 또한 전통적인 강의식의 교수법에서 벗어나 학습자가 중심이 되어 스스로가 학습을 구성하고 경험하여 완성시켜갈 수 있는 시스템으로 변화되어야 한다. 이에 본 연구에서는 '디지털스토리텔링'이라는 교과목을 구성주의 이론 중에서도 PBL 모델을 적용하여 설계하고 직접 운영한 사례를 통해 지식과 교육에 대한 새로운 패러다임에 접근하고자 했다.

새로운 지식 패러다임에서 지식은 더 이상 학습자 외부에 있지 않다. 지식은 학습자의 내면에 아직 발견되지 않은 채 존재한다. 때문에 특수한 교육 환경만 제시되면 학습자는 스스로가 지식을 구성하고 완성시켜갈 수 있다. 이런 철학 하에서 교수자는 더 이상 티칭(teaching)이 아닌 코칭(coaching)식의 수업을 제안하고자 한다. 코칭이라고 해서 교수자의 의무가 약화된다거나 쓸모가 무색해지는 것은 아니니다. 오히려 더욱 섬세하고 체계적인 교수법이 선행되어야 유의미한 학습 과정과 가치 있는 결과물을 산출할 수 있다.

코칭 시 주의할 점은 다음과 같다. 첫째, 교과목을 설계할 때 분명하고 첨예한 핵심역량을 설정하는 것이 좋다. 뿐만 아니라 인재상이나 핵심역량의 세부 항목들에 대해 교수자만의 정의를 내려 보는 것이 세부 커리큘럼을 짜는데 큰 도움이 된다. 둘째, 16주차의 교육과정은 얼핏 융통성을 위해 큰 방향성만 제시하면 되지 않겠는가 생각하지만 실상은 치밀하게 설계할수록 유익하다. 20~30분 단위로 커리큘럼을 작성해 놓는 것은 정해진 방향성 안에서 그 때 그 때 유연함을 적용하기에 적합하다. 돌발적인 과제는 학습자들의 능동적 자세를 방해하는 것으로 치명적이다. 셋째, 필요에 따라서는 전통적인 설명식 학습이 함께 진행되는 것이 좋을 수도 있다. 학생들의 면면을 사전에 파악하고 피교육자의 환경에 따라 수업을 구조화하는 것이 필요하다. 넷째, 교육과정은 나선형으로 구조화하는 것이 좋다. 배운 것 위에서 다시 새로운 것을 배울 수 있도록 반복과 변형의 과정을 설계해야한다. 다섯째, 과제는 실질적이고 다면적인 해석이 가능한 비구조화된 것으로 설계해야 한다. 그래야 학습자들이 여러 문제적 상황을 고려할 수 있는 기회를 갖게 되며 학습자들 간의 자발적이고 적극적인 토론이 일어날수 있다. 여섯째, 학습자의 자율권을 보장하면서 교수자의 적절한 개입이 진행되어야 한다. 교수자의 개입은 필수적이다. 수업의 중심이 학습자에게 옮아갔다고 하더라도 각 교과목의 중점 원리는 있기 마련이다. 때문에 자칫 학습자가 이들과는 상반된 방향으로 문제를 이끌고 갈 때에는 방향을 선회할 수 있는 적절한 개입이 필요하다. 일곱째, 학습자가 수업 이외의 시간을 학습을 위해 쓰는 것과 마찬가지로 교수자도 수업 이외의 시간을 학생들에게 할애해야 한다. 교수자가 학습자에게 협력과 조언의 자세를 가질 때 학습자의 학습 동기는 더욱 촉진되고 학습자 간의 동료 티칭도 원활하게 이루어질 수 있다.

본 연구의 한계는 다음과 같다. '디지털스토리텔링'의 새로운 교육방법론에 대한 충분한 학습이 이루어지지 않은 상태에서 이와 같은 수업 설계와 운영이 진행되었기에 그 수준이 아직 초보적인 단계에 머물러 있고, 커리큘럼 상으로 특정 단계에서는 과제가 한꺼번에 몰려 학생들의 과업이 지나치게 많아졌다는 등의 혼선을 빚기도 했다. 무엇보다 다년간의 수업 경험에 의한 연구 결과가 아니라 한 학기동안 진행된 수업의 결과라는 점에서 일반론으로까지 확장하기에는 다소 무리가 있다.

그럼에도 불구하고 문화콘텐츠학과의 '디지털스토리텔링' 교육방법론으로서 PBL 모델을 적용하고 그 과정을 기록한 이 연구는 향후 학습자 중심의 교육과정을 설계하는데 초석이 될 것이라는 점에서 그 의의를 찾을 수 있다. 연구자 역시 문제점을 보완하면서 지속적으로 스토리텔링 교육방법론을 생성해 나가고자 한다.

참고 문헌

[논문 및 단행본]

강숙희, 『인터넷과 수업』, 교육과학사, 2001.

김기덕, 「콘텐츠의 개념과 인문 콘텐츠」, 『인문콘텐츠』 제1호, 인문콘텐츠학회, 2003.

김대현 외, 『프로젝트 학습의 운영』, 학지사, 1999.

김영재, 「문화마케팅 및 정책 교육방법론 특성화 방안」, 『2013 인문콘텐츠학회 전국 학술대회 논문집』, 2013.

류철균 · 정유진, 「디지털 서사도구의 인과율 개념 연구」, 『인문콘텐츠』 제22호, 인문콘텐츠학회, 2011.

박기수, 「한국 문화콘텐츠학의 현황과 전망」, 『대중서사연구』 제16호, 대중서사학회, 2006.

______, 『문화콘텐츠 스토리텔링 구조와 전략』, 논형, 2015.

박범준, 「소통의 문화콘텐츠학 학문적 체계 연구」, 한국외대 박사논문, 2014.

박상천, 「문화콘텐츠학의 학문 영역과 연구 분야 설정에 관한 연구」, 『인문콘텐츠』 10호, 인문콘텐츠학회, 2010.

박성익 · 임철일 · 이재경 · 최정임, 『교육방법의 교육공학적 이해』, 교육과학사, 2011.

백승국 · 태지호 · 권지혁 · 한창호, 「자크 라캉의 주체성과 게임 인터페이스에 관한 연구」, 『인문콘텐츠』 제22호, 인문콘텐츠학회, 2011.

변민주, 『심층메타포 이론으로 유형화한 광고스토리텔링의 구조적 특성 연구』, 한국과학예술포럼, 2013.

변영제, 『교수 · 학습 이론의 이해』, 학지사, 2013.

서성은, 「매체 전환 스토리텔링 연구」, 이화여대 박사학위 청구논문, 2015.

신광철, 「대학에서의 문화 콘텐츠 인력 양성의 현재와 미래」, 『인문콘텐츠』제32호, 인문콘텐츠학회, 2014.

안정선 · 배진형, 「사회복지전공교육에 있어서 구성주의 기반 프로젝트 학습적용 수업설계의효과 분석 및 모형 제안」, 『한국사회복지교육』 제26호, 한국사회복지교육협의회, 2014.

우운택, 「문화기술 교육방법 특성화 방안」, 『2013 인문콘텐츠학회 전국 학술대회 논문집』, 2013.

유동환, 「기획과정 교육방법 특성화방안」, 『2013 인문콘텐츠학회 전국 학술대회 논문집』, 2013.

윤영득, 「복잡계 디지털경제의 문화콘텐츠 산업구조」, 『문화산업연구』 제11권 제1호, 한국문화산업학회, 2011.

이동은, 「디지털 게임 플레이의 신화성 연구」, 이화여대 박사학위 청구논문, 2013.

이인화, 『스토리텔링 진화론』, 해냄, 2014.

자크 랑시에르, 양창렬 역, 『무지한 스승』, 궁리, 2009.

조해진, 「문화콘텐츠작품분석을 위한 스토리공학적 모델설계에 관한 연구」, 『인문콘텐츠』 제37호, 인문콘텐츠학회, 2015.
존 듀이, 강윤중 역, 『경험과 교육』, 배영사, 1995.
한혜원, 「문학의 학문적 확장과 융합」, 『우리어문연구』 제46집, 우리어문학회, 2013.
______, 「창의형 미디어 스토리텔링 교육 방안」, 『인문콘텐츠』 제32호, 인문콘텐츠학회, 2014.

교육용 기능성 게임의 재미와 학습 요소 결합 양상 연구

이동은

1. 교육으로서의 기능성 게임

교육과 학습 분야에서 교육 방법론 중 하나로 게임을 적용한 사례는 예삿일이 아니다. 학생들이 역사적인 인물이나 그 당시 사건을 이해하는데 감정적 어려움을 겪을 때, 즉 역사나 사회 교과목을 학습할 때 교육은 역할놀이(role play)의 방법론을 종종 활용해왔다. 관찰이 필요하거나 상황에 대한 문제해결 능력을 길러야 하는 수학이나 과학과 같은 과목에서 역시 시뮬레이션(simulation)이라는 방법론을 적용하여 목적을 달성하기도 했다.

클라크 앱트(Clark C. Abt, 1970)는 그의 저서 『Serious Game』에서 게임이란 둘 혹은 그 이상의 의사결정권자들이 그들의 목적 달성을 성취하기 위해 그들 사이에서 일어나는 활동으로, 오락적인 플레이만을 의도하는 것이 아니라 교육적 목적을 갖고 세심하게 고안된다[1]고 정의한 바 있다. 앱트의 이런 정의는 게임을 유희적 측면에 한정시켜 해석하는 것이 아니라 교육이나 설득과 같은 기능적 측면까지 확장시킬 수 있다는 관점으로 해석 가능하다는 점에서 유의미하다. 특히 '교육적 목적을 갖고 세심하게 고안된다'는 말은 교육적 효과를 증대시키기 위해 게임을 접목시키는 일이 이미 수십 년 동안 진행되어왔음을 시사하는 말이어서 게임의 쓸모에 대한 근거가 되기도 한다.

이처럼 교육과 게임의 융합은 교육의 지루함을 게임의 재미로 상쇄시키려는 노력에서 비롯되었다. 『재미이론』의 저자 라프 코스터(Raph Koster, 2005) 역시 게임을 매우 근본적이며 효과적인 학습도구라고 소개한다.[2] 그는 〈틱택톡(Tic Tac Toc)〉과 같은 게임은 공간을 관찰하는 법을 가르치고, 〈스타크래프트(Starcraft)〉는 전략술을 가르치며, 〈카운터 스트라이크(Counter Strike)〉는 팀 워크를 가르친다고 주장한다. 그의 이런 주장은 게임이 다른 어떤 미디어보다도 풍부하고 복잡한 상황을 모형으로 만들 수 있는 능력을 가지고 있기 때문에 반복적 학습을 통해 패턴을 익히고 지식과 정보를 뇌에 각인시키는데 적절한 도구가 되고 있음을 단적으로 증명하는 것이다. 샐런과 짐머맨(2004)[3] 또한 학습과 같은 상태의 '의미있는 플레이'가 디자인이 잘 된 게임이라고 말함으로써 게임에서의 교육적 측면을 강조하고 있다. 그들이 말하는 '의미있는 플레이'란 게임에서 플레이어가 게임을 하는 동안 결과를 배우고

1 Clark C. Abt, *Serious Game*, Viking Press, 1970, p.6.

2 라프 코스터(Raph Koster), 안소현 역, 『재미이론』, 디지털미디어리서치, 2005.

3 Salen, K. and Zimmerman, E., *Rules of Play : Game Design Fundamentals, Cambridge, Mass., and London*, England : The MIT Press, 2004.

학습하는 것을 뜻한다.

디지털 게임이 보편화됨에 따라 게임은 미디어의 하나로 인식되기 시작하였다. 때문에 교육은 게임을 미디어로 활용하여 학습 효과를 증진시키려는 시도를 보다 적극적으로 하게 되었고, 교육으로서의 게임은 기능성 게임(serious games)의 한 유형으로 자리 잡으며 주목을 받고 있다. 교육으로서의 기능성 게임은 게임이라는 재미있는 활동을 통해 학습의 효과를 증진시키는 것을 목적으로 삼고 개 발된다. 게임은 분명 자발적 참여를 유도하는 적극적 미디어이고 몰입(flow) 상태를 유발시키는데 뛰어난 기능을 수행하는 미디어이다. 칙센트미하이 (Mihaly Csikszentmihalyi, 1990)의 이론처럼 몰입의 상태를 유지하는 것은 어떤 일을 하든 재미의 감정 상태를 유지하는 것을 보장한다.[4]

문제는 학습에 있다. 라프 코스터가 지적했다시피 학습은 다른 어떤 것보다 힘든 활동이다. 인간의 뇌는 무의식적으로 학습에 대한 필요성을 명령하지만 부모님, 선생님, 심지어 스스로의 논리적 두뇌로부터 공부할 것을 강요받을 경우에도 인간의 뇌는 학습을 강력하게 거부한다.[5] 때문에 재미에 상반되는 요소인 학습을 게임에 융합시키는 일은 쉽지 않다. 이상민(2009)의 지적대로 에듀테인먼트의 경우 학습 요소가 오락 요소에 비해 가중치가 높으면 학 습자들에게 지루함과 학습 강요에 대한 스트레스를 주게 되고, 반면 오락 요소가 학습 요소에 비해 가중치가 높으면 에듀테인먼트는 도달해야할 궁극적 목적인 학습을 도외시하는 결과를 낳게 되기 때문이다.[6] 그러므로 이질적인 두 요소를 어떻

4 Mihaly Csikszentmihalyi, 최인수 역, 『몰입』, 한울림, 2004.

5 라프 코스터, 앞의 책, 124쪽.

게 하나의 텍스트에 결합하여 몰입을 유도할 것인가 하는 점이 교육용 기능성 게임의 가장 큰 화두이다.

그러나 이제까지의 교육용 기능성 게임에 대한 연구들은 주로 교육 분야에서 활발하게 연구되었기 때문에 그 결과론적인 측면, 즉 학습효과라는 측면에 집중되어 연구되어왔다. 이는 분명 수용자연구라는 측면에서는 그 의의를 갖지만 교육용 기능성 게임의 본질을 밝히는데는 그 한계를 갖고 있다.

따라서 본 연구에서는 교육용 기능성 게임에서 재미와 학습의 이질적인 두 요소의 결합양상을 밝혀보고자 한다. 특히 교육용 기능성 게임 중에서도 한자 학습에 목적을 가지고 있는 두 게임인 〈마법 천자문〉과 〈한자마루〉의 분석을 통해 결합 양상을 살펴볼 것이다. 〈마법천자문〉은 아울북 출판사에서 2003년도부터 2009년 12월까지 18권을 발간한 만화책을 원작으로 하고 있는 닌텐도DS용 게임이다. 게임과 동명인 원작만화 〈마법천자문〉은 14권까지 730만부 의 판매를 기록한 학습만화 시장의 대표주자이다. 원작에 걸맞게 게임 역시 10만장 이상의 높은 판매 기록을 가지고 있다. 〈한자마루〉 역시 매달 4~5억원의 매출을 기록하고있어 교육시장 내에서 게임을 활용한 교육의 경쟁력을 확인해주는 한자 교육용 게임의 대표 주자이다. 〈한자마루〉는 2009년 4월 NHN에서 출시한 MMORPG게임으로 초등학생을 주요 대상으로 삼고 서비스되고 있지만 실제 플레이어는 전 연령층에 고르게 분포되어있다는 특징을 가지고 있다.

---

6 이상민, 「에듀테인먼트 〈태극천자문〉의 스토리텔링 연구」, 『디지털스토리텔링연구』 제4권, 2009.

2. 텍스트와 이미지에 관한 이론적 고찰

교육용 기능성 게임의 두 이질적인 요소인 재미와 학습이 어떻게 결합되고 있는지를 분석하기 전에 본 절에서는 이미지와 텍스트에 대한 이론적 연구를 선행하고자 한다. 본 연구에서 이미지와 텍스트에 대한 이론적 설명이 필요한 이유는 분석하고자 하는 대상 때문이다. 일반적으로 언어 교육은 텍스트를 중심으로 이루어진다. 특히 영어나 한자 등의 외국어 교육은 읽기, 쓰기, 듣기, 말하기의 4단계로 텍스트를 이해하고 반복 학습하도록 구성되어있다. 그러나 게임은 텍스트가 아닌 시각적 이미지로 플레이어와 소통하는 미디어이다. 물론 최초의 게임은 텍스트에 기반한 게임이 주류를 이루었다. 그러나 그래픽 기술이 발달함에 따라 게임 내 텍스트는 점점 사라지고 그래픽 이미지들이 게임 월드를 가득 메우기 시작했다. 플레이어들은 2D 혹은 3D 그래픽으로 구현된 공간을 탐험하며 플레이 경험을 축적하고 있다.

언어를 교육하기 위한 기능성 게임 역시 스크린에 비추는 이미지로 구현된 게임 월드에 플레이어가 접속하여 문자 언어인 텍스트 교육을 진행하는 형식으로 대부분 구현되고 있다. 한자 교육용 기능성 게임 역시 탐험을 위한 게임월드의 이미지와 학습이 이루어지는 텍스트가 하나의 화면으로 융합되어 나타난다. 때문에 게임의 재미와 학습의 결합 양상을 살피기 위해서는 게임 내에서의 이미지와 텍스트의 관계에 주목할 필요가 있다. 그러므로 이미지와 텍스트의 개념적 정의, 차별적 특성과 그 상관관계, 그리고 인지적인 측면에서 인간이 이미지와 텍스트를 어떻게 받아들이는지에 대한 이론적 고찰은 분석을 위해 선행되어야 한다.

이미지라고 불리는 것들의 범위는 광범위하다. 회화, 조각상, 광학적 환영, 지도, 다이어그램, 꿈, 환각, 스펙터클, 투사상, 시, 패턴, 기억, 심지어 관념조차 이미지라 부른다.[7] 문학비평가인 미첼(W.J.T. Mitchell, 2005)은 이미지 계통도를 통해 광범위한 이미지 유형을 제시하기도 하였다.

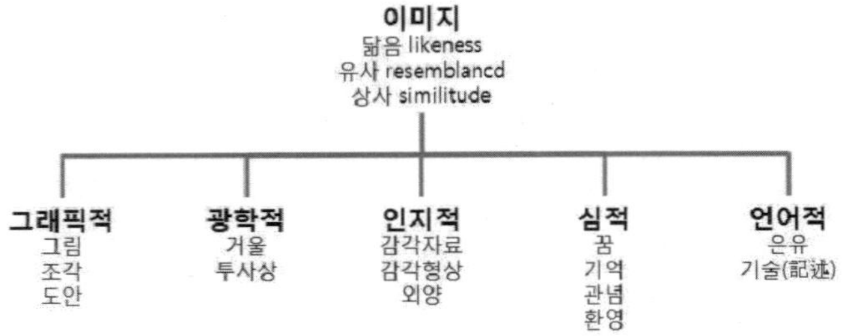

〈그림 1〉 미첼의 이미지 계통도

미첼의 이미지 계통도처럼 이미지에 대한 다양한 해석 가능성에도 불구하고, 본고에서 논의하고자 하는 이미지의 개념은 일상 담화에서 흔하게 쓰이는 '외양(appearances)'과 관련된 그래픽적 측면들에 한정하고자 한다. 게임 인터페이스에 등장하는 캐릭터, 배경, 상태 메뉴창 등이 바로 그것이다. 반면 텍스트는 문자로 쓰여진 언어를 지칭한다.

이미지와 텍스트는 근본적으로 대립하는 종류의 창조물이다. 말과 글이라는 언어적 텍스트는 스스로의 기호를 자의적이고 인습적인 것으로 규칙화시키는 반면, 이미지는 스스로를 가시적 세계의 표상에 유

7 미첼(W.J.T. Mitchell), 임산 역, 『아이코놀로지 – 이미지, 텍스트, 이데올로기』, 시지락, 2005, 22쪽.

일하게 적합한 것으로 여기며 자연 기호로 분류한다.[8] 때문에 이미지는 그 자연성으로 인해서 간접적이고 신뢰할 수 없는 보고(報告)이기보다 오히려 사물을 직접적으로, 무매개적으로, 정확하게 표상하는 보편적 커뮤니케이션 수단으로 활용되었다. 자연적 기호는 미개인, 어린이, 문맹, 동물 등의 열등한 존재들에 의해서도 해독될 수 있다는 사실은 이 맥락에서 이미지의 거대한 인식론적 힘과 커뮤니케이션 수단으로서의 보편성을 옹호하는 논거가 된다.[9]

텍스트와 이미지의 차이에 대해 연구한 대표적인 학자는 에른스트 곰브리치(Ernst H. Gombrich, 1981)이다. 그 역시 그림은 그것이 표상하는 대상과 그림을 대상으로 대하는 관찰자에게 바로 도달하는 것이라고 언급하면서 그림이 '자연적 기호'인 것은 언어와 똑같은 정도로 '습득한 지식'에 의존하지 않기 때문이라 주장한다.[10] 언어, 즉 텍스트를 배우는 경우와 마찬가지의 방법으로 이미지를 해독하는 법을 배우지 않아도 이미지는 자동적으로 '읽히'는 시각적 호소력을 가지고 있다는 말이다.

이미지를 '읽는' 과정은 시각적 테두리, 색체, 규모와 조직 등의 배분 등을 통해 이루어진다. 눈금없는 시계를 읽을 때와 비슷한 방식으로 이미지는 구체화된 지시체의 대상물이 없더라도 대략 시계 바늘이 가리키는 모든 방향과 각도, 그리고 움직임의 속도, 질감과 색깔 등을 통해

8 위의 책, 72쪽.
9 위의 책, 111~113쪽.
10 Ernst H. Gombrich, "Image and Code : Scope and Limits of Conventionalism in Pictorial Representation", in Image and Code, ed. Wenndy Steinet, Ann Arbor : University of Michigan Studies in the *Humanities*, no.2, 1981, p.20.

시간을 읽을 수 있다. 굿맨(Nelson Goodman, 1968)에 따르면 이미지가 이렇게 읽힐 수 있는 까닭은 이미지가 의미론적 잠재능력을 내재하고 있기 때문이다. 이것이 바로 이미지의 다의성이다. 텍스트와 이미지의 관계에 대한 연구에 주력한 롤랑 바르트(Barthes Roland, 1964) 역시 이미지는 본성적으로 다의적이라고 말한다.

> 모든 이미지는 다의적이며, 시니피앙들 아래에 숨어서 그 독자가 어떤 것은 선택하고 다른 것은 무시하는 시니피에들의 '고정되지 않은 연쇄'를 내포하고 있다. (…중략…) 따라서 모든 사회 속에서는 확실치 않은 기호들에 대한 공포와 싸우기 위해서, 시니피에들의 고정되지 않은 연쇄를 고정하도록 다양한 테크닉이 발전한다. 언어학적 메시지는 이들 테크닉 가운데 하나이다.[11]

바르트는 이미지의 시니피에들의 자유에 비해 텍스트는 억압적인 가치를 가지고 있다고 말한다. 이미지의 문명 속에서도 오직 언어적 메시지의 존재만이 중요한 이유는 그것이 '정보적'이기 때문이다.[12] 언어의 도움 없이는 정확한 방식으로 정보를 전달할 수 없다는 것이 바르트의 사상이다. 그는 이미지에 결합된 텍스트는 지각의 올바른 층위를 선택할 수 있도록 도와주는 역할을 하며 정박(ancrage)과 중계(relais)의 두 가지 기능을 갖는다고 주장한다.

불안정하게 떠다니고 있는 이미지의 의미를 고정시켜주는 기능을 하는 것이 바로 정박의 기능이다.[13] 광고나 보도 사진 등에서 주로 등장

11 롤랑 바르트(Roland Barthes), 김인식 편역, 『이미지와 글쓰기』, 세계사, 1993, 94~95쪽.

12 최용호, 「언어와 이미지」, 『기호학연구』 16권, 2004, 431쪽.

하는 이 기능은 텍스트의 이미지에 대한 섬세한 배치(dispatching)을 통해서 사전에 계획된 하나의 의미로 원격조정하는 힘을 갖는다.[14] 때문에 정박은 이미지의 다의성을 소멸시키고 특정한 의미로 한정해주는 역할을 수행한다.

반면 중계의 기능은 풍자 만화와 일반 만화 속에서 자주 발견되는 기능으로 이 때의 이미지와 텍스트는 서로 보충적인 역할을 수행하면서 텍스트 전체의 메시지를 산출한다. 특히 중계는 여러 장의 이미지로 연결된 속에서 그 기능을 수행하게 되는데 만화와 같은 경우 이미지와 이미지를 연결해주는 기능을 하는 것이 바로 텍스트이다. 만화 속에서 언어와 이미지는 둘 중 어느 하나가 없으면 해석되기 힘들다. 이미지와 언어는 의미 도출을 위해 서로 바톤을 주고 받으며 의미를 생성해낸다. 특히 영화와 같은 매체에서 대사는 설명이라는 단순한 기능이 아니라 메시지들의 연속 속에서 이미지에서 발견되지 않는 의미들을 배치함으로써 행위를 실제로 앞당기는 역할을 하기도 한다.[15]

바르트는 이처럼 텍스트가 중계의 이야기적 가치를 가지고 있을 때에는 정보는 그 가치가 극대화되고, 정박의 대리적 가치를 가질 때에는 정보는 직접적으로 드러나기 때문에 게으른 것이 된다고 말한다.

13 이영준, 『비평의 눈초리』, 눈빛, 2008, 126쪽.
14 롤랑 바르트, 김인식 편역, 앞의 책, 98~99쪽.
15 위의 책, 99쪽.

3. 극대화된 정보가치로 직접 학습을 유도하는 〈마법천자문〉

닌텐도DS에서 구동이 가능한 게임 〈마법천자문〉은 원작인 학습 만화와 동일한 세계관과 캐릭터를 유지하고 있다.

> 엄청난 힘과 재능을 가진 손오공은 화과산의 두목으로 지내며 무료한 일상을 지낸다. 그러던 어느날 손오공은 우연히 한자마법의 고수인 보리 도사와 만나게 되고, 더욱 강해지기 위해 보리도사의 제자가 되어 한자마법을 배우기로 결심하고 열심히 한자 훈련을 한다. 어느날, 보리도사의 제자가 된 손오공은 어떤 무식한 황소가 발 족(足) 마법을 써서 부두목을 죽이자 혼세마왕을 해치우려고 결심한다. 그런데 사실 혼세마왕은 마법 천자문의 조각을 손에 넣기 위한 목적을 가지고 있었고, 손오공은 마법 천자문이 혼세마왕의 손에 넘어가지 않도록 한판 승부를 벌인다.[16]

〈마법천자문〉의 게임 플레이 방식은 고전적인 한자 학습의 방식과 매우 닮아 있다. 일반적으로 학교 교육에서 한자는 독음과 쓰기, 그리고 적용의 세 부분으로 나뉘어져 교육이 진행된다. 독음의 경우 한자 읽기 영역과 한자의 음과 뜻 읽기의 영역으로 나뉜다. 쓰기의 경우는 음과 뜻에 맞는 한자 쓰기 영역과 한자 낱말 쓰기 영역으로, 그리고 적용의 경우는 언어생활 영역으로 구분되어 있다.[17]

16 http://www.magichanja.com/

17 박천규 · 이은미, 「게임을 통한 한자 학습의 동기 유발에 관한 연구」, 『교과교육연구』 No.1, 1997, 514쪽.

게임 〈마법천자문〉은 크게 4개의 메뉴로 구성되어있다. '스토리모드', '마천파워대전', '한자연습장', '퀴즈천자문'이 그것이다. '스토리모드'와 '마천파워대전', 그리고 '한자연습'은 모두 한자 쓰기를 중심으로 게임 플레이 방식이 디자인되어 있고, '퀴즈천자문'의 경우는 독음을 중심으로 게임 플레이가 진행된다. 본 연구에서는 '스토리모드'를 중심으로 재미와 학습 요소의 결합 양상을 살펴보고자 한다. 〈마법천자문〉 '스토리모드'에서 한자는 세계관에서도 엿볼 수 있듯이 혼세마왕을 비롯한 각 스테이지에 등장하는 안타고니스트들을 물리치기 위한 도구로 사용된다. 즉 〈마법천자문〉의 한자는 게임에서의 스킬(skill)로 치환되고 일반적 게임에서 플 레이어들이 스킬을 시연했을 때 나타나는 화려한 애니메이션 효과는 〈마법천자문〉에서 해당 한자의 텍스트를 이미지로 치환시키며 확대하거나 떨림을 주거나 하는 등의 효과로 재현된다.

예를 들어 도술섬에서 펼쳐지는 '풍년기원 친선 마법대회'에서 주인공 손오공은 쌀마을의 선수들이 외치는 한자의 뜻과 음을 보고, 제한된 시간 내에 올바른 한자를 적어야한다. 한자를 제대로 적었을 때에는 쌀마을의 상대편 선수에게 타격을 가하는 애니메이션이 보여지고, 그렇지 않은 경우에는 손오공의 생명이 하나씩 줄게 된다. 또한 3개의 생명을 모두 빼앗겼을 때에는 물 속으로 빠져 다음 경기를 진행할 수 없는 게임오버(gameover) 상태가 된다. 〈마법천자문〉 게임에서 큰 틀을 차지하고 있는 이러한 플레이 방식은 학습(한자쓰기)이라는 어려 운 허들을 넘고 나면, 주인공 플레이어가 안타고니 스트를 공격하는 통쾌한 액션을 애니메이션으로 보여주는 재미의 요소를 보장하는 식으로 학습과 재미가 결합되

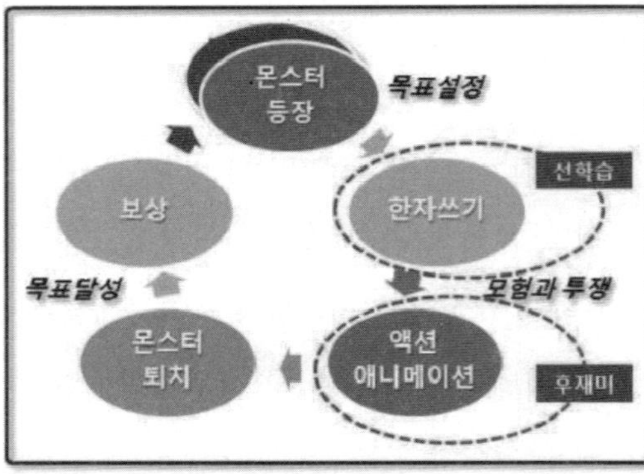

〈그림 2〉 〈마법천자문〉의 재미와 학습의 결합패턴

어있다. 즉 선학습 후재미의 결합양상이다. 이와 같은 결합양상은 기능성 게임 이외의 일반적인 게임에서 미션을 먼저 수행하고 완료했을 때에만 보상을 제공받는 퀘스트의 양식과 유사하다고 할 수 있다.

그런데 일반적인 게임의 퀘스트 양식과 비교했을 때 차별적 특징을 갖는 점은 바로 일부 스테이지에서 준비된 한자쓰기를 모두 완수했을 때 나타나는 보너스와 같은 플레이에 있다. 예를 들어 화과산의 스테이지를 모두 완수하고 다음 공간으로 이동하는데서 마주치게 되는 '거대해진 상어마왕 물리치기' 에피소드를 들 수 있다. 상어대왕은 '커져라 큰대!'를 외치며 몸집을 거대하게 키운 채로 손오공을 위협하고 손오공의 스승인 보리도사는 "상어왕이 커져서 무섭다면 커지지 않게 하면 되겠구나"라는 힌트를 손오공에게 제시한다. 짧은 애니메이션으로 보여지는 이 영상에서 플레이어는 상어 왕을 물리치기 위해 작을 소(小)를 스크린에 써야 한다. '小' 쓰기를 제한 시간 내에 완성하면 상어왕은 크기가 점점 작아지는 이미지를 제공하고 플레이어는 미션을 클리어하게 된다.

〈마법천자문〉에서 종종 나타나는 이러한 플레이 방식은 바르트의 이미지에 대한 텍스트의 두 가지 기능으로 설명하자면 '중계'의 기능에 해당한다. 크기가 거대해진 상어왕 이미지와 다시 작아진 상어왕의 연속된 이미지들 사이를 작을 소(小)의 텍스트가 중계하고 있는 것이다. 특히 표의 문자에 속하는 한자의 경우 글자 하나에 하나 이상의 뜻을 포함하고 있는데, '小'의 텍스트가 내재하고 있는 의미를 시각적인 그래픽 이미지로 보여줌으로써 '小' 라는 언어가 지니고 있는 '정보적' 가치가 극대화된다. 때문에 〈마법천자문〉 게임을 하는 플레이어는 '小'가 가지는 의미와 소리, 그리고 쓰는 법까지도 강렬하게 학습할 수 있게 된다. 즉 극대화된 정보가치를 직접 학습하게 되는 기회를 갖게 되는 것이다.

4. 느슨한 정보가치로 반복 학습을 유도하는 〈한자마루〉

다수의 사용자가 함께 협력하여 플레이를 진행할 수 있는 MMORPG 장르를 택한 2D 횡스크롤의 〈한자마루〉는 게임 자체에 대한 흥미와 한자에 대한 흥미를 동시에 유발할 수 있는 재미요소들로 가득 찬 게임이다. 〈한자마루〉 홈페이지에는 그 세계관을 다음과 같이 소개하고 있다.

아주 오랜 옛날, 마계의 마신마족들과 피의 계약을 맺은 신마소제가 세상에 모습을 드러내면서부터 신마 소제와 퇴마사단의 긴 싸움이 시작되었다. 신마소제를 따르는 마신마족의 군대 신마군단의 침략에 대항하여 세상을 구하기 위해 나선 정의의 사도들이 바로 퇴마사단이다. 퇴마사단은 치열한 싸움으로 신마소제를 대륙 서쪽 어둠의 땅 속에 깊숙이 가두었지만 오백년 마다 부활해서 세상을 어지럽히고 있다. 엄청난 힘에 위기에 몰린 퇴마사단은 전세계의 아이들을 대상으로 긴급소집령을 발동하고, 마법학교에 소집된 예비 퇴마사들은 퇴마사단의 일원이 되어 신마군단에 맞서 싸우게된다. 평화를 되찾기 위해서…….[18]

세계관을 통해서도 알 수 있듯이 〈한자마루〉는 자신의 캐릭터를 가지고 마물이 된 한자를 공격하는 게임이다. 〈한자마루〉는 일반적인 액션게임과 유사한 플레이 방식으로 디자인되어있다. 플레이어는 다양한 스킬을 사용하여 마물들을 공격하고 쓰러뜨리는 것을 목적으로 한다.

이때 다양한 외형적 디자인을 가진 마물들은 공통적으로 가슴에 각기 다른 한자를 하나씩 새겨 놓고 있는데, 플레이어가 타격을 가할 때마다 마물들은 해당 한자음을 반복적으로 노출시킨다. 또한 마지막 한 방에는 한자의 음과 뜻을 모두 노출시킴으로써 플레이어는 액션감을 통해 재미를 확보하며 한자 학습을 자연스럽게 수행하게 된다.

특이한 점은 마물 캐릭터 하나 당 하나의 텍스트로 소구되는 것이 아니라는 점이다. 예를 들어 캐릭터 '머딩'은 '바깥 외(外)'의 텍스트 한자와 '바다 해(海)'의 텍스트, 그리고 '일만 만(萬)'의 텍스트를 모두 가진 캐릭터이다. '야미안' 캐릭터 역시 '허물 죄(罪)'와 '최강 최(最)'의 텍스트와 결합되어 있다. 이들 캐릭터는 한자 텍스트가 등장해야하는 레벨

18 http://www.hanjamaru.com/

공간에 따라 각기 다른 텍스트를 가슴에 새기고 플레이어를 공격한다.

즉, 〈한자마루〉에서 마물의 이미지와 한자 텍스트의 관계는 바르트 식으로 이야기하면 '정박'의 기능에 가깝다. 아무런 의미를 생성해 낼 수 없는 마물 캐릭터 이미지에 한자 텍스트를 부여함으로써 정보가 직접적으로 드러나게 되기 때문이다. 한자 마루의 '볼매김서윤'이라는 사용자는 "한자마루는 몬스터가 만약 '口(입구)'일 때, '구!구!구!'한다. 음, 캐릭터가 '입' 하면 몬스터가 귀엽게 소릴내며 '구'…… 이러니까 술술 외워지네요"[19]라며 한자마루의 자동적인 정보전달 방식을 언급한 바 있다. 마물 캐릭터에 새겨진 한자는 텍스트로서가 아니라 이미지로서 플레이어에게 인식된다. 그리고 플레이어는 한자 텍스트를 캐릭터 이미지와 함께 바라봄으로써 자동적이고 직관적으로 '읽는' 행위를 수행하게 된다. 즉, 〈한자마루〉의 학습은 시각적 '읽음' 의 호소력에 기대고 있는 것이다.

사실상 〈한자마루〉의 학습이 시각적 호소력에 기대고 있다는 사실은 이미 서울대학 심리학과 언어사고 연구실에서 실시한 3차에 걸친 공동 실험에서 증명된 바 있다. 그들은 게임 플레이 과정에서 관찰되는 플레이어의 시선을 분석함으로써 플레이를 진행하는 총 시간 중 76%의 시간 동안 한자를 집중적으로 바라보고 있다는 사실을 밝혀내었다. 플레이 시간이 길면 길수록 플레이어들은 한자에 더 많은 시간 노출된다는 증거이다.

---

19 한자마루 홈페이지 체험후기 게시판 http://www.hanjamaru.com/community/experie nce.nhn?bbsNo=7&artclNo=39536&artclCatgNo=&page=10&searchType=&searchKey=&best= &action=read&readDir=-1

〈표1〉〈한자마루〉 황혼의 해안을 1회 클리어하는 데 등장하는 한자 텍스트의 개수

	황혼의 해안 (Lv. 17~19)							
	1st	2nd	3th	4th	5th	6th	7th	Total
南	4	4						8
人	4					4		8
口	4	4						8
北		4	4					8
上			4			4		8
少			4		8			12
東				4		4		8
太				8				8
西					8			8
下						4	2	8
계	12	12	12	12	16	16	2	82

그러나 앞서 말한 것처럼 〈한자마루〉에서의 이미지와 텍스트 관계가 정박의 기능을 수행하고 있다는 사실은 정보의 가치라는 측면에서 보면 정보가 직접적으로 드러나기 때문에 게으른 것이 된다. 이와 같은 정보의 느슨함은 플레이어의 뇌리에 한자 정보가 인상적으로 박히는 기능을 수행하는데 어려움을 겪는다. 때문에 〈한자마루〉는 학습의 목적을 달성하기 위한 보완책으로 반복학습을 통해 암기학습을 수행할 수 있는 게임의 재미와 학습요소의 결합 전략을 추구하고 있다. 〈한자마루〉의 한자 반복에 대한 데이터의 한 사례를 뽑아보면 다음과 같다.

17레벨에서 19레벨 사이의 플레이어들에게 입장이 허용되어 있는 '황혼의 해안' 맵의 경우, 총 7개의 스테이지로 구성되어 있다. 각 스테이지에 존재하는 마물들은 평균적으로 3개의 한자 텍스트로 구성되는데, 예를 들어 '황혼의 해안'의 첫 번째 스테이지에 등장하는 한자 텍스트는 3종류로 南, 人, 口이다. 그리고 첫 번째 스테이지에서 마물은 12번(=(南×4)+(人×4)+(口×4))등장한다.

즉 플레이어는 총 12개의 마물 캐릭터를 죽여야 첫 번째 스테이지를 클리어할 수 있는데, 이때 하나의 한자 텍스트 마물은 평균적으로 7번 공격해야 쓰러뜨릴 수 있다. 즉, 플레이어는 한자 마물 1개체를 죽이는데 하나의 한자 텍스트(예를 들어, 南)와 소리음(남)을 각각 7번씩 보고 듣게 되는 것이다. 결국 플레이어는 첫 번째 스테이지를 클리어 하는데 총 84(=12X7)번의 한자를 반복해서 시각적으로 '읽고' 음을 '듣게' 된다. '황혼의 해안'에 등장하는 전체 한자 텍스트들은 南, 人, 口, 北, 上, 少, 東, 太, 西, 下로 총 10개이니, 플레이어는 '황혼의 해안'의 첫 번째 스테이지에서 일곱 번째 스테이지까지 1회 클리어 하는데 '읽고', '듣는' 한자 텍스트는 574개가 된다.

특히 17레벨의 플레이어가 최초 '황혼의 해안' 맵을 경험할 경우, 그는 최소 3회 이상 맵을 반복적으로 클리어해야 다음 맵으로 이동할 수 있는 레벨에 도달하게 된다. 때문에 엄밀히 계산하면 플레이어는 '황혼의 해안' 맵을 경험하면서 10개의 한자 텍스트를 총 1722번의 시각적 '읽기'와 청각적 한자 '듣기'에 노출되는 것이다. 그야말로 〈한자마루〉는 이미지와 텍스트의 정보가 느슨한 대신 반복을 통해 학습의 효과를 노리는 학습전략을 취하고 있음을 알 수 있다.

5. 결론

지금까지 본 논문에서는 한자 교육용 기능성 게임의 재미와 학습 요소의 결합 양상을 〈마법천자문〉과 〈한자마루〉를 통해 분석해보았다.

〈마법천자문〉은 기본적으로 한자쓰기 교육을 게임 내 스킬 시스템으로 치환되는 전략을 취하고 있다. 즉 한자는 플레이어에게 적을 물리치기 위한 도구로 활용되며, 이 도구는 기존 한자 교육의 대부분을 차지하는 '쓰기'의 방법론으로 적용된다. 한자를 완벽하게 썼을 때는 적을 물리치는 도구가 100% 힘을 발휘하여 적에게 데미지를 입히지만, 그렇지 못할 경우 오히려 플레이어 캐릭터가 데미지를 입는다. 또한 한자를 완벽하게 썼을 때 안타고니스트의 패배가 재미있는 애니메이션으로 재현되어 학습이 재미를 보장하는 식으로 학습과 재미가 결합되어 있다. 뿐만 아니라 뜻글자인 한자라는 특성을 살려 텍스트인 한자의 내재적 의미를 시각적 이미지, 특히 애니메이션으로 '중계'함으로써 텍스트가 지니고 있는 정보적 가치를 극대화시키고 있다. 플레이어에게 직관적이고 직접적인 교육이 되도록 유도하고 있는 것이다.

그러나 게임 〈마법천자문〉의 학습과 재미의 결합양상은 게임을 진행하기 이전에 한자에 대한 사전 지식이 필요하다는 한계를 지니고 있다. 해당 미션을 클리어할 수 있는 한자 지식을 보유해야만 게임 내 영웅이 될 수 있고, 게임을 즐길 수 있다. 즉 〈마법천자문〉은 배움이라는 행위가 게임을 플 레이할 때 동시에 발생하는 것이 아니라 이미 알고 있는 지식을 테스트하고 평가하는 시스템으로 게임이 진행되는 형태로 구조화되어있는 교육용 기능성 게임이라고 정리할 수 있을 것이다.

반면 〈한자마루〉의 경우, 마물을 공격하고 제압하는 플레이 방식은 MMORPG를 비롯한 여느 액 션 게임들과 같은 시스템을 따르고 있어 학습보다는 재미의 기능에 더 치중하는 것처럼 보인다. 그러나 〈한자마루〉는 한자를 마물 캐릭터에 이미지로 정박시켜 놓음으로써 공격해

<표2> <마법천자문>과 <한자마루>의 재미와 학습의 결합 양상 비교

	마법천자문	한자마루
전략	한자쓰기 교육을 게임 스킬 시스템으로 치환	한자가 새겨진 몬스터를 공격하는 액션 게임
이미지와 텍스트의 관계	중계	정박
학습과 재미의 결합양상	선학습 후재미	재미와 학습 동시 발생
특징 및 단계	게임을 진행하기 이전에 한자에 대한 사전 지식이 필요함. 플레이어가 쉽게 몰입하기 어려운 시스템	한자를 알지 못해도 단순한 조작으로 몬스터를 물리치는 액션 게임의 재미가 존재. 플레이어가 쉽게 접근, 몰입이 가능한 시스템이지만 한자 교육을 위해 반복플레이를 유도

야하는 대상으로 한자를 인식하게 한다. 특히 <마법천자문>과는 달리 한자를 알지 못해도 단순한 조작으로 한자 마물을 물리치고 영웅이 될 수 있기 때문에 플레이어로 하여금 지속적인 흥미를 유발시킬 수 있을 뿐만 아니라 한자에 대한 거부감을 없애고 동시에 정복할 수 있는 대상이라는 자신감을 자연스럽게 획득할 수 있게 하고 있다. 게임의 유희적 플레이 과정에서 배움이라는 지루한 활동을 동시에 획득할 수 있도록 디자인한 것이 바로 <한자마루>의 학습과 재미의 결합양상이다.

또한 <한자마루>는 한자 텍스트를 텍스트로서가 아니라 이미지로 인식하게 유도한다. 이로써 <한자마루>는 이미지를 알아보는 과정을 통해 시각적 학습할 것을 호소하고 있다. 이러한 알아봄의 과정은 '다시 안다(re-connaitre)'의 과정으로 순환되면서 기억을 불러오는 과정 중 하나이다. 즉 알아봄의 인지 과정은 시간의 간격에도 불구하고 한번 보았던 이미지를 다시 볼 때 정확하지는 않아도 기억 속에서 두 이미지를 동일시(identification) 할 수 있는 기회를 제공한다. <한자마루>의 이미지화된 한자 텍스트는 플레 이 과정에서 이 이미지를 수십 번 이상 반복적으로 바라보고 알아보게 하여 한자를 뇌에 각인시켜 인지할 수 있도록 하는 반복적 학습에 호소하고 있다. 때문에 한자를 학습하는 일이 지루하고 하기 싫은 학습이라는 생각보다 마물을 물리치는 재미있는 활동에서 얻어지는 부차적인 결과라고 느껴 교육용 기능성 게임으로의 몰입을 지속시킬 수 있는 것이다.

교육용 기능성 게임은 다른 장르의 기능성 게임에 비해 안정적인 수익구조를 갖추며 이미 시장성까지 검증된 단계에 와 있다. 게임의 기능이 엔터테인먼트적인 요소들에만 한정되지 않고 교육과 훈련, 건강과 사회참여적인 문제까지 확대되고 있다는 점은 게임 산업 재도약의 기회이다. 때문에 교육용 기능성 게임 분야 뿐 아니라 타 분야에서도 표면과 이면을 차지하고 있는 이질적인 두 요소들을 하나로 결합하여 어떻게 몰입을 유도할 것인가 하는 점은 지속적으로 연구되어야한다. 이런 의미에서 본 연구는 몰입을 유도하기 위한 교육용 기능성 게임의 전략 연구로 그 의의를 가질 수 있다 하겠다.

참고 문헌

[논문 및 단행본]

박천규 · 이은미, 「게임을 통한 한자 학습의 동기 유발에 관한 연구」, 『교과교육연구』 No.1, 1997.

이상민, 「에듀테인먼트 〈태극천자문〉의 스토리텔링 연구」, 『디지털스토리텔링연구』 제4권, 2009.

이영준, 『비평의 눈초리』, 눈빛, 2008.

최용호, 「언어와 이미지」, 『기호학연구』 Vol.16, 2004.

Cambridge, *Mass., and London*, England : The MIT Press, 2004.

Clark C. Abt, *Serious Game*, Viking Press, 1970.

Csikszentmihalyi, 최인수 역, 『몰입』, 한울림, 2004.

Ernst H. Gombrich, "Image and Code : Scope and Limits of Conventionalism in Raph Pictorial Representation", in *Image and Code*, ed., Wenndy Steinet, Ann Arbor : University of Michigan Studies in the Humanities, no. 2, 1981.

Koster, 안소현 역, 『재미이론』, 디지털미디어리서치, 2005.

Roland Barthes, 김인식 편역, 『이미지와 글쓰기』, 세계사, 1993.

Salen, K. and Zimmerman, E., *Rules of Play : Game Design Fundamentals*, Mihaly W.J.T. Mitchell; 임산 역, 『아이코놀로지－이미지, 텍스트, 이데올로기』, 시지락, 2005.

http://www.magichanja.com/

고전 상소문을 활용한 글쓰기 교육 방안

「간폐비소(諫廢妃疏)」에 대한 수사학적 분석을 중심으로

최선경

1. 들어가는 말

이 글은 조선시대 상소문에 나타난 설득의 방식을 살펴보고, 이를 글쓰기 교육에 활용할 수 있는 방안에 대해 고찰하는 것을 목적으로 한다. 상소문은 최고 권력자인 왕을 수신자로 하는 글로서 왕의 마음을 움직여 왕의 판단 혹은 결정을 자신이 원하는 방향으로 변화시키는 것을 목적으로 하는 설득 텍스트이다. 상소문은 내용에 따라 사직소, 시무소, 청원소, 간쟁소, 탄핵소, 논사소로 구분[1] 되는데 「간폐비소」와 같이 왕의 부당한 처사나 과실을 지적하면서 바르고 이치에 합당한 정치를 촉구했던 간쟁소에는 설득 텍스트로서의 성격이 매우 강하게 나타나 있다. 이 연구에서 시도하고자 하는 상소문에 대한 분석은 왕이라는 최고 권력자

1 정만조, 「조선시대의 언로와 상소」, 『담수』 15, 담수회, 1986, 144~153쪽.

를 설득하기 위하여 상소자는 '무슨 말'을, '어떻게' 하였는가, 그리고 그것은 어떤 설득 효과를 낳고 있는가를 살피는 데 초점이 맞추어진다.

지금까지 상소문에 대해서는 국문학, 역사학, 언론학 등의 분야에서 관심을 기울여왔다. 국문학에서는 상소문을 한문문예의 중요한 장르로 보고 상소문의 문예미학을 탐색하였으며,[2] 역사학에서는 시대를 이해하고 권력의 역학관계를 드러내는 사료로 상소문을 연구하였다.[3] 언론학에서는 상소를 절대왕권을 견제하는 왕조시대의 특징적 언론활동으로 보고 언로라는 관점에서 상소문에 접근하였다.[4] 그러나 이러한 접근 방식들은 본 연구의 방향과는 조금 거리가 있다. 본고에서와 같이 '설득'의 관점에서 상소문에 접근한 연구로는 염은열, 최인자, 오인환·이규완의 선행연구가 있다. 염은열[5]은 『동문선』에 수록된 상소문 「간타위소」를 분석하여 상소문에 나타난 설득적 글쓰기 전략을 정리한 바 있으며, 상소문에 나타난 설득 방식과 표현에 주목한 최인자[6]는 『동문선』 소재 상소문 「간폐비소」와 「간타위소」에 나타난 설득 전략을 비교, 분석하였다. 한편, 고려 전기부터 조선 후기까지의 상소문 6편을 대상으로 설득 구조를 분석한 오인환·이규완[7]은 상소문의 설득 구조를, 설득 행위의 정당성을 확보하는 차원과 개별 상소문의 설득력

2 신두환, 「상소문의 문예미학 탐색」, 『한국한문학연구』 53집, 한국한문학회, 2004, 235~263쪽.
3 설석규, 『조선시대 유생상소와 공론정치』, 선인, 2002.
4 최승희, 『조선초기 언관·언론 연구』, 서울대 출판부, 1984.
이상희, 『조선조사회의 커뮤니케이션 현상 연구』, 나남, 1993.
5 염은열, 「상소문의 글쓰기 전략 연구」, 『국어교육연구』 3, 서울대학교 사범대학 국어교육연구소, 1996, 77~98쪽.
6 최인자, 「조선시대 상소문에 나타난 설득방식과 표현에 관한 연구」, 『선청어문』 24, 105~121쪽.
7 오인환·이규완, 「상소의 설득구조에 관한 연구」, 『한국언론학보』 47권 3호, 한국언론학회, 2003, 5~37쪽.

을 높이는 차원으로 나누어 고찰하였다. 이러한 선행 연구들은 상소문의 설득 방식과 표현에 주목한 초기 연구들로 설득 텍스트로서의 상소문의 특징과 위상을 밝혀주었다는 점에서 의미 있는 연구들이라 할 수 있다. 본고에서는 이 같은 선행 연구의 성과를 바탕으로, 상소문 텍스트에 대한 수사학적 분석을 시도해 보고자 한다.

본 연구에서는 우선 대상 텍스트 「간폐비소」의 설득 방식을 아리스토텔레스가 제시한 감성적 설득 수단과 이성적 설득 수단으로 나누어 살피면서 설득의 세 가지 요소인 에토스, 파토스, 로고스가 텍스트 내에서 구체적으로 어떤 방식으로 활용되고 있는지, 이들이 설득에 어떻게 기여하는지를 탐색해보고자 한다.

2. 설득 텍스트로서의 상소문의 요체(要諦)

상소문은 신하가 왕에게 올리는 목적성 있는 글로 왕을 상대로 펼친 강한 논변이다. 신하가 왕을 상대로 국정에 대한 의견을 피력하기 시작한 것은 왕에 의한 통치가 시작된 때와 출발을 같이한다고 볼 수 있다. 초기에는 신하가 왕에게 말로 하는 보고나 의견 개진이 중심이었던 것이 후대로 오면서 글이라는 문자를 활용하는 방식으로 변화하게 되었는데 처음에 제후와 신하들이 국정에 관해 왕에게 말로 보고한 것을 주(奏)라 하였다. 이 때 주(奏)는 진(進)의 의미로, 밑에서 말을 하여 그 뜻이 위로 상달된다는 뜻이었다.

말이 아닌 글로 왕에게 자신의 의견을 올린 최초의 예는 은나라 때

이윤(李尹)이 왕에게 올린 글이라 전해진다. 유협의 『문심조룡』에 의하면 은의 태갑(太甲, 탕왕의 손자, 기원전 1738~1725)이 왕위를 계승하자 이윤은 왕인 태갑에게 유혹에 빠지지 말 것을 권고하는 글을 지어 올렸으며, 후에 추방되었던 태갑이 다시 상(商)의 수도 호(亳)로 돌아오자 태갑의 노력을 찬양하는 글을 써 올렸는데 이것이 글로 왕을 충고하거나 찬양했던 최초의 예이다.[8]

이후 기록의 필요성이 대두되면서 글로 자신의 뜻을 상달하는 양식이 보편화되었는데 전국(戰國) 칠국시대(七國時代)에는 군주에게 건의하는 글을 상서(上書)라 이름 하였고, 진나라(秦朝)때에 와서는 이를 주(奏)라는 명칭으로 확정하였다. 한대에 이르러서는 임금에게 올리는 글의 종류가 장(章)·주(奏)·표(表)·의(議)의 네 부류로 나뉘어졌는데 감사하는 뜻을 밝히는 것을 장(章)으로, 고소와 탄핵을 목적으로 하는 글을 주(奏)로, 요청하는 것을 진술하는 것을 표(表)로, 의견의 차이를 주장하는 것을 의(議)로 분류하였다.[9] 그러나 실제로 장, 표, 주의 구분이 어려워 이런 분류가 정확하다고 보기는 어려웠으며, 한조(漢朝) 이래로는 왕에게 올리는 글을 범칭하여 상소(上疏)라 불렀다.

이와 같이 오랜 역사와 연원을 갖는 상소문은 수신자를 최고 권력자로 한다는 점, 당대의 사회, 정치 등에 대한 정확한 인식과 통찰력을 바탕으로 국정의 방향을 바르게 제시해야 한다는 점 때문에 쉽게 쓰기 어려운 글 중의 하나로 여겨졌다. 그런 까닭에 좋은 상소문이 갖추어야 할 요건, 상소문의 문체와 품격, 상소자의 자질 등에 관한 논의가 문인

8 유협, 최동호 역편, 『문심조룡』, 민음사, 1994, 280~281쪽.

9 이상의 논의는 위의 책, 281쪽 참조.

들 사이에서 일찍부터 활발하게 이어졌고, 상소문의 문체는 조선시대 과거시험의 필수과목으로 지정되기도 했다. 상소문은 이치에 합당한 정연한 논리를, 아름답고 전아한 문장으로, 명쾌하면서도 감동적으로 표현해야 하는 글이라는 인식이 문인들 사이에 공유되어 있었는데 상소문의 최고작으로 꼽히는 이사의 「축객서」, 제갈량의 「출사표」, 한유의 「불골표」 등은 고문의 전범으로 칭송되며 중국과 우리나라 문인들의 글쓰기에 지대한 영향을 끼치기도 했다.

> 주(奏)의 양식은 명백함과 신실(信實)함 그리고 충성심을 근본으로 하며 아울러 날카로운 분석과 일관된 논리의 유창한 구사를 가장 중요시한다. 굳센 의지가 있어야만 임무를 완수할 수 있고 해박한 식견이 있어야만 일과 사물의 이치를 꿰뚫을 수 있으니, 고대의 경험을 참작하여 현재의 사무를 처리하고 복잡한 사무의 실마리를 찾아 급소를 움켜쥐어야 한다. 이것이 바로 주의 요체이다.[10]

동양 수사학의 고전이라 할 수 있는 『문심조룡』에서 상소문이 갖추어야 할 요건을 서술한 유협은, 상소문은 명백함과 신실함, 충성심이 바탕이 되어야 하며, 그 위에 날카로운 분석과 일관된 논리, 그리고 언어의 유창한 구사가 더해져야 함을 명시하였다. 덧붙여 이것이 가능하기 위해서 상소자는 반드시 굳센 의지와 해박한 식견을 지녀야 한다고 했다. 유협의 이러한 지적은 왕의 결정 혹은 행동을 자신이 원하는 방

10 위의 책, 291쪽.

향으로 변화시키는 일의 어려움과 함께 이를 목표로 하는 글에 요구되었던 까다로운 조건들을 분명하게 보여준다. 상소문이 갖추어야 할 중요한 요건으로 거론된 세 가지는 서양 수사학의 전범이라 할 수 있는 아리스토텔레스의 『수사학』에서 그가 설득의 수단으로 든 로고스, 에토스, 파토스에 견주어진다.[11] 왕에게 올리는 글에는 이성적, 윤리적, 감성적 요소들이 서로 잘 교직되어 있어야만 효과적인 설득이 가능함을 이야기한 것이다. 유협은 윗글에 이어지는 찬시에서도 이 세 가지 설득 요소의 조화로운 어우러짐의 중요성을 다음과 같이 강조하였다.

> 천자께 표(表) 바치고
> 수놓은 병풍 앞에서 권고의 말 올릴 적에,
> 말은 반드시 정확하고도 명백하게 하고
> 그 의도는 항상 중대함을 구하라.
> 태도는 엄숙하고도 공경스러워야 하며
> 언어는 예절에 합당해야 하나니
> 처음부터 끝까지 모두 조리가 있도다.
> 군자는 언어를 장악함으로써
> 사령(辭令)에도 풍부한 문채를 부여하네.[12]

---

11 아리스토텔레스는 『수사학』에서 "연설 자체에 의해서 제공되는 설득의 수단에는 세 가지 종류가 있다. 첫번째는 화자의 인품에 있고, 둘째는 청중에게 올바른(목적한) 태도를 자아내는 데 있으며 셋째는 논거 자체가 그럴싸하게 예증되는 한에 있어서 논거 그 자체와 관련을 맺는다.(*Rhétorique I*, 1356a)"라고 설득의 세 가지 방식인 에토스, 파토스, 로고스를 설명하고 있다. 박성창, 『수사학』, 문학과지성사, 2000, 46쪽에서 재인용.

12 贊曰 敷表絳闕 獻替黼扆 言必貞明 義則弘偉 肅恭節文 條理首尾 君子秉文 辭令有斐, 유협, 앞의 책, 284~285쪽.

왕에게 말 혹은 글을 올릴 때에는 정확하고 명백한 논리가 있어야 하며, 엄숙하고 공경스러운 태도를 보여야 하고, 언어를 부림에 있어서는 조리가 있으면서도 풍부한 문채로 표현해야 한다는 지적은 설득 텍스트로서의 상소문이 갖추어야 할 요소가 무엇인지를 다시 압축적으로 보여준다. 여기서 정확하고 명백한 논리란 이성적인 수단을 통한 설득을 의미하며, 엄숙하고 공경스러운 태도와 언어를 풍부하게 부리는 기술은 감성적인 수단을 통한 설득을 가리킨다. 이는 아리스토텔레스가 말한 이념적, 합리적 설득 방식으로서의 로고스(Logos), 청자의 신뢰를 끌어내는 화자의 인품을 뜻하는 에토스(Ethos), 청중의 심리적 경향 혹은 정서 등을 포괄하는 개념으로서의 파토스(Pathos)를 의미하는 것이다. 설득에 필요한 이러한 수단과 기술들이 실제 상소문 텍스트 안에서 어떤 모습으로, 어떻게 활용되고 있는지, 선초 상소문 「간폐비소」의 분석을 통해 구체적으로 살펴보도록 하자.

3. 「간폐비소」에 나타난 설득 방식

1) 「간폐비소」와 폐비 윤 씨 사건의 개요

이 장에서 분석할 상소문 「간폐비소」는 조선 성종 10년(1479년) 6월 손순효가 성종에게 올린 상소문이다. 「간폐비소」의 내용을 이해하기 위해 상소의 계기가 된 성종의 폐비 윤 씨 사건을 간단하게 정리해 보면 다음과 같다.

윤 씨 폐비사건은 성종이 자신의 아내이자 중전이었던 윤 씨를 폐비시켜 서인으로 만든 후 사가(私家)에 머물도록 결정한 사건이다. 순종적이지 않고 질투가 많은 윤 씨의 평소 행실을 마음에 들어 하지 않던 성종의 어머니 인수대비는 어느 날 성종의 얼굴에 난 손톱자국을 보고 격분하여 윤 씨를 폐비하기로 결정한다(1479년 6월). 당시 성종과 인수대비는 평소 남편에게 공손하지 않으며, 덕이 없고, 후궁들과도 사이가 좋지 않던 윤 씨의 행실을 못마땅하게 여기던 차에 윤 씨가 성종과 다투다 얼굴에 손톱자국을 내자 급기야 윤 씨를 폐비시켜 서인으로 만들기로 한다(『조선왕조실록』, 성종 10년 6월 2일자).

윤 씨를 서인으로 폐출한다는 교서가 내려지자 조정에서는 이에 반대하는 관료들의 의견이 들끓었다. 반대의견은 폐위 자체를 반대하는 의견과 폐위를 하더라도 서인으로 만들어 사제로 돌아가게 해서는 안 된다는 의견으로 갈렸지만 윤 씨가 한 나라의 국모이며 원자의 어머니라는 것은 양측의 공통된 논거였다. 조정의 관료들은 연일 반대의견을 아뢰었으며 성균관에서 공부하는 유생들까지도 합심하여 폐비 결정에 반대하는 상소문을 올렸다.

그러나 윤 씨에 대한 애정도 신뢰도 완전히 사라진 성종과 인수대비는 많은 신하들의 반대에도 불구하고 윤 씨를 궁 밖으로 쫓아내기로 한 결정을 굽히지 않았다. 윤 씨가 폐비된 데에는 윤 씨의 온순하지 않은 성격도 물론 문제가 되었지만 그 밖에도 그리 대단하지 않은 윤 씨의 가문과 막강한 권력을 뒤에 두고 있었던 후궁 간의 알력관계가 작용하였다. 게다가 당시 정계를 주름잡고 있던 한명회를 비롯한 훈구세력과 김종직을 위시한 사림세력들 간의 연합에 의한 주도권 다툼도 한 몫을 했다. 이런 복잡한 사정으로 인해 여러 사람들의 반대에도 불구하고 폐비 결정은 철회되지 않았다.

성종은 끝내 윤 씨를 폐비시켜 사가에 머물게 했으며, 그로부터 몇 년 뒤에는 참소하는 신하들의 말만을 믿고 결국 윤 씨에게 사약을 내린다. 이 사건은 후에 폐비 윤 씨의 아들인 연산군이 어머니의 죽음을 알고, 이에 연루된 사람들을 무참하게 살해하는 갑자사화를 일으키는 원인이 된다.

이것이 윤 씨 폐비 사건의 개요인데 본 연구에서 분석하고자 하는 텍스트 「간폐비소」는 윤 씨 폐비 결정이 내려진 직후에 손순효(孫舜孝, 1427~1497)가 왕에게 올린 상소문이다. 손순효는 성종의 폐비 결정이 내려지자 곧 왕의 결정이 옳지 않음을 간하는 상소문을 썼다. 「간폐비소」는 전아한 문체와 유려한 문장으로 논지를 명확하고 설득력 있게 전달한 상소문의 전범으로 『동문선』에 수록되어 있다. 본 연구에서는 「간폐비소」가 조선시대 상소문의 성격을 잘 보여주는 대표적 텍스트일 뿐 아니라 역사적으로 중요한 사건과 관계되고, 당대 역사적 상황과 사건의 전후 맥락 등을 짚어볼 수 있는 자료를 풍부하게 지니고 있는 점, 교육용 자료로서의 활용가치가 높은 점 등을 고려하여 분석 텍스트로 정하였다.

2)「간폐비소」에 나타난 설득 방식

(1) 에토스와 파토스를 활용한 감성적 설득[13]

「간폐비소」의 설득 방식 가운데 먼저 살펴볼 것은 감성적 설득이 이루어지는 방식이다. 설득 요소 가운데 화자의 인품을 뜻하는 에토스는 설득을 위해 화자의 이미지를 신뢰할 수 있도록 만드는 것을 의미하며, 청중의 감정을 뜻하는 파토스는 수신자의 감정을 원하는 방향으로 흐르게 하는 것을 의미하는데 「간폐비소」에는 에토스와 파토스를 활용한 감성적 설득의 비중이 높게 나타나고 있다.

① 상소자의 선의(善意)와 진정성 드러내기

「간폐비소」 첫머리에서 손순효는 상소를 올리는 자신의 참되고 애틋한 마음을 다음과 같이 표현하며 글을 시작한다.

> 천지의 기운이 뒤틀리면 초목(草木)이 말라 시들고, 부모의 마음이 뒤틀리면 자손들이 넘어지는 것이오니, 직분은 비록 중외(中外)가 다르오나 마음은 어찌 원근(遠近)의 차이가 있겠사옵니까. 신은 성화 15년 6월 6일에 엎드려 대궐에서 내리신 교서(教書)를 보고서, 하늘을 우러러 대궐을 바라보며 눈물을 흘리고 몹시 통곡하였습니다. (강조는 인용자. 이하 동일)

13 감성적, 이성적 설득 수단인 에토스, 파토스, 로고스는 실제 텍스트 내에서는 서로가 서로의 일부로 존재하고 있다. 따라서 본고에서 이들을 갈라 제시한 것은 일정 정도 편의에 따른 것임을 밝혀둔다.

손순효는 왕을 '천지'에 자신을 '초목'에 비유하고, 다시 왕을 '부모'에, 신하인 자신을 '자손'에 비유하면서 왕과 자신의 관계를 일체(一體)로 설정한다. 천지의 기운이 뒤틀리면 초목이 시들고 부모의 마음이 뒤틀리면 자손이 넘어지듯 슬픔과 괴로움에 처한 임금 때문에 자신도 쓰러져 통곡하고 있다는 말로 서두를 꺼낸다. 임금과 한 마음으로 울고 있다는 표현은 임금을 향한 신하의 깊은 애정을 드러냄으로써 충직한 신하로서의 자신의 이미지를 부각시킨다. 이렇게 신하로서의 충심을 강조하는 것은 화자의 인품이 설득에 중요한 요인으로 작용하기 때문이다.[14]

이어 손순효는 자신이 오늘 상소를 올리는 행위가 이런 마음, 즉 왕에 대한 진심어린 애정과 나라를 걱정하는 선의에서 우러난 것임을 강조한다. 조선시대는 당쟁이 심한 시기여서 상소 행위도 당파적 이해와 관계되는 경우가 많았다. 그래서 이 상소가 다른 목적이 아닌, 순수하게 왕을 사랑하고 나라의 안위를 걱정하는 마음에서 우러난 것임을 설파할 필요가 있었다.

> 신은 엎드려 생각하옵건대 옛 사람의 임금을 섬기는 것은 비록 저 시골 농촌에서 밥 한 번 먹을 사이에도 마음속에 잊지 않습니다. 산림(山林)의 처사나 태학(太學)의 서생들까지도 오히려 제 위치를 벗어나서 조정의 일을 논란하는 법도 있사온데 더구나 유악(帷幄)의 구신(舊臣)으로서 어찌 밖에 있는

14 아리스토텔레스는 "화자의 인품은 그를 신뢰할 만한 가치가 있는 인물로 만들 수 있게끔 이야기될 때 설득의 원인이 된다. 대체로 우리들은 거의 모든 것에 대해서 믿을 만한 사람을 더욱 쉽게 신뢰하기 때문이다"고 하며 에토스의 중요성을 지적한 바 있다. 박성창, 앞의 책, 47쪽.

것을 미끼로 삼고 이 마음을 극진히 아니할 수 있겠사옵니까.

손순효는 "옛 사람의 임금을 섬기는 것은 시골 농촌에서 밥 한 번 먹는 사이에도 마음속에서 임금을 잊지 않"았다는 말로 자신의 마음이 옛 사람의 마음과 같음을, 자신의 상소가 오로지 임금을 사모하는 마음에서 비롯된 것임을 밝힌다. 충성스런 신하로서의 글쓰기의 당위성을 이처럼 강조한 것은 왕이 글쓰기의 순수성을 인정하고 자신의 의견을 편견 없이 받아들일 수 있도록 하기 위해서이다.

> 간언(諫言)을 드리거나 담론(談論)을 펴고자 하는 사람은 군주로부터 자신이 총애를 받는가 미움을 받는가를 살펴서 확인한 뒤에 말하지 않을 수 없다. 무릇 용이란 짐승은 길들여서 탈 수 있다. 그런데 그 턱밑에 직경 한 자 정도의 거꾸로 박힌 비늘이 있다. 만일 사람이 그것을 저촉하면 반드시 그 사람을 죽이고 만다. 군주에게도 마찬가지로 역린(逆鱗)이란 것이 있다. 설득하는 자가 능히 군주의 역린을 저촉하지 않으면 그 설득을 기대할 만하다.[15]

다른 사람을 설득하는 일, 특히 정치적으로 어려운 상황에서 신하가 왕에게 발언하는 일의 어려움을 말한 글에서 한비는 군자가 왕에게 간언하는 일의 위험성과 함께 청자를 고려한 설득 전략의 필요성을 위와 같이 설명하였다. 상소를 올리는 일은 자신의 목숨과 관계되는 일이었기에 상소자는 우선 왕이 그를 신뢰할 수 있도록 자신의 충심과 진정성

15 한비, 이운구 역, 『한비자』, 한길사, 2002, 197쪽.

을 보여주어야 했다.

충신으로서의 선의와 상소의 당위성을 서술한 손순효는 이어서 왕의 이번 결정에 다른 마음이 전혀 없음을 고백한다. 왕의 권위와 결정을 일단 존중해 줌으로써 왕의 신뢰를 얻고, 공감을 표현하는 것으로 예민해져 있는 왕의 마음을 누그러뜨리려는 배려이다.[16]

> 신은 엎드려 생각하옵건대, 구중궁궐의 깊고 깊은 속과 은미(隱微)한 사이에 있어 그 시비와 득실은 외신(外臣)의 알 바 아니옵고, 다만 전하의 마음속의 재량에 있을 뿐이오니, 반드시 세 번 생각하시어 단안을 내리실 것일진대 누가 일호(一毫)의 사심을 부리겠사옵니까.

손순효는 이 사건이 부부 간의 일이며 왕의 사생활이라는 점을 들어 신하가 나서서 왈가왈부할 성격이 아님을 분명히 한다. 또 사려 깊은 왕이 세 번을 생각하시어 내린 결정일 터이므로 왕의 결정의 정당성을 믿어 의심치 않는다는 말로 왕에 대한 두터운 신뢰를 보여준다. 여기에는 항간에 왕의 결정이 경솔했다는 비판적 여론이 있지만[17] 자신은 이와 다른 입장임을 드러냄으로써 왕을 감싸고자 하는 숨은 의도도 들어 있다. 이처럼 왕의 결정에 대한 신뢰를 표한 것은 왕의 호의를 확보하기 위한 방편이었다.[18]

---

16 최인자는 이러한 전략을 피설득자와의 권력질서를 해결하고 자유롭고 당당한 언술 위치를 확보하고자 한 '승복' 전략이라고 보았다. 최인자, 앞의 글, 110~112쪽.

17 『조선왕조실록』 성종 10년 6월 5일자 기록에는 성종의 윤 씨 폐비 결정에 반대하는 성균관 유생과 관료들의 상소문과 이에 대한 성종의 대응이 기록되어 있는데, 왕의 결정이 성급했다는 신하들의 의견이 적지 않았음을 알 수 있다.

18 설득에서 왕의 호감을 사는 일의 중요성에 대해 한비는 다음과 같이 말하였다. "(군주를) 설득하는

② 공손하고 완곡하게 둘러말하기

「간폐비소」에서 찾을 수 있는 감성적 설득 방식 두 번째는 청자 즉 수신자인 왕을 고려하여 완곡하게 둘러말하는 표현방식이다. 「간폐비소」에는 청자에게 답변을 요구하지 않는 의문문인 수사 의문문의 사용이 두드러진다. 수사 의문문은 간접화행으로 "특정 언표 내적 힘이 발화에 명시적으로 드러나지 않는 발화"[19]를 말한다. 의문문은 여러 가지 방식으로 화자의 의도를 드러내는데 「간폐비소」에 사용된 의문문은 상소자의 생각을 공손하게 그러면서도 간곡함이 묻어나오게 전달하는 기능을 한다.

㉠ 천지의 기운이 뒤틀리면 초목(草木)이 말라 시들고, 부모의 마음이 뒤틀리면 자손들이 넘어지는 것이오니, 직분은 비록 중외(中外)가 다르오나 마음은 어찌 원근(遠近)의 차이가 있겠사옵니까.

㉡ 산림(山林)의 처사나 태학(太學)의 서생들까지도 오히려 제 위치를 벗어나서 조정의 일을 논란하는 법도 있사온데 더구나 유악(帷幄)의 구신(舊臣)으로서 어찌 밖에 있는 것을 미끼로 삼고 이 마음을 극진히 아니할 수 있겠사옵니까.

데 있어서 명심할 일은 설득시킬 상대가 자랑거리로 삼는 것을 두둔해 주고, 부끄럽게 여기는 것을 감싸 없애 주는 요령을 아는 데 있다. (…중략…) 논지가 거슬리는 데가 없고 말씨가 저촉되는 데가 없으면 그런 뒤에 비로소 지혜와 변설을 마음껏 구사할 수 있다. 이것이 바로 군주와 친근하게 되어 의심받지 않으며 말하고 싶은 것을 충분히 다 말할 수 있는 방법이다. 한비, 앞의 책, 193쪽.

19 이한민, 「한・영 의문문 형식의 간접 화행 연구」, 『담화와 인지』 제17권 2호, 담화언어인지학회, 2010, 96쪽.

㉢ 신은 엎드려 생각하옵건대, 구중궁궐의 깊고 깊은 속과 은미(隱微)한 사이에 있어 그 시비와 득실은 외신(外臣)의 알 바 아니옵고, 다만 전하의 마음속의 재량에 있을 뿐이오니, 반드시 세 번 생각하시어 단안을 내리실 것일진대 누가 일호(一毫)의 사심을 부리겠사옵니까.

㉣ 아 진궁(震宮)이 지덕이 뛰어난들 어떻게 알 수 있으며, 묵는 집이 쓸쓸하니 어떻게 지낼 수 있겠습니까.

㉤ 신은 되풀이하여 생각하옵건대, 전하께서 오늘날 삼전(三殿)을 섬기는 효도는 곧 원자와 다른 날의 정성이옵고, 전하께서 오늘날 열성(列聖)의 정치를 이어 받은 것은 곧 원자의 다른 날의 사업이오니, 다른 날에 동궁이 위를 바로 하여 용루(龍樓)의 봉양을 받을 때 원자는 단정코 슬픈 마음이 있을 것이며, 전하께서는 어찌 후회하는 생각이 없사오리까.

「간폐비소」에서 손순효는 왕에게 질문을 던지는 방식으로 말을 하고 있지만 이것이 실제로 왕의 답변을 요구하는 질문은 아니다. 그는 자신이 확신하고 있는 사실을 이야기하면서 이미 그러한 생각을 공유하고 있는 것으로 판단되는 왕에게 더 강하게 자신의 생각을 전달하려는 의도에서 수사 의문문을 사용하였다.

위 ㉠~㉢에 사용된 수사 의문문은 확신에 찬 글쓴이의 심정을 더욱 간곡하게 전달하는 효과를 발휘한다. ㉠~㉢에서 손순효는 자신의 감정과 생각을 왕에게 인상적으로 전달하기 위해 수사 의문문을 사용하였다. 예컨대, '~마음은 원근의 차이가 없습니다'라고 표현하는 것과

'~마음은 어찌 원근의 차이가 있겠사옵니까' 라고 표현하는 것 사이에 내용상의 차이는 없다. 하지만 평서문으로 표현했을 때에 비해 수사 의문문을 사용했을 때 그 의미가 한층 강하면서도 절실하게 표현된다.

「간폐비소」에 사용된 수사 의문문에서 파생되는 두 번째 설득 효과는 전달하고자 하는 내용을 직접적으로 말하지 않고 둘러말함으로써 예를 갖추어 공손하게 말하는 인상을 전달하는 것이다. 일반적으로 직접적으로 말하는 방식은 간접적 혹은 우회적으로 말하는 방식보다 의미가 강하게 전달된다. 따라서 우리가 무엇을 요구하거나 지시 혹은 명령을 하고자 할 때에는 직접적으로 말하는 방식을 취한다. 그러나 왕과 신하 같이 상하관계가 분명한 경우에는 직접적으로 말하는 데서 오는 부담이 크기 때문에 자신의 생각을 공손함과 예의를 갖추어 전달하기 위해 간접 발화의 방식을 취하는 경우가 많다. 특히 왕과 보이지 않는 팽팽한 논쟁을 하거나, 드러나지 않게 왕의 과실을 질정해야 하는 글에서는 신하가 자신의 의견을 직설적으로 표현하는 것보다 에둘러서 완곡하게, 간접적으로 전달하는 표현이 요구되었다.

ⓑ 이 두 가지 악이 비록 겸하였더라도 만약 세 가지를 버리지 못할 만한 것이 있으면 옛 사람도 오히려 용서하였거늘, 한 가지 버릴 만한 조건은 있으되 여섯 가지 버릴 만한 것이 없다면 더구나 용서하지 아니하여서 되겠사옵니까.

ⓢ 율문(律文)에 이르기를, "수레와 의복과 물건을 간직하고 수선하기를 법대로 아니하면, 그 죄상은 곤장에 해당한다." 하였으니, 그렇다면 임금이

가졌던 것은 비록 헤어진 저고리 하나라도 오히려 경홀히 할 수 없거늘 더구나 원자(元子)의 모후(母后)로서 어찌 하루 동안인들 구불촌에 물러가 있게 할 수 있겠사옵니까.

ⓞ 신은 엎드려 생각하옵건대, 왕비 윤씨는 진작 만복(萬福)의 근원을 받아 다남(多男)의 경사를 독차지하여, 금지(金枝) · 옥엽(玉葉)이 아울러 빼어나고 거듭으로 빛나니, 신인(神人)의 의지하는 바요 종묘의 의뢰하는 바이거늘 하루아침에 여염집으로 물러앉게 되고, 또 지공하는 범절조차 끊어졌으니, 이는 비록 자기의 잘못이나 그렇다고 해서 은혜를 잊을 수야 있겠습니까.

ⓩ 갈류(葛藟)가 얽히지 않는다 해서 어찌 홀로 이 점만 비난하십니까.

위의 예문 ⓗ의 '더구나 용서하지 아니하여서 되겠사옵니까'는 '용서하여야 한다'는 주장을 공손하게 표현한 것이다. '칠거지악' 중에서 두 가지 버릴 조건에 해당하는 사람도 세 가지를 버리지 못할 것이 있으면 용서하였는데, 여섯 가지 버리지 못할 것이 있는 윤 씨를 '더구나 용서하지 아니하여서 되겠사옵니까'라는 표현에는 반드시 용서해야 한다는 뜻이 강하게 담겨 있다. 그러나 표현은 수위를 완화하여 완곡하게 했다. 상소문에는 임금의 귀에 거슬리거나 체면에 손상을 줄 수 있는 의견을 전달할 때 야기될 수 있는 위험을 고려한 완곡하고 공손한 표현들이 자주 등장한다.[20] 수사 의문문도 그런 표현의 하나인데 「간폐비소」에는 왕의 결정에 배치되는 의견의 제시가 자칫 강압적인 권유로 비춰질 것을 우려해 표현을 완곡하게 한 수사 의문문의 활용이 자주 눈에 띈다. ㉦ '어찌 하루 동안인들 구불촌에 물러가 있게 할 수 있겠사옵니까'나 ㉧ '그렇다고 해서 은혜를 잊을 수야 있겠습니까' 등도 완곡하고 공손하게 임금에게 권유의 뜻을 전달한 표현이다.[21]

③ 인정(人情)에 호소하기

「간폐비소」에서 찾아지는 감성적 설득의 세 번째 방식은 왕의 감정에 호소하는 설득이다. 열정이나 감정에 토대를 둔 설득 수단인 파토스는 에토스, 로고스와 함께 청중을 행동하도록 만드는 중요한 수단이다. 우리는 경험상, 어떤 판단의 옳고 그름을 이성적으로 설명하는 데는 한계가 있으며 설득에 감정이 중요하게 관계한다는 사실을 잘 알고 있다. 그래서 감정에의 호소는 중요한 설득 수단이 된다.[22] "수사학이 상정하는 모순의 상황에서는 진위를 통한 절대적인 증명이란 존재하지 않는다. 그렇기 때문에 수사학은 진술의 내용만큼이나 그것이 행해지는 방법을 중요하게 여기며 이성뿐 아니라 감각이나 정념들에 호소하는 설

---

20 「간폐비소」에는 자신을 낮추는 겸양 표현이 많이 사용되었다. "불초한 신이~", "신은 엎드려 생각하옵건대~", "엎드려 바라옵건대~" 등의 표현이 그것이다.

21 이런 수사 의문문이 설득력을 갖는 이유에 대해 염은열은 올리비에 르불의 이론을 들어, 그것을 사용하는 사람들은 자신이 '그렇다' 혹은 '아니다'라고 말할 만큼 자유롭다는 생각을 하지만 실제로는 '그렇다' 혹은 '아니다'라고 말한다는 사실 자체에 의해 자신도 모르는 사이에 근본적인 것을 인정하게 된다며, 이를 왕의 인지적 변화를 일으키려는 설득 전략이라고 설명하였다. 염은열, 앞의 글, 85쪽.

22 파토스의 중요성 때문에 고대 아테네와 로마의 법정연설에서는 설득을 위해 청중의 감정에 호소하는 극적인 모습이 많이 연출되었다. "동정심을 유발하기 위해 울고 있는 고아를 법정에 데려온다든지, 옷을 벗어 전쟁에서 입은 상처를 직접 보여준다든지, 죽은 이의 시신을 밀랍인형으로 만들어 보여주는 것이 그 좋은 예다. 연사가 파토스를 중요하게 생각하는 이유는, 우리의 감정이 어떤 믿음에 토대를 두고 있다면 감정을 유발시킴으로써 그 믿음을 바꿀 수 있다는 원리에 기초를 두고 있다." 김상희, 「설득적 소통으로서의 법정 담론」, 『법학연구』 제3호, 가톨릭대학교 법학연구소, 2008, 209쪽.

득을 지향"[23]하게 된다. 이런 감정에의 호소를 통한 설득은 이 사건처럼 왕의 가정사이자 부부문제와 관계된 일을 언급할 때 더욱 중요하게 다루어진다. 이 글에서 손순효는 왕을 설득하기 위해 왕의 인정, 왕의 동정심에 호소하는 전략을 동원하였다.

> 신은 엎드려 생각하옵건대, 왕비 윤씨는 진작 만복(萬福)의 근원을 받아 다남(多男)의 경사를 독차지하여, 금지(金枝)·옥엽(玉葉)이 아울러 빼어나고 거듭으로 빛났으니, 신인(神人)의 의지하는 바요 종묘의 의뢰하는 바이거늘, 하루아침에 여염집으로 물러앉게 되고, 또 지공하는 범절조차 끊어졌으니, 이는 비록 자기의 잘못이나 그렇다고 해서 은혜를 잊을 수야 있겠습니까. 아 진궁(震宮)이 어리니 어떻게 알 수 있으며, 묵는 집이 허술한데 어떻게 지낼 수 있겠습니까.

손순효는 왕의 감정을 불러일으키기 위해 먼저 윤 씨가 낳은 두 아들을 거론한다. 윤 씨가 낳은 두 아들이 '금지'와 '옥엽'으로 빛나고 있음과, 원자의 탄생은 종묘와 사직에 다한 윤 씨의 큰 공임을 강조한다. 그리고 그런 윤 씨가 하루아침에 서인이 되어 어린 아들들과 헤어져 홀로 낡은 집에서 생활할 수 있겠는가고 읍소한다. 아이와 생이별을 한 어미의 심정, 중전의 신분에서 하루아침에 서인이 된 윤 씨의 참담함, 윤 씨가 생활하게 될 열악한 환경 등을 들어 왕의 동정심을 유발한다. 물론 손순효가 호소하는 동정심은 단순히 윤 씨의 처지를 불쌍하게 여기라

23 박성창, 앞의 책, 50쪽.

는 감정적 차원에 그치는 것은 아니다. 그것은 유학자로서 왕에게 요구하는 강한 윤리적 책임감이다. 한 때 아내였고, 현재 내 자식의 어머니인 사람에 대한 마땅한 책임과 도리를 요구하는 것이다. 이는 당시 유학자들에게 중시되었던 유학의 예 사상에 근거한 것으로 그 뿌리는 공자의 '애인(愛人)'과 맹자의 '측은지심(惻隱之心)'으로 대표되는 인(仁)사상에 있다. 사사로운 감정의 개입 없이 공정하게 처벌을 하는 것이 '정의'인 것 같지만 부부 사이에는 그러한 정의와 의리보다 은혜를 생각하고 인정을 베푸는 것이 더 중요함을 일깨운다. 윤 씨에 대한 미움을 떨쳐내고 용서하라는 은근하지만 강력한 권유이다. 손순효는 이런 뜻을 더욱 설득력 있게 전달하기 위해 『시경』의 시 구절을 가져온다.

> 인지(麟趾)는 우굴우굴할 따름이요, 과질(瓜瓞)은 주렁주렁할 뿐이니, 아, 기울어진 광주리가 차지 않은 것은 단순한 집념의 과실이요, 갈류(葛藟)가 얽히지 않는다 해서 어찌 홀로 이 점만 낮추어 보십니까.

손순효는 윤 씨의 은혜를 부각시키기 위해 『시경』의 시에서 여러 구절을 인용하였다. '인지가 우굴우굴할 따름(麟趾振振而已)'이라는 표현은 『시경』「주남(周南)」편「인지지(麟之趾)」장에서 따온 것으로 왕세자의 인후한 성품을 강조한 것이다.[24] '과질이 주렁주렁하다(瓜瓞緜緜)'는 표현

24 麟之趾여　　　기린의 발이여.
振振公子로소니　　인후한 공의 아들이니
于嗟麟兮로다　　아, 아들이 기린이로다.
이 시는 『시경』에서 "문왕과 후비가 덕을 몸에 닦아서 자손과 종족이 다 선에 교화된 까닭에 기린의 발꿈치로써 자식을 흥하여 말한 것이다"고 했다. "기린의 성품이 인후하기 때문에 그 발꿈치가 또한 인후하고, 문왕과 후비가 인후하기 때문에 그 자식이 또한 인후하다"고 한 구절을 인용한 것

은 『시경』 「대아(大雅)」편에서 인용한 것으로 자손이 끊어지지 않고 오이덩굴처럼 번성함을 표현한 것이다.[25] 손순효는 『시경』에서 가져온 시어를 '麟趾振振' '瓜瓞緜緜'으로 나란히 반복 배치함으로써 왕자를 낳아 대를 이어준 윤 씨의 은혜를 우회적으로 강조한다. 대를 이을 원자를 생산한 윤 씨의 은혜가 결코 가벼운 것이 아님을, 그 은혜를 절대로 가볍게 잊어서는 안 됨을 인상적으로 전달하기 위해 과장적 표현을 사용하였다. 그리고는 윤 씨를 질투심 가득한 악처가 아닌, 남편의 사랑을 갈망하는 애처로운 여성으로 형상화한다.

> 아, 기울어진 광주리가 차지 않은 것은 단순한 집념의 과실이요,

여기서 '기울어진 광주리가 차지 않은 것'이란 표현은 『시경』 「주남(周南)」편 권이(卷耳)장에서 가져온 것이다.[26] 남편을 향한 아내의 무한

은 인후한 성종과 윤 씨의 덕으로 원자가 인후함을 이야기하기 위해서이다. 이 표현에는 훌륭한 왕세자를 낳은 윤 씨의 공을 잊어서는 안 된다는 의미가 함축되어 있다. 뿐만 아니라 부모의 덕이 자식과 더 나아가 온 백성에게 미치는 것이니 덕을 베풀어 윤 씨를 용서하라는 의미까지 내포되어 있다.

25 緜緜瓜瓞(면면과질) : 길고도 길게 뻗은 오이덩굴
民之初生(민지초생) : 백성들을 처음 다스리심이여. (…후략…)
이 시에서 '면면'은 끊어지지 않는 모양이며, '과질'은 오이덩굴을 이른다. '면면과질'은 대를 이을 왕세자를 탄생시킨 윤 씨의 은혜를 강조한 표현이다.

26 采采卷耳 권이를 뜯고 뜯어도
不盈頃筐 기운 광주리에 차지 않네.
嗟我懷人 아 내 님을 그리워하는지라.
寘彼周行 광주리를 저 큰길가에 버려두고 가네.
『시경』의 이 시는 후비가 남편을 그리워하며 읊은 시이다. 권이(卷耳)는 '도꼬마리'라고 부르는 풀이며, 경광(頃筐)은 뒤는 높고 앞은 낮게 만든 대광주리이다. 뒤는 높고 앞은 낮은 모양으로 만들어 기울어져 보이기 때문에 기울어진 광주리라고 한 것이다. 권이를 아무리 열심히 뜯어도 바구니가 차지 않는다고 한 것은 화자의 님에 대한 그리움이 감당할 수 없을 만큼 커서 풀을 뜯는 데 집중할 수 없다는 뜻이다. 님이 그리운 화자는 풀을 뜯으러 갔지만 님 생각 때문에 풀을 뜯는 데 집중할 수가 없어 광주리도 채우지 못한 채 광주리를 길가에 버려두고 말았다는 것을 표현하였다.

한 그리움을 읊은 시의 구절을 따온 손순효는 윤 씨의 잘못이 그녀가 사악하고 부덕한 데서 비롯된 것이 아니라 남편의 사랑을 원하고 남편을 그리워한 데서 발단한 것임을 말한다. 여기에는 여러 후궁을 둔 왕의 잘못도 있지 않은가 라는 묵시적 비난도 숨겨져 있다.

> 갈류(葛藟)가 얽히지 않는다 해서 어찌 홀로 이 점만 낮추어 보십니까.

여기서 '갈류'는 『시경』「주남(周南)」편의 규목(樛木)장에서 가져온 시어이다.[27] 갈류(葛藟)가 얽히지 않는다는 것은 후궁들과 조화롭게 지내지 못한 점을 지적한 것이다. 왕비가 질투가 많아 후궁들과 잘 지내지 못한 것이 단 한 가지 허물일 뿐인데 어찌 이 한 가지 잘못만을 탓하며 은혜 가득한 윤 씨에게 그리 가혹한 결정을 내린 것인가라며 질타의 뜻을 넌지시 표현하였다.

이렇게 손순효는 『시경』의 시에서 한 구절 한 구절씩을 따와 왕비 윤 씨를 나라의 당당한 국모이자 원자의 어머니로 우뚝 세우는 한 편, 많은 후궁들의 틈바구니 속에서 남편의 사랑을 갈구했던 사랑에 목마른 불쌍한 여인으로 형상화하였다. 윤 씨의 큰 은혜는 부각시키고, 윤 씨

---

27 南有樛木 남산에 굽어 늘어진 나무
葛藟纍之 칡덩쿨 칭칭 휘감았네.
樂只君子 즐겁구나! 군자여,
福履綏之 복록이 그를 편안케 하네.
이 시는 문왕의 아내인 후비의 큰 덕이 아래에까지 두루 미침을 노래한 것이다. '樛'는 나무가 아래로 굽어있는 것을 말하는 것으로 왕비의 덕이 아랫사람들에게 두루 미침을 비유한 것이다. 갈류가 얽혔다(葛藟纍之)는 것은 칡덩쿨이 엉켜있는 모양으로 여러 첩들과 왕비가 조화를 이룬 상태를 말한다. 이 시의 주석에는 "왕비의 덕이 크고 질투하는 마음이 없어 여러 첩들이 후비의 덕을 즐거워하고 칭송하면서 노래하기를 "남쪽에 규목(樛木)이 있으니 칡덩쿨(葛藟) 감겨 있고, 즐거운 군자는 복록으로 편안하다"고 노래했다"고 하였다.

의 잘못은 축소시켜 왕의 마음을 돌리려는 시도이다. 여기서 손순효는 길고 장황하게 자신의 의견을 말하는 대신 『시경』의 구절을 아무 수식 없이 간결하게 가져와 인용하는 표현 전략을 사용하였는데, 짧지만 함축적인 표현을 사용하여 오히려 더 풍부한 의미를 인상적으로 전달하는 데 성공하고 있다.

인정에 호소하는 감성적 설득은 종결부에서는 다음과 같은 부성(父性)에의 호소로 이어진다.

> 신은 되풀이하여 생각하옵건대, 전하께서 오늘날 삼전(三殿)을 섬기는 효도는 곧 원자와 다른 날의 정성이옵고, 전하께서 오늘날 열성(列聖)의 정치를 이어 받은 것은 곧 원자의 다른 날의 사업이오니, 다른 날에 동궁이 위를 바로 하여 용루(龍樓)의 봉양을 보살필 때 원자는 단정코 슬픈 마음이 있을 것이며, 전하께서는 어찌 후회하는 생각이 없사오리까.

손순효는 부모에게 효를 다하고 정사에 몰두하는 그 모든 노력이 원자를 위한 것인데 왕께서 그렇게 아끼고 사랑하는 원자가 어머니의 빈자리를 얼마나 슬퍼할 것인가라고 하면서 왕의 부성에 호소한다. 그리고 또 그런 원자를 바라보는 아비의 마음에는 반드시 후회가 따를 것이라는 말로 왕의 불안한 심리를 자극한다. 왕이 가장 아끼는 원자의 마음을 들어 부성에 호소하고 왕의 유약한 심리를 건드림으로써 마지막으로 왕의 마음을 돌리고자 하는 설득 전략을 사용하였다.

(2) 로고스를 활용한 이성적 설득

다음으로 살펴볼 것은 「간폐비소」에서 이성적 설득이 이루어지는 방식 즉 로고스를 활용한 설득이 이루어지는 방식이다. 이성적 설득은 자신의 주장을, 이를 뒷받침해 줄 논거와 함께 제시하는 논증 방식인데 「간폐비소」에는 성현들의 말씀이나 경전의 구절 그리고 선왕들의 사례를 논거로 제시하는 설득이 주로 이루어졌다.

① 경전과 성현의 권위에 기대어 말하기

「간폐비소」에서 찾아 볼 수 있는 설득 방식의 특징 중 하나는 자신의 주장을 강화하기 위해 성현들의 말 혹은 고사를 가져와 인용한 것이다. 글을 쓸 때 성현의 말이나 고사 등을 사용하는 것을 전고(典故)라고 한다. 전고란 수사법의 종류로 옛 사람의 시나 문장 속에 운용되었던 낱말이나 구 등을 가져와 사용하는 것을 말한다. 『문심조룡』에서는 전고를 의미하는 사류(事類)를 설명하면서 "문장들 속에 들어 있는 사례(事例)들은 표현하려는 생각과 정서의 바깥에 있는 문장이다. 그것들은 여러 사례들을 원용하여 글의 의미를 증명하고, 옛일들을 인용하여 현재의 의미를 증명하기 위한 문장인 것이다.(事類者 蓋文章之外 據事以類義 援古以證今者也)"[28]라 정의하였다. 이런 전고를 인용하는 까닭은 전달하고자 하는 뜻을 더 정확하고 풍부하게 표현함으로써 주장을 강화하기 위해서다. 유협은 "일반적인 원리들을 명백히 하기 위하여 옛 격언들을 인용하고, 어떤 의미를 증명하기 위하여 관련된 사례들을 인용한 것이 성

---

28 유협, 앞의 책, 445쪽.

현들의 위대한 문장이며, 그것은 경서(經書)의 일반적인 규범이었다"[29] 고 하면서 전고의 효과와 함께 이것이 아주 오래 전부터 사용된 성현들의 보편적 글쓰기 방식이었음을 말하고 있다. 전고 활용은 고대 중국 문학에서는 물론 우리나라에서도 매우 중시되어 왔는데 글쓰기에서 전고 활용 능력은 곧 그 사람의 학문 수준과 글쓰기 능력을 보여주는 준거였다.[30]

손순효가 올린 「간폐비소」에도 많은 고사가 인용되어 있는데, 설득을 목적으로 하는 상소문에서 이처럼 전고의 인용이 빈번[31]한 이유는 성현의 말씀이나 경전의 구절이 당시 사회에서 가장 중요하게 생각되는 윤리이자 가치였기 때문이다. 유학을 중시했던 조선시대에 어떤 행위 혹은 주장의 옳고 그름을 판단하는 중요한 잣대가 된 것은 성현들의 말씀이었다. 성현들이야말로 그것 자체로 선이자 진리이자 정의였기에 왕을 올바름으로 깨우치고자 했던 유학자들은 성현의 말씀 혹은 성현들이 쓴 경전의 구절을 인용했다. 상소문에 사용된 전고는 당대에 가장 가치 있다고 평가되었던 가치와 윤리 그 자체였기에 이들의 권위는 상당했고 그러한 권위로부터 나오는 설득의 힘도 매우 컸다.[32]

29 위의 책, 446쪽.

30 유협은 "학식이 빈곤한 사람은 자신의 생각을 증명하기 위한 사례를 드는 데 어려움을 겪고, 반면에 재능이 부족한 사람은 자신의 정서를 적절하게 나타낼 수 있는 문구를 찾아내느라 몹시 애를 쓰게 된다. (…중략…) 경서(經書)와 고대의 역사기록들은 깊고 심원하며 그 양이 방대하다. 그것들은 분명히 무수한 언론(言論)들을 기록해 놓은 보고(報告)요, 우수한 재능과 사상들이 표현돼 있는 일종의 정원이다. (…중략…) 그래서 학식을 얻음에 있어서 작가는 폭넓게 읽어야만 하고, 사례들을 인용함에 있어서는 간결해야만 한다"고 하여 전고 인용의 중요성을 지적하였다. 위의 책 447~448쪽.

31 『조선왕조실록』에 수록된 상소기사 1,566개를 분석한 이규완의 연구에 따르면 상소기사 중 고사가 들어있는 것은 전체의 28.8%에 달하며, 고사의 성격별로 나누어보면 역사적 사실과 관련된 고사가 59.0%로 가장 많았고, 서적 내용이 30.9%, 성현의 글이 10.1%의 순인 것으로 나타났다. 이규완, 「상소에 인용된 고사의 설득 용도에 관한 연구」, 『한국언론학보』 48권 4호, 2004, 311~317쪽.

32 논증행위의 윤리성에 대해 김상희는 "논증에서의 이성적 추론은 의사소통의 윤리성에 근거를 둔

「간폐비소」에는 『예경』의 구절, 순임금, 애공, 공자, 맹자의 말씀 등이 인용되었다.

『예경』을 상고해 보면, 부인이 칠거지악(七去之惡)이 있는데, 첫째는 자식이 없는 것, 둘째는 시새우는 것입니다. 이 두 가지 악이 비록 겸하였더라도 만약 세 가지를 버리지 못할 만한 것이 있으면 옛 사람도 오히려 용서하였거늘, 한 가지 버릴 만한 조건은 있으되 여섯 가지 버릴 만한 것이 없다면 더구나 용서하지 아니하여서 되겠사옵니까. 신은 전하께서 굽은 것을 잡으려다 도리어 바른 것을 잃어버린 의(義)인 줄로 압니다.

또 이르기를 "부인을 데려온 집안에서 사흘 동안 풍악을 잡히지 않는 것은, 사친(嗣親)을 생각하는 까닭이니 옛 사람이 계통을 중하게 여기는 의가 이러하다"고 하였고, 또 예(禮)는 부부끼리 삼가는 데서 비롯되므로, 궁실을 만들 적에도 내궁(內宮)과 외실(外室)을 구별하여 내궁을 깊이 두고 문을 단단히 하며 내시로 하여금 지키게 하였으니, 내외를 삼가는 예가 이러하다 하였고, 또 "순임금은 옛날의 대성인이로되 부모에게 고하지 않고 장가를 든 것은 자손이 없게 됨을 염려해서 그런 것이다." 하였고, 애공(哀公)이 공자에게 묻기를 "예복을 입고 친히 맞아들이는 것이 너무도 과중하지 않느냐" 하니, 대답하기를 "두 성(姓)이 합하여 선왕(先王)의 뒤를 이어, 천지, 종묘, 사직의 주인이 되는 것이오니, 무엇이 너무 과중하다 이르겠습니까" 하였으

다. 논증을 통한 설득은 '어떤 방법을 사용해서라도' 설득하는 것은 아니다. 논증 행위는 물리적·정신적 폭력에 대한 대안이며, 효용성이라는 단 하나의 가치를 위해 아무 방법이나 사용해서 설득하는 것을 거부한다. 논증 행위의 골격은 윤리적인 요소들로 구성되며, 특정한 윤리적 약속을 포함한다. Perelman에 의하면, 논증 행위의 핵심적인 지침이 되는 원칙은 정의justice에 관한 사고인데, 이것은 이성 및 논증 행위라는 개념의 핵심에 들어있다"고 지적하였다. 김상희, 「현대 의사소통이론과 수사학」, 『한국프랑스학논집』 제50집, 한국프랑스학회, 2005, 35쪽.

니, 성인의 행사와 언어가 이와 같았으며, 율문(律文)에 이르기를, "수레와 의복과 물건을 간직하고 수선하기를 법대로 아니하면, 그 죄상은 곤장에 해당한다." 하였으니, 그렇다면 임금이 가졌던 것은 비록 헤어진 저고리 하나라도 오히려 경홀히 할 수 없거늘 더구나 원자(元子)의 모후(母后)로서 어찌 하루 동안인들 구불촌에 물러가 있게 할 수 있겠사옵니까.

「간폐비소」에는 성현의 말씀과 경전을 인용한 전고가 윤 씨 폐비 결정이 잘못되었음을 주장하는 주요 논거로 다수 인용되었다. 이들은 모두 윤 씨에 대한 성종의 결정이 성리학에서 규정하는 예에 어긋남을 지적하는 논거로 작동하고 있다. 성종의 이번 결정이 부모에 대한 예, 부부 사이의 예, 종묘와 사직에 대한 예, 조정과 백성들에 대한 예에 모두 어긋나며, 또 인정과 도리 상으로도 차마 할 수 없는 일임을 손순효는 경전의 여러 구절과 성현들의 말씀을 들어 늘어놓았다. 그리고 "성인들의 행사와 언어가 이와 같았습니다"라는 말을 덧붙이는 것으로 주장을 마무리하였다. 왕의 잘못을 직접 거론하거나 왕의 결정이 이치에 맞지 않음을 구구하게 말하지 않고, 다만 자신의 문제의식을 반영하는 전고를 인용하는 것으로 주장을 대신하는 말하기를 통해 왕을 설득하는 전략을 취하였다. 그러나 이 같은 침묵의 말하기에서도 설득의 메시지는 오히려 증폭되어 전달된다. 표현되지 않은 언어 뒤에 그리고 생략된 문장들 사이사이에 존재하는 주장들과 그 안에 자리한 깊고도 그윽한 속내를 수신자인 왕으로 하여금 무한히 추론하게 만들기 때문이다.

② 선왕의 사례를 들어 증명하기

「간폐비소」에서 다양한 전고의 활용과 함께 눈에 띄는 것은 선왕의 사례를 들어 말하는 논증 방식이다. 설득하고자 하는 것과 유사한 사례를 들어 논증하는 것을 수사학에서는 예증법이라고 하는데 아리스토텔레스는 논리적이고 객관적인 논거를 귀납적으로 제시하는 논증 방식을 예증법이라 하여 연역적으로 제시하는 방식인 삼단 논법과 구분하였다. 예증법은 "유사한 것을 알아볼 수 있는 능력"에서 나오는 일종의 "유추에 의한 논증"[33]이다. 때문에 설득의 효과를 높이기 위해서는 앞서 존재했던 일 가운데 현재 상황에 끌어오기에 가장 적절한 사례를 골라오는 것이 매우 중요했다. 그래서 좋은 상소문은 고금의 역사에 해박하고, 사회를 보는 예리한 시각과 통찰력을 지니며, 사물의 이치를 잘 따지고 분석하는 능력을 갖춘 사람이라야 쓸 수 있는 것으로 평가되곤 했다.

> ㉠ 옛날 주공은 형제끼리 처함에 있어 삼숙(三叔)이 조종에 죄를 얻어, 곽숙을 서민으로 낮춤에 있어서도 오히려 일곱 채의 수레로써 시종하게 하였으니, 이는 사은(私恩)도 오히려 공의(公義)의 가운데 존재하는 것이요,

> ㉡ 덕종(德宗)은 부자끼리 처리함에 있어 이필(李泌)은 간하기를 "만약 폐하의 크게 노하심을 두려워하여 굽혀 순종하게 되면 폐하께서 내일이면 후회하셔 반드시 신을 나무라실 것이오니 깊이 생각하옵소서" 하였더니 하

33 박성창, 앞의 책, 61쪽.

루는 덕종이 이필을 불러 그의 등을 어루만지며 "경의 간절한 말이 아니었던들 나는 오늘에 후회하였을 것이다. 나의 부자는 경을 힘입어 온전했다." 하였으니, 이는 천리가 거의 어두려다 밝아진 것입니다.

손순효는 「간폐비소」에서 두 선왕의 사례를 논거로 들었다. 앞서 든 사례는 죄를 지은 형제를 처벌하면서도 알맞은 예우를 다했던 주공의 예이고, 다음에 든 사례는 신하의 권유를 받아들여 아들을 폐하려던 결정을 철회한 덕종의 예이다. 두 사람의 사례를 끌어온 것은 왕비 윤 씨를 폐하더라도 절차와 형식을 갖추어 예에 맞게 해야 한다는 것과 충성스런 신하의 말을 들어 잘못된 결정을 바로잡을 것을 촉구하기 위해서였다. 즉 주공과 덕종의 모범적인 사례로부터 성종이 앞으로 해야 할 행동의 방향을 제시하면서 그것의 정당성을 부여하는 방식으로 예증한 것이다. 두 선왕의 사례는 손순효가 왕에게 진정으로 하고 싶었던 말이자 이 상소문의 핵심인 다음 주장을 자연스럽게 이끌어내는 주요 논거로 기능하는데 이어지는 글에서 손순효는 자신의 주장을 다음과 같이 명료하게 전달한다.

엎드려 바라옵건대 유사시에 명하시와 별전(別殿)으로 맞아들이시고 공양하는 것과 수위(守衛)하는 것을 한결같이 권의(權宜)에 따르심은 권리가 다시 오롯하고 예론이 모두 기뻐할 것이오니, 인륜(人倫) 상에서도 다행한 일이 옳고, 종묘 사직에 있어서도 이보다 더 다행한 일은 없사옵니다.

손순효는 상소문의 말미에서 이제껏 아껴왔던 자신의 주장을 펼쳐

놓는다. 그것은 윤 씨를 폐비시키기는 하되 민가로 내치지는 말고 궁내에 따로 처소를 마련하여 거처하게 하면서 알맞은 예우를 지속해야 한다는 것이다. 손순효는 이것이 이번 사건의 가장 합리적인 문제해결방식이자 왕이 선택할 수 있는 최선의 대안임을 제시하면서 글을 마무리한다.

4. 고전 상소문을 활용한 글쓰기 교육 방안

앞장에서 살핀 바와 같이 상소문은 신하가 왕에게 올리는 글로, 왕에게 건의하거나 충고하고 싶은 내용을 담은 설득 텍스트이다. 수신자가 왕이고, 왕의 결정에 반하는 내용을 담은 글이기 때문에 고전 상소문에는 반드시 왕을 설득하는 충분한 논리와 고도의 수사 전략이 필요하다. 날카로운 뜻을 담고 있으면서도 정중하고 완곡한 표현을 사용한 상소문 텍스트에 대한 분석과 이를 활용한 글쓰기 교육이 현재에도 유용한 이유이다.

상소문을 소재로 한 글쓰기 교육은 다양한 방법으로 가능하겠지만 설득에 필요한 인식적 요소(logos), 정서적 요소(pathos), 윤리적 요소(ethos)를 이해시키고 논증적 글쓰기를 연습케 하는 방안을 그 하나로 제시할 수 있다. 자신의 주장을 논리적으로 제시하는 것 이외에 독자의 정서와 감정을 고려하면서, 글을 쓰는 사람의 인품도 자연스럽게 묻어나는 글이라야 설득에서 큰 힘을 발휘할 수 있음을 경험케 한다. 독자에게 호소력 있는 표현, 독자와 청자의 감정에 호소하는 수사적 표현들을 상황과 처지에 맞게 사용하는 연습이 필요하다. 상소문은 로고스 못지않게 파토스와 에토스가 중시되는 글이기 때문에 설득력을 높일 수 있는 수사 전략을 연습시키기에 적합하며, 이때 고전에서 많이 보이는 고전의 전거를 이용하는 방법을 활용할 수 있다.

또한 구체적으로 왕에게 상소를 올리는 주체를 다양하게 가정해 보게 할 수 있다. 상소를 올리는 주체를 관직에 있는 신하로, 혹은 성균관 유생으로 혹은 폐비의 어머니 등으로 각기 다르게 설정한 후 그 인물의 입장에서 자신이 생각하는 가장 합리적인 문제 해결방안을 제시토록 한다. 각기 특수한 상황과 처지, 입장을 가진 인물들이 다양한 관계 속에서 구성하는 논거의 다양성을 경험케 하면서 창의적 사고를 기르도록 유도한다. 글쓰기에서 창의성은 새로운 관점의 착안, 발상의 전환, 대안의 제시, 고정관념 혹은 당대의 지배적 통념으로부터의 탈피 등을 통해 이루어진다. '왜 그렇게 보아야 하는 거지?', '다른 대안은 없는 걸까'와 같은 질문 던지기, 오늘날의 관점에서의 재조명이나 재정의, 당대의 지배적인 가치관이나 당대 사람들의 통념에 대한 문제제기 등을 통해 창의적 사고의 훈련이 이루어지도록 한다. 당대 유교 규범 속에서는 절대적인 권위를 부여 받은 경전이나 공자, 맹자와 같은 성인들, 충(忠), 효(孝) 같은 당대의 절대적인 가치에 기댄 논거들이 설득력을 얻었다. 하지만 이런 권위에 기댄 논거만으로는 부족함이 있으므로 새로운 관계 설정이나 정의를 통해 창의적으로 논거를 생성하는 연습도 병행할 필요가 있다.

5. 나오는 말

본고에서는 조선시대 상소문인 손순효의 「간폐비소」를 대상으로 하여 왕이라는 절대 권력자를 수신자로 하는 글에서 왕과 신하 사이에 설득적 소통이 어떻게 이루어지고 있는지를 분석하고 이를 활용한 글쓰기 교육 방안을 간략하게 제안해 보았다. 상소문은 왕의 판단 혹은 결정을 자신이 원하는 방향으로 변화시키는 것을 목적으로 작성된 글로, 설득을 위한 다양한 전략과 수단들이 녹아 있는 설득 텍스트이다. 본고에서는 상소자가 설득이라는 목표를 달성하기 위하여 어떤 수단을 동원하였으며, 그것은 어떻게 설득에 기여하는지를 알아보기 위해 「간폐비소」에 대한 수사학적 분석을 시도해 보았다. 그 결과 「간폐비소」에는 글쓴이의 선의와 진정성을 드러내어 왕의 호감을 사고, 왕의 성향과 정서를 고려하여 공손하고 완곡하게 말을 건네며, 왕의 감정에 호소하는 감성적 설득과 당대에 가장 큰 권위를 지닌 경전 혹은 성현의 말씀과 적실한 역사적 사례를 논거로 들어 주장하는 이성적 설득이 주로 이루어졌음을 확인할 수 있었다. 아울러 상소문에서는 논리적인 이유를 들어 주장하는 이성적 설득보다 상소자의 진정성과 충성심을 보여주면서 왕의 감정에 호소하는 감성적 설득이 훨씬 비중 있게 이루어지고 있음을 살펴볼 수 있었다. 마지막으로 고전 상소문 양식이 갖는 이런 특성을 글쓰기 교육에 활용할 수 있는 방안을 제안해 보았다. 상소문을 활용한 글쓰기 교육은 고전 콘텐츠를 활용하여 우리의 논변 전통을 익히고, 설득에 필요한 글쓰기의 수사와 논증 전략을 학습케 할 수 있는 장점이 있다. 고전 콘텐츠를 활용한 다양한 글쓰기 교육 시도가 보다

풍성하게 이루어진다면 고전이 과거의 유물이 아니라 현재에도 의미를 갖는 콘텐츠로 그 의의를 이어갈 수 있을 것이다.

| 전문 |

간폐비소
諫廢妃疏

손순효(孫舜孝)

천지의 기운이 뒤틀리면 초목(草木)이 말라 시들고, 부모의 마음이 뒤틀리면 자손들이 넘어지는 것이오니, 직분은 비록 중외(中外)가 다르오나 마음은 어찌 원근(遠近)의 차이가 있겠사옵니까. 신은 성화 15년 6월 6일에 엎드려 대궐에서 내리신 교서(敎書)를 보고서, 하늘을 우러러 대궐을 바라보며 눈물을 흘리고 몹시 통곡하였습니다.

신은 엎드려 생각하옵건대 옛 사람의 임금을 섬기는 것은 비록 저 시골 농촌에서 밥 한 번 먹을 사이에도 마음속에 잊지 않습니다. 산림(山林)의 처사나 태학(太學)의 서생들까지도 오히려 제 위치를 벗어나서 조정의 일을 논란하는 법도 있사온데 더구나 유악(帷幄)의 구신(舊臣)으로서 어찌 밖에 있는 것을 미끼로 삼고 이 마음을 극진히 아니할 수 있겠사옵니까.

신은 엎드려 생각하옵건대, 구중궁궐의 깊고 깊은 속과 은미(隱微)한 사이에 있어 그 시비와 득실은 외신(外臣)의 알 바 아니옵고, 다만 전하의 마음속의 재량에 있을 뿐이오니, 반드시 세 번 생각하시어 단안을 내리실 것일진대 누가 일호(一毫)의 사심을 부리겠사옵니까. 그래서 신은 명을 듣고 통곡하며 감히 끊임없이 아뢰는 것이 두어 가지 의(義)가 있사옵니다.

『예경』을 상고해 보면, 부인이 칠거지악(七去之惡)이 있는데, 첫째는 자식이 없는 것, 둘째는 시새우는 것입니다. 이 두 가지 악이 비록 겸하였더라도 만약 세 가지를 버리지 못할 만한 것이 있으면 옛 사람도 오히려 용서하였거늘, 한 가지 버릴 만한 조건은 있으되 여섯 가지 버릴 만한 것이 없다면 더구나 용서하지 아니하여서 되겠사옵니까. 신은 전하께서 굽은 것을 잡으려다 도리어 바른 것을 잃어버린 의(義)인 줄로 압니다. 또 이르기를 "부인을 데려온 집안에서 사흘 동안 풍악을 잡히지 않는 것은, 사친(嗣親)을 생각하는 까닭이니 옛 사람이 계통을 중하게 여기는 의가 이러하다"고 하였고, 또 예(禮)는 부부끼리 삼가는 데서 비롯되므로, 궁실을 만들 적에도 내궁(內宮)과 외실(外室)을 구별하여 내궁을 깊이 두고 문을 단단히 하며 내시로 하여금 지키게 하였으니, 내외를 삼가는 예가 이러하다 하였고, 또 "순임금은 옛날의 대성인이로되 부모에게 고하지 않고 장가를 든 것은 자손이 없게 됨을 염려해서 그런 것이다." 하였고, 애공(哀公)이 공자에게 묻기를 "예복을 입고 친히 맞아들이는 것이 너무도 과중하지 않느냐" 하니, 대답하기를 "두 성(姓)이 합하여 선왕(先王)의 뒤를 이어, 천지, 종묘, 사직의 주인이 되는 것이오니, 무엇이 너무 과중하다 이르겠습니까" 하였으니, 성인의 행사와 언어가 이와 같았으며, 율문(律文)에 이르기를, "수레와 의복과 물건을 간직하고 수선하기를 법대로 아니하면, 그 죄상은 곤장에 해당한다." 하였으니, 그렇다면 임금이 가졌던 것은 비록 헤어진 저고리 하나라도 오히려 경홀히 할 수 없거늘 더구나 원자(元子)의 모후(母后)로서 어찌 하루 동안인들 구불촌에 물러가 있게 할 수 있겠사옵니까.

신은 엎드려 생각하옵건대, 왕비 윤씨는 진작 만복(萬福)의 근원을 받아 다남(多男)의 경사를 독차지하여, 금지(金枝)·옥엽(玉葉)이 아울러 빼어나고 거듭으로 빛났으니, 신인(神人)의 의지하는 바요, 종묘의 의뢰하는 바이거늘, 하루아침에 여염집으로 물러앉게 되고, 또 지공하는 범절조차 끊어졌으니, 이는 비록 자기의 잘못이나 그렇다고 해서 은혜를 잊을 수야 있겠습니까. 아 진궁(震宮)이 어리니 어떻게 알 수 있으며, 묵는 집이 허술한데 어떻게 지낼 수 있겠습니까. 인지(麟趾)는 우굴우굴할 따름이요, 과질(瓜瓞)은 주렁주렁할 뿐이니, 아, 기울어진 광주리가 차지 않은 것은 단순한 집념의 과실이요, 갈류(葛藟)가 얽히지 않는다 해서 어찌 홀로 이 점만 낮추어 보십니까.

신은 명을 듣자온 날부터 부복하고 눈물을 흘리며 정신(廷臣)의 반열에 끼어 불휘(不諱)의 죄를 범하지 못하게 됨을 한하고 있사옵니다. 옛날 주공은 형제끼리 처함에 있어 삼숙(三叔)이 조종에 죄를 얻어, 곽숙을 서민으로 낮춤에 있어서도 오히려 일곱 채의 수레로써 시종하게 하였으니, 이는 사은(私恩)도 오히려 공의(公義)의 가운데 존재하는 것이요, 덕종(德宗)은 부자끼리 처리함에 있어 이필(李泌)은 간하기를 "만약 폐하의 크게 노하심을 두려워하여 굽혀 순종하게 되면 폐하께서 내일이면 후회하셔 반드시 신을 나무라실 것이오니 깊이 생각하옵소서" 하였더니 하루는 덕종이 이필을 불러 그의 등을 어루만지며 "경의 간절한 말이 아니었던들 나는 오늘에 후회하였을 것이다. 나의 부자는 경을 힘입어 온전했다." 하였으니, 이는 천지가 거의 어두려다 밝아진 것입니다.

오륜(五倫)은 이치가 한결 같아서 은혜와 의가 서로 뒤바뀔 수 없습니다. 군신과 친구 사이에는 의가 마땅히 은혜를 이기는 것이로되, 부자와 부부의 사이에 있어서는 은혜가 마땅히 의를 이기는 것입니다. 신은 되풀이하여 생각하옵건대, 전하께서 오늘날 삼전(三殿)을 섬기는 효도는 곧 원자와 다른 날의 정성이옵고, 전하께서 오늘날 열성(列聖)의 정치를 이어 받은 것은 곧 원자의 다른 날의 사업이오니, 다른 날에 동궁이 위를 바로 하여 용루(龍樓)의 봉양을 보살필 때 원자는 단정코 슬픈 마음이 있을 것이며, 전하께서는 어찌 후회하는 생각이 없사오리까.

중(中)이란 고정된 것이 아니요 때에 따라 있는 것이오니, 변해도 그 바름을 잃지 않는 것이 바로 정상한 이치요, 기울지 않는 중(中)이옵니다.

엎드려 바라옵건대 유사시에 명하시와 별전(別殿)으로 맞아들이시고 공양하는 것과 수위(守衛)하는 것을 한결같이 권의(權宜)에 따르심은 권리가 다시 오롯하고 예론이 모두 기뻐할 것이오니, 인륜(人倫) 상에서도 다행한 일이옵고, 종묘 사직에 있어서도 이보다 더 다행한 일은 없사옵니다.

불초한 신이 어찌 국가의 대체를 아오리까마는 다만 교서를 읽고서 속마음이 죄여 불가하온 줄은 알면서도, 능히 스스로 억제하지 못하옵고, 감히 어리석은 회포를 털어내어 우러러 성청(聖聽)에 모독하옵니다. 전하께서 생각해 주시기를 엎드려 바라옵니다.

— 민족문화추진회, 『국역 동문선』, 경인문화사, 1976.

참고 문헌

[자료]

민족문화추진회, 『국역 동문선』, 경인문화사, 1976.

姚鼐, 『중국 옛 문장가의 논술쓰기―고문사류찬 · 논변류 번역』, 전북대 중어중문과 대학원 제2단계 BK 중문 고전적 번역대학원 추진사업단 신성출판사, 2007.

유협, 최동호 역편, 『문심조룡』, 민음사, 1994.

전통문화연구회, 『詩經集傳』 上, 성백효 역주, 1993.

전통문화연구회, 『詩經集傳』 下, 성백효 역주, 1993.

한비, 이운구 역, 『한비자』, 한길사, 2002.

CD-ROM, 『국역조선왕조실록』.

[논문 및 단행본]

김상희, 「설득적 소통으로서의 법정 담론」, 『법학연구』 제3호, 가톨릭대 법학연구소, 2008.

______, 「현대 의사소통이론과 수사학」, 『한국프랑스학논집』 제50집, 한국프랑스학회, 2005.

민병곤, 「논증교육의 내용연구」, 서울대 박사논문, 2004.

박성창, 『수사학』, 문학과지성사, 2000,

엄훈, 「조선 전기 공론 논변의 국어 교육적 연구」, 서울대 박사논문, 2002.

설석규, 『조선시대 유생상소와 공론정치』, 선인, 2002.

신두환, 「상소문의 문예미학 탐색」, 『한국한문학연구』 53집, 한국한문학회, 2004.

염은열, 「상소문의 글쓰기 전략 연구」, 『국어교육연구』 3, 서울대 국어교육연구소, 1996.

오인환 · 이규완, 「상소의 설득구조에 관한 연구」, 『한국언론학보』 47권 3호, 한국언론학회, 2003.

이규완, 「상소에 인용된 고사의 설득 용도에 관한 연구」, 『한국언론학보』 48권 4호, 한국언론학회, 2004.

이상희, 『조선조사회의 커뮤니케이션 현상 연구』, 나남, 1993.

이한민, 「한 · 영 의문문 형식의 간접 화행 연구」, 『담화와 인지』 제17권 2호, 담화인지언어학회, 2010.

정만조, 「조선시대의 언로와 상소」, 『담수』 15, 담수회, 1986.

최승희, 『조선초기 언관 · 언론 연구』, 서울대 출판부, 1984.

최인자, 「조선시대 상소문에 나타난 설득방식과 표현에 관한 연구」, 『선청어문』 24, 서울대 국어교육과, 1996.

독서자료의 연령대별 기준 마련을 위한 일고찰

한국신화 〈바리공주〉를 중심으로

윤신원

1. 서론

지금까지 많은 신화들이 아동을 대상으로 한 작품들로 개작되어 왔다. 그러나 독자인 아동의 연령대별 독서 능력 등 독자 요인에 대한 고찰이 없는 상태에서 개작자의 능력과 취향에 따라 천차만별로 다른 개작이 이루어져 왔다. 그 중에는 많은 고심이 들어 있는 개작 작품들도 눈에 띄지만, 대다수의 작품들은 신화에 대한 체계적 고찰이나 정리, 독자인 아동들의 독서 능력 등에 대한 고려가 없이 개작이 이루어진 것으로 보인다. 심지어는 책임을 질 명확한 개작자 없이 출판사의 기획에 의해 이루어지는 경우도 눈에 띈다.

이러한 현상들이 나타난 이유 중의 하나는 아동용 작품으로 개작하기 위해 고려되어야 할 개작의 기준이 마련되어 있지 않기 때문이다.

이런 관점에서 아동을 대상으로 한 무속신화 〈바리공주〉[1]의 개작 작품들은 많은 시사점을 줄 수 있다. 〈바리공주〉 개작 작품들은 동일한 신화를 다양한 연령대의 독자를 대상으로 하여 개작이 이루어지고 있으며, 이에 따라 의도적이든 무의도적이든 연령대별 개작 양상의 차이를 보여준다. 아무리 객관적이고 체계적인 기준이 없다고 해도 막연하나마 개작자가 생각하는 가상의 기준이 설정되어야 개작이 가능할 것이기 때문이다. 실제로 이 글에서 다루려고 하는 개작 작품들은 나름대로 어느 정도의 기준은 가지고 있는 것으로 보인다. 다만 임의적이거나 비체계적이라 개작자나 작품에 따라 달라지기 때문에 보편적인 기준에 따른 것이라고 볼 수는 없다. 실제로 체계적이고 객관적인 기준은 마련된 적이 없으며, 이를 위한 논의도 전무한 실정이다.

이 글의 논의는 이러한 문제의식에서 시작된다. 현단계에서 보편적으로 적용될 수 있는 연령대별 개작 기준을 완벽하게 제시하는 일은 가능하지 않겠지만, 무속신화 〈바리공주〉의 연령대별 개작 작품 중, 그 차이가 선명하게 드러나는 유아용 작품과 초등학교 고학년용 작품의 담화 구조를, 이야기 구조와 문체, 담화 시간을 중심으로 비교 검토하여 그 차이를 정밀하게 검토하는 작업은 연령대별 개작 기준을 마련하기 위한 단초가 될 수 있을 것으로 생각된다.

지금까지 〈바리공주〉의 연령대별 개작 양상을 직접적으로 다룬 논

1 무속신화 〈바리공주〉의 명칭은 '바리공주', '바리데기', '칠공주' 등 다양하다. 이 글에서는 무속신화 〈바리공주〉의 대표적 명칭을 〈바리공주〉로 택한다. 〈바리공주〉는 영혼을 인도하는 무조신의 유래를 나타내는 신화로 바리공주의 탄생과 성장, 무조신으로의 좌정까지 그 영웅적 일대기를 다루고 있으며 무속 현장에서도 보편적으로 사용하는 명칭인 〈바리공주〉가 가장 적합한 명칭이라 생각된다. 〈바리공주〉 작품을 가리킬 때에는 〈 〉를 사용하지만, 인물의 명칭은 〈 〉 없이 나타내겠다.

문은 확인되지 않는다. 그러나 무속신화 〈바리공주〉에 대한 논의에 관련된 연구들은 우리의 논의를 위해 많은 도움이 될 수 있다. 무속신화 〈바리공주〉의 서사 구조나 이본 연구로는 서대석(1980)과 홍태한(1997)의 연구가 대표적이다.[2] 이 글에서 다루는 아동용 개작 작품의 〈바리공주〉 이야기 구조는 두 논문에서 정리한 무속신화 〈바리공주〉의 지역별 이야기 구조 중 동해안・경상도 지역의 이야기 구조를 참고하여 비교, 분석할 것이다.

신화를 아동용으로 개작하는 데 있어 가장 중요시 되어야 하는 요소는 신화의 기본적인 이야기 뿐 아니라 대상 독자의 연령대이다. 연령대별 개작 작품은 원전 신화의 동일한 이야기 구조를 토대로 가지고 있지만, 대상 연령대의 독자를 고려한 서술 방식, 즉 담화 구조[3]에서는 각기 다른 양상을 보여 원전 신화와는 차이가 있는 작품으로 재생산된다. 이는 특정 신화가 각각의 연령대의 독자와 소통하기 위한 과정이라고 할 수도 있다.

한 작품을 아동 문학으로 개작하는 데 있어 아동의 연령에 따른 독서 발달 단계는 담화 요인의 중요한 요소인 독자와 직결된다. 특히 유아에

2 서대석(1980)은 〈바리공주〉에 대한 최초의 본격적인 문학 연구라고 할 수 있는데 지역별 이본의 특징과 범주를 자세히 고찰하고, 문학사적인 관점에서 바리공주를 신화적 영웅, 소설적 영웅과 비교하면서 바리공주의 일생을 영웅의 일생으로 분석하였다. 홍태한(1997)은 실제 굿판에서 〈바리공주〉가 지역이나 상황에 따라 어떻게 변이되어 나타나는지에 주목하고 그 변이 요인을 분석하여 지역별 무가권을 나누는 기반을 마련하였으며 기존의 연구를 자세히 검토하고 있어 전반적인 경향을 파악하는 데 도움이 된다.

3 서사학에서의 '담화'는 학자들에 따라 여러 의미로 사용된다. 이 글에서는 채트먼의 정의를 중심으로 서사를 이야기(story)와 담화(discourse)로 구분한다. 이야기란 사건, 배경, 인물의 구성 요소를 가지고 시간의 흐름에 따라 전개되는 행위의 전개 및 배열을, 담화는 이야기를 표현하는 방식을 뜻한다. 다시 말해 담화란 독자의 특성과 상황을 염두에 둔 작가의 의도적인 서술 행위를 총칭하는 것이라고 할 수 있고 이야기를 전달하는 작가와 독자의 상호 작용이 담화에 포함된다. 이야기가 이러한 담화를 통해 표현된 것이 서사인 것이므로 이야기와 담화는 분리되어 있지 않고 밀접하게 연결되어 있다. 채트먼, 한용환 역, 『이야기와 담론』, 푸른사상, 2006, 29～33쪽 참조

서부터 초등학교 고학년까지의 아동은 연령의 증가에 따라 다양한 분야에 있어 성장하는 폭이나 속도가 성인에 비해 눈에 띄게 변화한다. 연령의 증가에 따른 독서 발달 과정에는 많은 요소[4]들이 작용하므로, 독서 발달 단계의 구분을 위한 통합적인 기준의 설정은 쉬운 일이 아니다. 그러나 독서 발달 단계의 개략적인 특징을 아는 것은 각 발달 단계에 있는 아동들에게 기대할 수 있는 독서 능력의 정도와 연령대별 아동을 대상으로 한 주제, 자료, 내용, 전달 방법 등의 담화 요인을 결정하는 데에 상당히 도움이 될 수 있다.

이 글에서는 독서 발달 단계를 다룬 대표적인 연구들 중 Wood(1992)와 Chall(1996)의 독서 발달 단계의 구분[5]을 기초로 하여 〈바리공주〉 개작 작품 중 0~7세를 대상으로 하는 유아의 경우와 4~6학년을 대상으로 하는 초등학교 고학년의 경우를 중심으로 독서 발달 단계에 따른 특징을 살펴보기로 한다.[6]

유아 시기에는 모방에 의해 독서 발달이 이루어지며 책 읽어주기나 들은 이야기를 다시 말하는 음독 중심의 독서가 도움이 된다. 개념이나 언어가 발달하게 되고 이야기 유형에 대한 학습이 이루어져 아동이 예측할 수 있는 단순하지만 안정적인 이야기 구조로 이루어진 작품이나

---

4 연령, 성숙, 학습 등의 결과로 독서 능력의 성격이 달라지기도 하고, 독서 능력을 구성하는 하위 요인을 분석하여 그 요인이 발달해가는 측면을 고려하기도 한다.

5 Wood(1992)는 유아독서기(출생~유치원), 초기독서기(1~2학년), 전이독서기(2~3학년), 자립독서기(4~6학년), 고급독서기(7학년 이상)로 발달 단계를 구분한다. Chall(1996)은 독서 발달 단계가 인지 발달 단계와 유사하다는 가정 하에 각 단계는 다른 단계와 질적으로 구별되는 특별한 구조와 특성이 있다고 하고, 0단계 (출생~유치원), 1단계(1~2학년), 2단계(2~3학년), 3A단계, (4~6학년), 3B단계(7~9학년), 4단계(10~12학년), 5단계(성인)으로 나누었다. Chall과 Wood의 구분은 대체로 일치하나, Wood의 고급독서기를 Chall은 더 세분화하여 제시한다. 한국독서학회, 『21세기 사회와 독서지도』, 박이정, 2006, 89~90쪽 참조.

6 초등학교 저학년은 이 글의 직접적인 연구 대상이 아니므로 제외한다.

집중할 수 있는 전형적인 인물이 등장하는 작품을 접하는 것이 좋다. 간단한 선악을 판단하고 글씨와 더불어 그림에 의존하는 경향이 크며 상세한 묘사에 대해서는 흥미를 느끼지 못한다. 그러므로 이 시기의 아동들에게는 등장하는 인물의 수가 적고 구성이 단순하며 간단한 사건을 중심으로 빠르게 전개되는 명료한 주제의 이야기가 좋다.

초등학교 고학년인 4~6학년 시기의 아동은 많은 독서를 하며, 길고 다양한 작품을 읽을 수 있는 능력이 있다. 이 시기는 의미 중심의 독서가 확립되는 시기로 음독보다 묵독의 속도가 더 빠르게 된다. 구조를 파악하는 능력이 향상되어 좀더 복잡한 구조의 이야기를 이해할 수 있고, 논리적인 사고력이 발달하게 되어 이야기 구조의 유기성이 치밀하게 짜여진 내용에 흥미를 느낀다. 장애를 극복하거나 역경과 싸워 이기는 긴장감이 있는 내용의 모험 이야기나 여러 등장 인물을 중심으로 한 다양한 갈등과 해결, 성취 등 사회적인 사고를 요구하는 내용에 대해 관심을 갖는다.

이와 같이 각 연령대의 독자에게는 해당하는 연령대에 맞는 다양한 특징이 담화 요소로 고려된 작품이 제공되어야 한다. 그래야 아동이 작품을 접할 때 특별한 관심이나 주의를 기울이게 하는 감정이 생겨 독서의 효율성도 높아지기 때문이다.

현재 유아용과 초등학교 아동용으로 출간되는 〈바리공주〉 작품은 총 8종이다. 개작 작품들에 대한 대상 연령대는 제작 단계에서 작가나 출판사가 설정한 사례는 발견되지 않으며, 판매 단계에서 서점들이 제시하고 있다. 작품 제작 단계에서 연령대가 제시되지 않는 것이 아쉽기는 하지만, 현재로서는 우선 서점들에서 제시한 연령대를 자료로 활용

〈표 1〉 〈바리공주〉 개작 작품의 대상 연령 분류 현황 (2010년 8월 기준)

	서명/ 글/그림	출판사/ 출판년도	대상 연령						
			yes24	인터파크	알라딘	리브로	영풍	교보	반디앤 루니스
1	버리데기 박운규/이광익	시공주니어 2006	유아 4~6세	4~7세	유아 4~6세	4~6세	유아	유아 4~7세	유아 0~6세
2	감로수를 구해온 바리 김창희/김창희	마루벌 2003	4~6세 1~2학년	4~7세	유아 4~6세	4~6세	유아	유아 4~7세	유아
3	바리데기 송언/변해정	한림 2008	유아 4~6세	4~7세	유아 1~2학년	유아 1~2학년	유아	유아 4~7세	만4~6세
4	바리공주 김승희/최정인	비룡소 2006	1~2학년 유아	4~7세	1~2학년	1~2학년	유아	유아 4~7세	전학년
5	영혼의 수호신~바리공주 백승남/류준화	한겨레아이들 2009	1~2학년 3~4학년	3~4학년	1~2학년	3~4학년	/	아동	어린이
6	아버지를 살린-바리데기 공주 정림/김이은	아테나 2008	3~4학년	1~2학년	3~4학년	3~4학년	어린이	어린이 전학년	어린이
7	바리공주 신현득/허정은	현암사 2005	1~2학년 3~4학년	3~4학년	어린이 전학년	5~6학년	어린이	아동 1~2학년	어린이
8	바리공주 최창숙/이현아	대교 2005	5~6학년	5~6학년	5~6학년	5~6학년	어린이	아동	어린이

할 수밖에 없다. 우리 나라의 대표적인 7개 온라인 · 오프라인 서점에서 〈바리공주〉를 분류한 현황을 살펴보면 〈표 1〉과 같다.

이 중 모든 서점에서 제시하는 대상 연령대가 동일한 작품은 '시공주니어'와 '대교'뿐이다. 다른 작품들은 유아, 초등 1~2학년, 초등 3~4학년, 초등 5~6학년 중 두 구분을 겹쳐 대상 연령대를 제시한다.[7] 반면 '비룡소'는 '유아~전학년'으로, '현암사'는 '1~6학년'으로 대상

7 일반적으로 작품을 표기할 때는 작가명을 병기하지만, 이 글에서 대상으로 하고 있는 개작 작품의 작가들 속에는 관련 전공자나 전문교육가, 아동문학가 뿐만 아니라 단순한 윤색가도 포함되어 있어 작가로서의 정체성에 문제를 야기시킨다. 이러한 개작 작가 계층의 다양성으로 인해 이 글에서는 개작 작품을 표기할 때 작가명 대신에 출판사명을 병기하여 나타내기로 한다.

연령대의 가장 큰 혼란을 보이는 작품이다. 이렇게 한 작품의 대상 연령대가 공통적으로 명확하게 제시되지 못하는 것은 앞서 말했듯이 대상 연령에 맞는 분명한 개작 기준이 마련되지 않은 것에서 그 원인을 찾을 수 있다.

이 글에서는 이 중에서 대상 연령대가 동일하게 제시된 '시공주니어'와 '대교'를 연구 대상으로 하여 무속신화 〈바리공주〉의 유아용과 초등학교 고학년용의 개작 작품을 고찰하겠다. 이 두 작품은 무속신화 〈바리공주〉의 지역적 이본 중에서도 '동해안·경상도 지역'의 이야기 구조를 원전으로 하여 개작[8]된 공통점을 보이고 있으므로 같은 원전을 대상으로 한 유아용과 초등학교 고학년용 개작 작품의 특징을 효율적으로 비교, 분석할 수 있을 것이다.

2. 이야기 구조의 담화적 요소

개작 작품은 특정 연령대의 독자를 고려하여 개작자가 의도적으로 재구성하였기 때문에 변형된 이야기 구조 또한 담화의 성격에 포함된다. 독자가 어느 연령대에 속하느냐에 따라, 개작 작품의 이야기 구조가 달라지기 때문에 이야기 구조는 담화의 대상인 독자와의 연관 속에서 분석이 가능하다. 독자 연령대의 특성이 이야기 구조의 상위에서 담화 요인

8 현재 나와 있는 〈바리공주〉 개작 작품은 원전을 밝히고 있는 작품보다 그렇지 않은 작품이 더 많다. 또 원전을 밝히고는 있지만, 대상 독자에게 전달하고자 하는 주제와 내용에 있어 가감과 변형이 이루어지는 경우도 있다. 연구 대상 작품의 원전 추정에 대해서는 2장에서 밝힌다.

으로 작용하여 개작 작품의 이야기 구조를 지배하고 결정하기 때문이다.

일반적으로 담화의 구성 요소는 등장 인물, 상황 배경, 사건 구조, 주제 등과 관련되는데, 이 글에서는 지면상의 관계로 주제, 이야기 구조, 등장 인물과 관련된 담화적 요소만을 다룬다.

1) 주제의 변형

문학 작품을 연령대별로 개작하는 데 있어 이야기 구조는 먼저 개작 작품 주제의 영향을 받는다. 개작 작품의 경우, 원전의 중심 주제가 아닌 주변 주제를 강화하거나 변형하여 중심 주제로 삼는 경우가 있는데, 이는 개작시 아동의 연령에 따른 단계적 특성이라는 담화 요인을 반영하여 개작자가 전달하고자 하는 이야기의 초점을 변형한 것이라 할 수 있다.

원전 〈바리공주〉는 무조신화로서 무조신(巫祖神)으로의 좌정을 중심 주제로 삼는다. 그런데 〈바리공주〉 연령대별 개작 작품의 주제는 다양한 양상으로 제시된다. 유아용 '시공주니어'에서는 '효(孝)'로, 초등학교 고학년용 '대교'에서는 '선행(善行)'으로 주제가 변형되었다.

유아용 '시공주니어'의 주제는 '효'이다. 바리공주가 신(神)으로 좌정하는 유래를 담은 무속신화의 이야기를 전개하는 데 있어 큰 축인 효는 〈바리공주〉의 중심 주제라고 말할 수 없지만 가족을 중심으로 한 제한된 환경에서 생활하는 유아에게는 적절한 주제라 할 수 있다. 유아 시기에는 한정된 환경에서의 예의와 도덕의 규범을 익히게 되는데, 가족을 중심으로 한 효성 깊은 자식의 개념은 독자 자신을 주인공인 바리공주에 투영하여 부모에게 순종하고 부모를 공경하는 가치관을 갖게 한다.

초등학교 고학년용 '대교'의 주제는 '선행'이다. 바리공주가 저승과 이승을 오가며 죽음에 대해 성찰하고, 구약(救藥) 여행에서 만나는 여러 인물들을 도와주고 불쌍히 여기는 부분을 강조하여 저승 뿐 아니라 이승인 인간 세상사의 면면까지 살피고 도와주는 북두칠성이 된다는 내용으로 전개된다. 초등학교 고학년의 경우, 주인공이 다양한 인물과 만나 갈등을 해결하는 사회적인 사고(思考)가 발달하는 시기이므로 주인공의 행적만을 좇는 이야기가 아니라 수많은 등장 인물의 사건이 유기적으로 짜여진 이야기가 적당하다.

두 작품 모두 주제를 변형하고 있지만, 원전의 주제인 '무조신으로의 좌정'은 드러나지 않는다. 〈바리공주〉 신화를 개작하여 아동 독자에게 제공한다면 원전의 주제를 어떤 형태로든 드러내어, 그 연관성을 유지하려는 노력은 필요하리라고 생각된다.[9]

2) 이야기 구조 분석

(1) 이야기 구조 비교

무속신화 〈바리공주〉는 현재까지 전국적으로 채록, 전승되고 있지만 각 지역마다 전승되는 이야기 구조는 조금씩 차이를 보인다.[10] 그 중 동해안・경상도 지역의 내용과 각 지역별 공통 내용, 그리고 연구 대상

9 〈바리공주〉의 유아용 개작 작품 중 '한림'의 경우에는, '시공주니어'와 마찬가지로 '효'를 중심 주제로 삼고 있지만, 마지막 부분에 신으로 좌정되는 내용을 담고 있는 것이 주목된다.

10 홍태한(1997)은 무속신화 〈바리공주〉를 유사한 이야기 구조를 보이는 지역별로 다시 분류하여 서울・경기・충청도를 묶은 중서부 지역과 강원・경상도를 포함한 동해안・경상도 지역, 그리고 전라도 지역과 북한 지역 등 4지역으로 구분한다. 이 글에서의 지역 분류 및 지역별 내용은 이를 참고한다.

〈표 2〉 동해안·경상도 지역 서사무가 〈바리공주〉와 개작 작품의 이야기 구조

동해안·경상도 지역	지역 공통	시공주니어	대교
1. 바리공주 부모가 혼인한다.	○	기혼인	부모의 전생, 혼인 문복 내용
2. 연이어 딸 여섯딸을 낳는다.	○	○	○
3. 아들을 낳기 위해 공을 들인다.		○	자식을 하나도 낳기 전부터 공을 들인다.
4. 바리공주를 낳기 전 태몽을 얻는다.		○	○
5. 일곱 번째도 딸을 낳는다.	○	○	○
6. 딸이라는 이유로 버림을 받는다.	○	❶ 산속 ❷ 돼지우리, 구렁이굴 ❸ 강 (상자)	❶ 후원 ❷ 수미산
7. 구출자가 바리공주를 구해낸다.		산골할아버지 내외	청학
8. 양육자가 바리공주를 양육한다.		구출자와 동일 인물	수미산 산신령, 동물친구들
9. 바리공주가 주위의 도움으로 글공부를 하며 성장한다.			○
10. 바리공주 부모가 병에 걸린다.	○	父 원인 ×	母→父 원인 : 딸을 버린 화병
11. 병에 필요한 약이 약수임을 알게 된다.	○	○	○
12. 바리공주가 부모를 만난다.	○	○	○
13. 여섯 딸에게 구약을 부탁하나 모두 핑계 대고 거절한다.	○	○	○
14. 바리공주가 약수물을 구하러 간다. (남장)	○	부모가 청함	부모가 말림
15. 바리공주는 조력자를 만나 강을 건너가는 길안내를 받는다			○
16. 바리공주는 도중에 두 가지 이상의 과업을 해결한다.		❶ 밭가는 할아버지 ❷ 나무꾼 ❸ 빨래하는 아주 머니	❶ 대웅전 스님-환대 ❷ 밭가는 농부 ❸ 바둑두는 스님-모른척 ❹ 빨래하는 마고할미 ❺ 염주 만드는 아낙 ❻ 베짜는 여인 ❼ 去, 火, 氷, 水, 발설, 독사, 좌충, 거해, 철산지옥
17. 바리공주는 약수 지키는 '동수자'를 만나다.		댕기머리 총각	○
18. 바리공주는 여자임을 감추려 하나 결국 여자임이 탄로난다			○
19. 바리공주는 약수를 얻기 위해 일정한 대가를 행한다.	○	아들 3명	아들 3명
20. 바리공주가 약수탕을 다녀온다.		댕기머리 총각과 함께	혼자
21. 바리공주는 약수탕에 다녀 오는 도중에 도움을 받는다.			
22. 바리공주는 언니들의 방해를 물리친다.			○
23. 바리공주가 부모를 살려낸다.	○	○	○

24. 바리공주가 부모 살린 공을 인정받아 신이 된다.	○		북두칠성
25. 바리공주 외 다른 사람들도 공덕을 인정받는다.			3아들 : 불라국 왕 6공주,바리공주 : 북두칠성 동수자 : 신선 북두칠성 관련 후일담 1편

이 되는 개작 작품의 이야기 구조를 살펴 보면 〈표 2〉와 같다.

〈표 2〉에서 보듯이 총 25개의 내용 중 지역 공통 내용을 제외한 13개의 내용은 동해안・경상도 지역의 특징적 내용이라 할 수 있다. 하지만 상기한 바와 같이 개작자가 특정 연령대 독자의 특성과 대상 독자에게 전달하고자 하는 주제의 변형에 따라 개작 작품의 이야기 구조는 달라지게 된다.

'시공주니어'는 동해안・경상도 지역의 이야기 구조를 원전으로 삼는 듯 보이나 생략되거나 변형된 부분이 많다. 구약 여행 과정이나 동수자로 예상되는 '댕기 머리 총각'과 관련된 내용으로만 원전 지역을 추정할 뿐이다. '시공주니어'의 이야기 구조는 동해안・경상도 지역의 이야기 구조를 중심으로 단순화되어 배열되며, 추가된 내용은 보이지 않는 대신 생략되거나 요약된 내용만 눈에 띈다.

초등학교 고학년용 개작 작품인 '대교'를 보면 동해안・경상도 지역의 이야기 구조를 하나도 빠짐없이 모두 포함하고 있다. 이에 더해 북한 지역과 중서부 지역의 이야기 구조에서 차용하여 덧붙인 부분과 다양한 사건과 인물을 새롭게 추가한 부분이 보인다.

(2) 유아용—사건과 인물의 단순화

① 핵사건[11] 중심의 단순화

유아용 개작 작품인 '시공주니어'에서 가장 중심이 되는 핵사건은 바리공주와 부모와의 내용이다. 딸 많은 집에서 일곱째 딸이 태어나자 부모는 그 딸을 매몰차게 버렸지만, 부모가 병에 걸렸을 때 버린 딸이 약을 구해와 부모를 살리는 효행 내용이 이야기 전개 과정에서의 핵심이 된다. 주인공인 바리공주의 효행을 중심으로 단순하게 줄거리가 전개되기 때문에 그 외의 위성 사건과 관련된 부차적 인물이나 내용은 최소화 되고 있다.

'시공주니어'에서는 이미 부모가 혼인한 상태에서 이야기가 전개된다. 주인공인 바리공주의 탄생과 관련된 내용부터 본격적인 이야기가 시작되는 것이다. 부모가 병에 걸렸을 때의 득병 원인도 나오지 않고, '덜컥 큰 병에 걸린다'라는 문장만 나올 뿐이다. 부모와 관련된 사건은 모두 생략된 채 주인공인 바리공주와 관련된 내용만 간략하게 제시된다. 약수 관리자의 자세한 내용도 생략되었다. 물론 아들을 낳고 약수를 구한 후 승천하는 내용은 나타나 있지만 바리공주가 여자임을 밝히는 내기 과정이나 결혼, 출산 등에 대한 구체적인 부분은 보이지 않는

11 채트먼(1978)은 '핵사건(kernel)'은 서사 구조 내에서 연쇄적 흐름을 이루거나 우발성의 틀을 결정짓는 주요한 사건, '위성 사건(satellites)'은 핵사건을 보충하고 완성시키는, 플롯에서 생략이 가능한 사건이라고 정의한다. 또한 조동일(1969)은 이야기 전개상 필수적 부분으로 표면적 주제가 드러나는 공통 단락인 '고정체계면'과 부수적 부분으로 이면적 주제가 드러나는 변개 가능한 단락인 '비고정체계면'으로 분류한다. 조동일의 고정체계면은 둘 이상의 텍스트를 대상으로 비교하는 유형 분류에는 더 적합할 수 있지만 이 글의 목적은 이본의 비교가 아니므로 개별 텍스트 내에서 줄거리를 형성하는 핵사건이 더 적절한 용어라고 할 수 있다.

다. 그리고 버려진 바리공주를 구출하는 인물과 양육하는 인물은 한 인물로 동일하게 나타나며 양육자와 함께 한 바리공주의 성장 과정 역시 기술되지 않는다.

② 일반화된 인물

유아용 개작 작품인 '시공주니어'에서는 '큰부자', '댕기 머리 총각' 등 등장 인물의 고유한 신분과 명칭을 사용하지 않는다. 무속신화에서 바리공주의 신분은 주로 '공주' 같은 신성성을 부여받은 인물인데 반해 '시공주니어'는 '큰부자의 딸'이라는 일반적인 인물로 나온다. '버리데기'라는 이름도 버려졌기 때문에 붙여졌지만 누군가에 의해 이름이 지어졌는지 별칭인지 자세한 내용은 생략된 채 서술된다.

동해안 · 경상도 지역에서는 약수 관리자의 이름이 어디에서나 '동수자'로 일치하고 있는 양상을 보이는 것과 달리 '시공주니어'에서는 약수 관리자도 '댕기 머리 총각'이라는 보통 명사로 지칭한다. 하지만 약수를 얻는 대가로 아들 셋을 낳는다든지, 약수를 구하러 살던 집에서 멀리 떠난다든지, 귀환 전 댕기 머리 총각이 죄 사함을 받고 하늘로 올라간다는 내용 등은 동해안 · 경상도 지역에서 보이는 '동수자'의 일반적인 내용과 일치한다.

'시공주니어'의 주제가 '효'임을 볼 때, 주인공인 바리공주의 신분은 크게 중요하지 않다. 한 나라의 공주든, 큰 부자의 딸이든 부모에 대한 효는 신분의 고하를 막론하고 중요한 실천 덕목이기 때문이다. '동수자' 역시 이계(異界)에 살기는 하지만 신적(神的)인 요소가 상당 부분 제거된 '댕기 머리 총각'이라는 다분히 평범한 인물로 그려져 여타의 옛날 이야기에서 착한 효녀를 도와주는, 또는 결혼하는 보편적인 조력자로 등장할 뿐이다. 이는 '시공주니어'의 바리공주가 일반적인 가정의 효녀로 그려지고 있기 때문에 주변 인물도 그와 맥을 같이 하는 것이라 볼 수 있다.

이와 같이 '시공주니어'는 작품의 대상 독자가 유아이므로 주인공인 바리공주의 행적만을 단선적으로 부각시키기 위해 핵사건 중심의 이야기로 단순하게 구성하고 위성 사건들은 생략하거나 간단한 언급으로만 그쳤을 가능성이 크다. 유아는 독서를 통해 흥미를 갖는 요소가 한정되어 있으므로 집중할 수 있는 전형적인 주인공과 될 수 있으면 단순하고 간단한 사건, 그러한 사건의 빠른 전개 등을 갖고 있는 작품에 흥미를 갖기 때문이다.

(3) 초등 고학년용–사건과 인물의 다양화

① 위성 사건을 포함하는 사건의 다양화

'대교'의 앞부분에 주로 차용되어 추가된 북한 지역의 이야기 구조는 주로 바리공주 부모와 관련된 내용이다. 하늘나라에 살던 수차랑과 덕주아 부인이 죄를 짓고 인간 세상에 태어난다는 바리공주 부모의 전생 이야기는 북한 지역의 내용이고 여기에 유미 부인이라는 인물을 새롭게 창조하여 추가한다. 유미 부인은 덕주아 부인 즉 길대 부인과 바리공주의 대립선상에 위치하며 이야기 속에 등장하는 여러 인물들로 변신하여 나타난다. 길대 부인이 일곱 번째 딸을 임신했을 때 아들이라고 거짓말하여 환대를 받은 할머니, 바리공주의 구약 여행 중에 만나는 청태산 마고할미, 지옥성을 지나며 목격하는 죄인 등은 모두 유미 부인인 것이다. 이와 같이 바리공주 부모의 전생 이야기는 바리공주와 대립하는 유미 부인의 등장에 필연성을 제공한다.

아들을 낳겠다고 예언하는 할머니의 등장 내용이나 바리공주 부모가 결혼 후 오랫동안 자식이 없어 동물들의 새끼 있음을 부러워하는 내용, 아직 딸을 하나도 낳지 않았지만 자식과 관련된 공을 들이는 내용 등도 북한 지역의 내용을 차용한 것이다.

중서부 지역의 이야기 구조를 차용한 부분은 바리공주 부모가 혼인 전에 혼인하는 해에 대한 문복(問卜)을 하지만 결과를 무시하는 내용이다. 혼인 전 문복 내용은 중서부 지역에만 나타나는 내용으로 동해안·경상도 지역은 물론, '대교'에서 빈번하게 차용한 북한 지역에도 보이지 않는다.

이 밖에 다른 지역의 내용과 큰 관련성 없이 변형되거나 추가된 내용도 눈에 띈다. 먼저 바리공주의 구약 여행을 살펴보면 다분히 인간적인 과업과 과정이 주로 나온다. 과업을 요구하는 인물들도 바리공주를 시험하는 존재라기보다는 인간 세상의 일상적인 어려움과 괴로움을 호소하는 듯이 말하고 행동한다. 하지만 바리공주가 불가능한 과업을 행하는 과정에서는 초월적인 존재가 등장하거나 바리공주의 어릴 때부터 함께 했던 동물 친구들이 등장하여 바리공주를 도와준다. 그리고 결국 과업을 요구한 존재들은 죄 사함을 받는다.

또한 지옥성을 지나며 유미 부인을 포함한 여러 죄인들의 벌 받는 모습을 보고, 벌 받는 이유를 들은 바리공주는 그들에게 연민을 가지면서도 구원해 주지는 않는다. 지옥성을 지나며 죽은 자들의 극락왕생을 빌고 지옥성을 무너뜨리는 내용은 중서부 지역의 특징이고, 대부분 동해안 · 강원도 지역의 내용에서는 지옥성을 지나가는 내용이 나오지 않는다. 다만 '속초 탁순동본'[12]에서만 바리공주가 지옥을 지나가다가 벌을 받고 있는 여러 죄인들의 형상을 보고 그들이 죄를 받는 이유를 상세하게 듣는 내용이 나오는데, '대교'에서는 이 내용에 유미 부인이 벌을 받는 내용을 변형, 삽입하고 있다.

바리공주가 구약 여행을 하면서 해결하는 과제가 다분히 인간적인 과제로 나온다든지 바리공주가 지옥성을 지날 때 중서부 지역의 내용처럼 죄인들의 극락왕생을 빌어주는 장면이 보이지 않는 것은 '대교'의 주제가 무조신으로서의 좌정이 아니라 사람들이 이승에서 살아가는 것을 도와주고 베풀어 주는 바리공주의 '선행'이므로, 바리공주가 직접 신적인 능력을 발현하거나 죽은 자들을 위하는 내용을 제한하고 이승에서 죄를 짓지 않도록 도와주는 방향으로 이야기가 전개되었다고 볼 수 있다.

동수자가 하늘로 승천한 후의 이야기도 추가된다. 동해안 · 강원도 지역에서의 동수자는 바리공주와 아들 셋을 낳고 죄사함을 받아 하늘로 돌아가지만 '대교'에서는 이렇게 혼자 하늘로 승천한 것 역시 또 다시 동수자가 죄를 지은 것이라고 나타난다. 그래서 타인을 도와주는 선(善)의 상징인 바리공주는 또다시 죄값을 치르는 동수자를 찾아가 동수자가 죄사함을 받고 신선이 되는 데 도움을 준다.

12 '속초 탁순동본'은 동해안 · 경상도 지역의 내용 중에서도 특이한 성격을 가진 이본으로 분류된다. 홍태한, 「서사무가 바리공주 연구」, 경희대 박사논문, 1997, 37쪽 참조.

무조신화의 성격을 가지고 있는 바리공주가 무조신으로 좌정하는 것이 대부분의 지역에서 보이는 결말이지만, 동해안·경상도 지역의 이본 중 7개[13]의 결말은 바리공주가 북두칠성이 되는 결말을 가지고 있다. '대교'의 결말도 바리공주가 6공주와 함께 북두칠성이 되는 내용으로, 북두칠성이 되기 전후 7공주가 사람들을 도와주는 에피소드가 각각 1편씩 덧붙여지며 독자에게 북두칠성이 된 바리공주의 구체적인 행적과 의의를 반복하여 강조한다.

이와 같이 동일한 동해안·경상도 지역의 이야기 구조를 원전으로 삼지만, 유아용 개작 작품은 줄거리를 중심으로 한 핵사건 위주로 이야기 구조가 배열되고 위성 사건은 부가되지 않는 단순한 구조를 갖는다. 반면 초등학교 고학년용은 풍요로운 이야기를 위해서 핵사건 이외에 다양한 위성 사건들을 추가한다. 이처럼 각 연령대 독자 특성이라는 담화 요인에 따라 개작 작품의 이야기 구조가 각각 달라지는 양상을 보인다.

② 다양한 성격의 인물

초등학교 고학년용 개작 작품인 '대교'는 바리공주의 '선행'이라는 주제에 맞춰 다양한 내용을 변형하거나 추가시켜 이야기를 전개하고, 바리공주의 이미지는 무조신으로서의 존재보다는 일반 백성들이 손쉽게 도움을 청할 수 있는 존재로 형상화된다. 효행을 기저에 두고 있긴 하지만 다른 사람들을 끊임없이 도와주고 연민과 애정을 가지고 있는

13 동해안·경상도 지역 총 12개 이본 중 '통영 박복개본', '강릉 송명희본', '영일 김복순본', '영일 김석출본', '명주 신석남본', '속초 탁순동본', '동래 김경남본' 등 7개의 이본이 그것이다. 홍태한, 앞의 논문, 45쪽.

바리공주의 모습을 강조하기 위해 바리공주를 중심으로 다양한 각도에 위치하고 있는 인물과 사건을 끊임없이 등장시키고 바리공주는 이렇게 다양한 인물들을 모두 선한 마음으로 포용하는 언행을 보인다.

초등학교 고학년 시기의 독자는 모험 중에서도 다양한 인물이 등장하여 주인공이 역경을 극복하는 내용에 흥미를 느낀다. 바리공주의 구약 여행은 모험 여행과 비슷하여 유미 부인 뿐 아니라 다양한 인물군(群)이 나온다. 이 시기의 독자에게는 서사적 구조의 유기성이 긴밀하게 나타난 내용이 신화의 환상성과 함께 중요한 흥미 요소로 작용됨에 따라 작품에 나타나는 내용이나 사건에 대해 더욱 다양하고 개성있는 성격의 인물이 등장하는 것이 좋다. 사회적인 사고가 확장되는 양상을 보이기 때문에 여러 사건의 전개와 그로 인한 인물과 인물과의 갈등, 인물과 사회와의 갈등, 자신과의 갈등, 그리고 갈등을 해결하는 다양한 관점 등의 여러 요소가 들어 있어야 한다. 이러한 역경을 이기고 극복한 주인공의 모습에 이 시기의 독자는 흥미를 느끼며 공감하기 때문이다. 따라서 '대교'에서는 다양한 인물과 사건이 구약 여행 과정에 집중되어 등장하고 있음을 볼 수 있다.

3. 문체

문체란 작가가 선택한 단어의 총체로서 작가가 말하고자 하는 것을 나타내는 언어 표현 방법을 말한다.[14] 문학 작품은 언어를 통해 가치관

14 손수자, 「동화의 문체적 특성연구」, 『어문학교육』 제20집, 1998, 137쪽.

과 세계관을 전달하고 있기 때문에 작가는 누구를 대상으로 하는가, 어떤 목적으로 쓰는가, 어떤 성격의 글인가 등을 고려하여 작품의 상황과 의도에 맞는 문체를 선택한다. 이는 문체 또한 담화의 요인에 해당함을 의미한다.

개작 작품의 문체도 대상 독자의 연령대에 맞춰 선택되어야 한다. 독자 연령대에 따라 각기 다른 문체를 사용하는 것은 동일한 이야기를 전달하더라도 그 표현되는 언어가 구성되는 이야기에 영향을 미치고 나아가 각 연령대별 독자가 받아들이는 독서의 효과에도 차이를 주기 때문이다.

1) 유아용–청자 지향적 구어적 문체

유아 시기에는 자신이 소리 내어 책을 읽거나 다른 사람이 책을 읽어 주는 것을 들으며 독서하는 방식이 많이 사용된다. 이러한 음독 중심의 독서는 유아에게 문자와 음성의 관계를 알게 해주기 때문에 이 시기 유아에게 제공되는 작품에는 단어, 문장, 소리의 표현력 등이 중요하게 고려되어야 한다.

유아용 작품은 낭독했을 때 독자에게 친근감이 느껴지는 청자 지향적인 구어적 종결체[15]를 주로 사용한다.

15 국어에는 여러 종류의 종결 어미가 있다. 종결 어미는 문장의 유형을 결정하는 문법적 기능을 가진 것으로 논의되어 왔지만, 종결 어미들 간에는 단순히 문법적 기능만으로는 설명할 수 없는 미묘한 차이를 느낄 수 있다. 어떤 유형으로 문장을 끝맺느냐에 따라 독자에게 전달되는 의미와 의도가 달라질 수 있기 때문이다. 종결체에 대해서는 장경현, 「국어 문장 종결부의 문체 특성 연구」, 서울대 박사논문, 2006 참조.

하늘은 '번쩍, 우르르, 꽝꽝꽝!' 천둥 번개로 그렇다고 대답했어요.

그제서야 버리데기는 어머니를 부둥켜 안고 울었답니다.

—'시공주니어'의 『버리데기』, 11쪽

시공주니어'에는 '~요'와 '~답니다' 종결체가 쓰인다. '~요'는 구어에 가까우므로 낭독에 적합하고, '~다' 나 '~ㅂ니다'종결체와 달리 모음으로만 이루어져 있어 리듬을 타기 쉽다. 이는 곧 청자인 독자를 염두에 둔 청자 지향적 종결체라 할 수 있다.

'~답니다' 종결체는 단순한 서술인 '~다'와 '~ㅂ니다' 종결체와는 달리 청자가 모르는 새로운 정보를 화자가 전해준다는 의미를 포함한다. 위 인용문에서 '~울었답니다'는 '~울었다고 합니다'에서 '-고 하-'가 탈락된 축약형 융합 구문으로, 화자가 이미 알고 있는 것을 객관화하여 청자에게 다시 일러 줌을 나타낸다.[16] 이는 책을 쓴 작가나 책을 읽어 주는 화자가 알고 있는 이야기를 독자 또는 청자에게 말로 들려주는 듯한 효과를 주며 '~다' 형태의 문장을 대신하여 독자에게 친근하고 정답게 표현되는 종결체라 할 수 있다.

아래 인용문을 보면 '응애응애', '무지무지', '고래고래', '냉큼', '척척척', '쓱쓱' 등의 의태어, 의성어 반복[17]이 눈에 띈다. 그리고 '~서천시약산이 어디예요?', '~면 가르쳐 주지', '그러자 ~는 ~한테 물어보래요' 등 동일한 통사 구조로 되어 있는 문장 반복의 형태도 빈번하게

16 이지양, 『국어의 융합현상과 융합형식』, 태학사, 1998, 194~205쪽 참조.

17 의성어나 의태어에서 주로 보이는 반복은 동일한 음절의 반복이기도 하다. 음절 반복은 의미적인 면 못지 않게 독자나 청자의 마음에 어떤 인상을 지워주고 감정을 환기시켜 주는 효과가 있다.

나타난다.

그런데 이를 어쩔거나.

응애응애, 아이를 낳고 보니 또 딸이었어요.

무지무지 화가 난 부자가 고래고래 소리쳤어요.

—'시공주니어'의 『버리데기』, 3쪽

"(할아버지/아저씨/아주머니, 할아버지/아저씨/아주머니), 서천 시약산이 어디예요?"

"(넓고 넓은 이 밭을 다 갈아 주면/이 산 저 산 나무 다 해 주면/태산 같은 이 빨래 다 해주면) 가르쳐 주지."

버리데기는 (냉큼 고삐를 잡고 넓고 넓은 밭을/냉큼 도끼를 들고 이 산 저 산 나무를/두 팔 쓱쓱 걷고 태산 같은 빨래를) 척척척 다 (갈았어요/했어요).

그러자 아홉 들판 끝에 있는 (나무꾼/아주머니/댕기 머리 총각)한테 물어보래요.

—'시공주니어'의 『버리데기』, 13~18쪽

이야기를 예측하는 즐거움을 느낄 수 있는 단어나 특정한 문법적 형태의 반복은 이야기의 전체 구성과 내용을 각인시켜 기억하게 하는 독서의 효과와 함께 소리 내어 책을 읽을 때나 읽어 주는 것을 들을 때 재미를 느낄 수 있는 리듬감을 형성한다.

이렇듯 구어적인 서술 표현은 위의 인용문에서 보이는 '그런데 이를 어쩔거나'와 같이 서술자의 감정이 섞인 감탄문을 곳곳에 사용하는 것도 포함된다. 이는 화자와 청자가 실제로 이야기를 할 때 습관적으로 사용하는 간투사나 추임새 등과 같이, 작가가 독자에게 이야기를 직접 들려주는 듯한 효과를 주는 구어적인 장치이다.

또한 '아이를 낳고 보니 또 딸이었어요'나 '그러자 아홉 들판 끝에 있는 나무꾼한테 물어보래요', '넓고 넓은 이 밭을 다 갈아 주면 가르쳐 주지'와 같이 '큰 부자가~', '할아버지가~', '네가~' 등의 중복되거나 불필요한 주어가 생략되는 경우가 많이 보이는데 이 또한 마주 보고 대화를 할 때 화자와 청자가 인지하고 있는 주어를 관습적으로 생략하는 현상과 동일하다. 뿐만 아니라 이러한 문장 성분의 생략은 속도감 있게 대사나 사건을 진행시키는 데에도 도움을 주어 유아에게 빠른 이야기의 전개를 효과적으로 전달할 수 있다.

2) 초등 고학년용–화자 지향적[18] 문어적 문체

초등학교 고학년 시기는 음독 중심의 언어 표현보다 의미 중심의 묵독에 알맞은 언어로 표현된 작품이 더 효과적이다. 내용이나 주제를 전달하려는 목적이 더 크게 나타나기 때문에 책을 읽을 때 음성적인 흥미보다는 의미를 이해하는 데에서 흥미를 느끼는 장치들이 사용된다.

먼저 종결체를 살펴보면 '대교'는 문자 텍스트의 기본 문체(Basic Style)인 '~다' 종결체를 사용한다. '~다' 종결체는 청자인 독자보다는 화자 지향성이 강하며 논리적 전개의 정확하고 객관적인 의미 전달을 중요

18 여기서 '화자 지향적'이란 청자(독자)를 배제한다는 의미가 아니라 청자(독자)의 상태를 염두에 두지 않고 중화하여 객관적으로 표현한다는 뜻이다. 장경현, 앞의 논문, 18~21쪽 참조.

시하는 내용에 주로 쓰인다. 이와 같이 초등학교 고학년용 작품은 내용과 의미 중심으로 읽기에 알맞은 문어체가 중심이 된다.

> 얼마쯤 가니 시퍼런 물이 굽이치는 강이 나타났다. 그런데 어찌나 넓은지 바다처럼 보였고 물살은 깊은 산속 폭포의 회오리만큼이나 빨랐다.
>
> —'대교'의 『바리공주』, 125쪽

> 자기를 잘 알아보지도 못하던 오구대왕이 떠오르자 눈물이 핑 돌았다. 부모님을 만나 뼈에 사무치는 외로움에서 벗어났다고 생각하는 순간, 아버지 오구대왕은 세상을 떠날 준비를 하고 있었다.
>
> …… 동수자는 도무지 양보할 수 없는 내기만 걸어왔다. 짐짓 져 주고 싶었지만, 옷을 벗으라니 절대로 못할 일이었다. 연못 속에서 빨갛고 노란 금붕어들이 바리공주에게 이야기를 걸듯이 입을 빠끔거리면서 올려다보고 있었다.
>
> —'대교'의 『바리공주』, 139쪽

위와 같이 장면이나 등장 인물의 심리를 나타내는 묘사가 자세하고 길게 나타남에 따라 그 부분을 접하는 독자의 의식은 느리게 진행되고 독자는 그 내용을 주의깊게 읽게 된다. 이야기의 시간은 정지했지만 담화의 시간은 계속 이어지기 때문이다.[19] 강에 다다른 바리공주의 행동은 멈췄지만 바리공주가 바라보는 강을 묘사하는 문장은 강의 모습과 바리공주의 심정을 복합적으로 나타내주고 있다. 또 동수자의 집에서

19 채트먼, 한용환 역, 앞의 책, 249쪽 참조.

연못의 물고기를 바라보는 바리공주의 머릿속에는 병에 걸려 사경을 헤매는 부모의 모습과 내기를 거는 동수자의 이해 못할 행동에 대한 고민이 가득하다.

자세하고 명료하게 묘사된 문장에는 비유적 표현을 사용하여 독자가 문장을 통해 의미를 이해하고 흥미를 느낄 수 있게 한다. 구체적인 장면이나 인물의 양상과 갈등을 제시하는 데 있어 자세한 심리 묘사나 외양 묘사 등은 다양한 인물을 중심으로 하는 내용에 관심을 보이는 초등학교 고학년의 흥미 요소에 부합한다고 볼 수 있다.

> "인간 세상에서 나는 것은 백약1)이 다 소용없습니다. 서천서역국2)에 가면 약수가 있는데, 대왕님 피를 이어받은 공주가 길어온 약수를 드시기만 하면 곧 나으실 것이옵니다."
>
> 1) 백약 : 모든 약, 2) 서천서역국 : 인도의 옛 이름
>
> —'대교'의 『바리공주』, 60쪽

또한 초등학교 고학년용 작품에서는 위와 같이 주석을 사용한 단어가 본문에 보인다.[20] '대교'에서 각주로 표시된 단어는 '식경(食頃)', '간택(揀擇)', '추상(秋霜)같다' 등의 한자어나 '천수경(千手經)', '지장보살(地藏菩薩)', '발우(鉢盂)' 등과 같은 불교 용어들로 한정된다.[21] 이는 이 시기

20 이렇게 책의 아래 부분이나 옆 부분에 제시되는 주석은 초등학교 고학년 시기의 아동을 대상으로 한 작품에서부터 보이는 것이 적당하다. 책을 유창하게 읽는 것은 내용의 의미를 정확하게 이해하고 추론, 비판할 수 있다는 것을 의미하기도 하지만, 왼쪽에서 오른쪽으로 글을 읽는 눈동자의 움직임이 주석이 제시된 책의 아래나 옆 부분으로 자유롭게 이동했다가도 자신이 읽던 부분으로 자연스럽게 연결되는 신체적인 발달 단계를 함께 의미하기도 한다.

21 다만 위의 인용문에서와 같이 '대교'에서는 이러한 단어들이 한자가 병기되지 않고 한글로만 제시

의 어휘 능력이 생활 어휘에서 벗어나 다양한 내용의 추상어나 전문어를 이해하기 시작한다는 것을 의미한다.[22] 자신이 경험하는 생활에서 확장된 내용의 독서를 통해 접하게 되는 어휘의 종류와 난이도도 함께 확장되기 때문에 상대적으로 빈번하게 보이는 한자어나 전문어, 추상어에 대해 주석을 활용하는 방법 또한 이 시기 개작 작품의 특성이라 할 수 있다.

이와 같이 동일한 작품을 개작하는 데 있어서 대상 독자의 연령대에 따라 각기 다른 문체를 고려하여 사용하여야 한다. 이것은 문체 또한 개작 작품에서 보이는 담화 구조의 한 부분이라는 것을 알 수 있다.

4. 담화 시간

〈바리공주〉의 연령대별 개작 작품은 이야기 구조의 변화 뿐 아니라 개작자가 이야기를 서술하는 담화 시간에도 차이를 보인다. 앞장에서도 살펴보았듯이 개작 작품에서의 이야기 구조 자체에도 이미 담화적인 측면이 존재하여 변화가 이루어지지만 이러한 이야기 구조의 구체적인 서술에서는 담화적 차이가 더 명확하게 드러난다. 각각의 이야기 구조가 서술되는 분량은 그 작품이 어떤 부분을 강조하여 독자에게 제시하고 있는가를 보여 준다. 개작자가 가장 많은 분량을 할애한 내용이 그 작품

된다.

22 Wood(1992)의 '자립독서기'의 특징 중 하나는 이 시기의 독자들은 보다 어려운 단어가 많은 글을 대하게 되고, 교과서에서도 추상어나 개념어가 급속히 증가한다는 것이다.

에서 가장 강조하는 부분이라 판단할 수 있기 때문이다. 개작자가 의도적으로 할애한 분량의 증가는 사건이나 인물의 추가로 인할 수도 있지만, 묘사와 같은 문장을 서술하는 문체에서도 그 조정이 가능하다.

물론 편집이나 출판과 관련된 요인으로 표면적인 분량이 늘어나는 경우가 있어 단순하게 페이지를 비교하는 것은 위험이 따른다. 하지만 이 글의 연구 대상이 되는 〈바리공주〉 개작 작품 경우 페이지 분량은 단순히 편집상의 테크닉이 특이하게 담화 시간에 간섭하는 부분이 없고[23] 앞장에서 논의한 이야기 구조나 문체상 특징의 영향이 크다.

대상 연령대에 따라 글씨 크기나 삽화 유무 또는 삽화 비율의 차이, 전체 분량의 차이가 있기 때문에 작품의 절대적인 페이지수를 분석하는 것은 의미가 없다. 그러므로 이 글에서는 한 작품 안에서 각 이야기 구조가 차지하는 페이지 비율을 비교하여 연령대별 개작 작품의 이야기 구조와 문체 등의 특징이 표면적으로 드러난 담화 시간을 살펴보고자 한다.

〈표 3〉을 보면 '시공주니어'에서는 23. 부모 회생이 16. 구약 여정과 동일한 비율로 가장 크게 나타나는데, 이 두 내용의 특징은 내용의 반복과 동시에 비슷한 형태의 문장이 반복된다는 것이다. 유아용 작품의 특징인 반복을 통해 증가된 분량은 부모를 살리기 위해 고행을 감수하여 결국 부모를 살리는 바리공주의 효행이라는 주제를 강조한다. 그 다

23 연구 대상 작품의 형태적 특성을 살펴 보면 '시공주니어'는 일반적인 유아용 도서의 글씨 크기인 14포인트를 사용한다. '대교'의 글씨 크기는 12포인트를 사용하고 삽화도 전체 분량의 20~25% 정도를 차지해 일반적인 초등학교 고학년용 도서의 형태와 차이가 없다. 또한 두 작품 모두 본문 내용 내 해설이나 설명을 위한 페이지는 삽입되지 않았으므로 이야기에 해당하는 페이지 분량이 담화 시간을 반영한다고 볼 수 있다.

〈표 3〉〈바리공주〉 개작 작품의 담화 시간 비율(%) 분석[24]

서명 / 이야기 구조	버리데기/시공주니어		바리공주/대교	
	페이지수	비율	페이지수	비율
1	0.5	1.66%	8	4.18%
2	1.5	5.00%	8	4.18%
3	0.5	1.66%	9	4.71%
4	0.5	1.66%	2	1.04%
5	1	3.33%	6	3.14%
6	3	10.00%	10	5.23%
7	/	/	2	1.04%
8	1	3.33%	1	0.52%
9	/	/	2	1.04%
10	0.5	1.66%	3	1.57%
11	0.5	1.66%	1	0.52%
12	1	3.33%	13	6.80%
13	1	3.33%	5	2.61%
14	1	3.33%	2	1.04%
15	/	/	7	3.66%
16	6	20.00%	44	23.03%
17	0.5	1.66%	4	2.09%
18	/	/	11	5.75%
19	1.5	5.00%	4	2.09%
20	4	13.33%	6	3.14%
21	/	/	/	/
22	/	/	7	3.66%
23	6	20.00%	6	3.14%
24	/	/	8	4.18%
25	/	/	22	11.51%
합계	30	100%	191	100%

음은 20. 꽃과 약수를 얻는 내용과 6. 바리공주가 버려지는 내용 순서로 큰 비율을 차지한다.

이렇듯 많은 비율을 보이는 4개의 내용은 모두 '반복'이라는 문체적 특성에 의해 이 작품의 주제인 '효'를 강조하고 있다. 반복하여 바리공주를 버리는 내용이나 구약 여행에서 반복되는 2가지 이상의 비슷한 과업들, 부모를 살리는 4개의 약을 얻는 과정, 4개의 약으로 부모를 살리는 과정 등은 비슷한 상황이 연달아 반복되어 독자에게 리듬감 있게 내용을 각인시켜 기억하게 한다. 그리고 부모가 그렇게도 모질게 유기한 딸이, 부모를 위해 고행 길을 마다 않고 어렵게 약수를 구해 부모를 살린다는 내용이 가장 많은 분량을 차지하면서 독자에게 바리공주의 효행을 강조하는 역할을 한다.

유아용 그림책의 특징은 글자와 그림을 함께 감상하고 그로 인해 내용을 이해하는 데 있다. 한 페이지 혹은 펼쳐진 두 페이지에 걸쳐 내용에 맞는 그림이 함께 있어서 그림책 독자는 펼친 페이지에 나타난 글의 내용과 그림의 내용을 함께 감상하고 이해한다. 그렇기 때문에 같은 내용이더라도 표현된 페이지의 분량에 따라 담화 시간은 차이가 있게 된다. 유아용에서는 묘사와 같은 정태 진술[25]보다는 동일한 인물의 간단한 행위나 대화 등의 행위 진술의 반복을 통해 또는 문장과 연관된 삽화에 따라 페이지가 늘어나기도 한다.

'대교' 또한 가장 큰 비율을 보이는 곳은 16. 구약 여정이다. 앞장의 〈표 2〉에서 볼 수 있듯이 '대교'에서는 구약 여행 과정에서의 에피소드

---

24 이야기 본문과 관련된 삽화만 있는 페이지는 포함하지만, 설명 및 해설 페이지는 제외한다. %는 소수점 둘째 자리까지 취하고 나머지는 버림으로 한다.

25 정태 진술(stasis statement)은 '~이다'(is)의 양식으로 상태를 표현한다. 행위 진술(process statement)은 '~하다'(do)의 양식으로 행위와 발생과 같은 서사의 경과를 의미한다. 채트먼, 한용환 역, 앞의 책, 34~36쪽 참조.

의 개수가 모두 7개나 된다. 7개의 에피소드마다 각기 다른 인물이 등장하여 각기 다른 사건이 만들어지고 해결되며 구약 여행이 진행된다. 두 번째로 큰 비율을 차지하는 내용은 25. 바리공주 외 다른 사람들도 공덕을 인정받는 부분이다. 부모의 회생 이후 바리공주와 6공주의 선행과 3아들, 동수자, 북두칠성이 되는 전과 후의 이야기가 각기 자세히 서술되어 많은 분량을 차지한다. 그 다음으로 많은 분량을 차지하는 12. 바리공주가 부모를 만나는 내용이나 18. 바리공주가 동수자에게 여자임이 탄로나는 내용 등은 상대적으로는 큰 비율을 차지하지만, 절대적인 수치는 현저히 낮아 큰 의미가 없다.

이렇듯 앞의 두 부분만 현저히 큰 비율을 차지하는 것은 '대교'의 주제가 바리공주의 '선행'이므로 구약 여행을 하는 동안 만나는 여러 인물들의 각기 다른 어려움과 처지를 이해하고 보듬어 안는 바리공주의 모습을 부각시키고, 자기와 대립각에 있던 인물들까지 용서하며 포용하는 내용을 강조한 것이라 볼 수 있다.

유아용과는 달리 초등학교 고학년용 작품은 등장하는 인물군 또한 다양한 양상을 띠고 등장 인물이 추가됨에 따라 주인공의 관계망이 확대되어 그에 따라 관련된 사건이 늘어나고 작품의 의미도 심화된다. 그리고 사건에 대한 자세한 서술과 함께 묘사와 같은 정태 진술을 통해 사건의 맥락과 분위기를 상세히 표현하여 분량을 확장한다.

이야기 구조와 문체 등에 의한 표면적인 담화 시간의 차이는 같은 이야기더라도 개작가가 특정 연령대의 독자에게 전달하고자 하는 주제에 따라 내용을 선택하고 독자에게 맞는 문체를 사용하여 이야기 시간을 의도적으로 길거나 짧게 서술하는 담화 시간의 조정으로 독자에게 전달하고자 하는 각각의 메세지를 부각시키는 효과가 있다.

5. 결론

개작 작품에 있어 대상 독자 연령대가 구분된다는 것은 개작시 대상 독자층에 대한 다양한 고려가 담화 요인으로 작용하여 각각의 연령대 독자에 따라 전달하고자 하는 주제나 선택된 원전의 이야기 구조, 그에 따른 등장 인물과 배경, 표현되는 언어 등이 함께 달라진다는 의미를 포함한다. 무속신화 〈바리공주〉의 개작 작품은 유아용과 초등학교 고학년용의 차이가 확연히 드러난다. 연령대별 대상 독자의 특성이라는 담화 요소에 따라 주제, 이야기 구조, 문체, 담화 시간 등이 다양하게 변형되어 재배열됨을 알 수 있다.

이러한 복합적인 담화의 특성은 앞으로도 가치 있는 문학 작품이 연령대별 독자에 적합한 다양한 개작 작품으로 꾸준히 재창조될 수 있는 가능성을 제시한다.

이 글은 무속신화 〈바리공주〉라는 한 작품을 중심으로 이야기 구조와 담화 구조를 중심으로 연령대별 개작 작품의 개작 양상을 살펴 본 것이므로 이 한 작품의 분석 결과로 연령대별 개작 기준을 일반화시켜 제시하는 데에는 한계가 있다.

하지만 아동을 대상으로 한 다양한 개작 작품이 활발하게 생산되는 데 있어 연령대별 개작 기준을 마련하는 데에는 도움이 되리라 기대한다. 명확한 연령대별 개작 기준이 만들어지고, 이에서 나아가 일반적인 도서의 대상 연령 기준이 명확한 준거에 의해 제시되는 일은 앞으로의 연구 과제가 될 것이다.

참고 문헌

[기본자료]

박운규, 『버리데기』, 시공주니어, 2006.

최창숙, 『바리공주』, 대교, 2005.

[논문 및 단행본]

고영근, 「민족 문학 작품과 서사시제」, 『관악어문연구』 33, 서울대 국어국문학과, 2008.

서대석, 「바리공주 연구」, 『한국 무가의 연구』, 문학사상사, 1980.

손수자, 「동화의 문체적 특성 연구」, 『어문학교육』 20, 1998.

송성욱, 『조선시대 대하소설의 서사문법과 창작의식』, 태학사, 2003.

신헌재 외, 『독서교육의 이론과 방법』, 박이정, 2006.

윤신원, 「〈바리공주〉의 연령대별 개작 양상」, 가톨릭대 석사논문, 2009.

_____, 「초등학교 저학년 동화 문체 분석」, 『어린이문학교육연구』 12-2, 2011.

윤신원 · 이지양, 「〈바리공주〉의 유아용 개작 작품 특성 연구」, 『어린이문학교육연구』 12-1, 2011.

이익섭 외, 『국어문법론』, 학지사, 1993.

이지양, 『국어의 융합현상과 융합형식』, 태학사, 1998.

이현숙, 「바리공주 무가연구」, 한국교원대 석사논문, 1994.

장경현, 「국어 문장 종결부의 문체 특성 연구」, 서울대 박사논문, 2006.

정옥년 외, 『독서력 발달 지도』, 가톨릭문화원, 2001.

조동일, 「흥부의 양면성」, 『계명논총』 5, 1969.

주창윤, 『영상 이미지의 구조』, 나남, 2005.

천경록, 「읽기의 개념과 읽기 능력의 발달 단계」, 『청람어문학』 21, 1999.

한국독서학회, 『21세기 사회와 독서지도』, 박이정, 2006.

홍태한, 「서사무가 바리공주 연구」, 경희대 박사논문, 1997.

Appleyard, J. A., *Becoming a reader-The experience of fiction from childhood to adulthood*, Cambridge Univ. Press, 1990.

Chatman, S., *Story and Discourse*, 1978; 한용환 역, 『이야기와 담론』, 푸른사상, 2006.

Genette, G., *Narrative Discourse*, 1980; 권택영 역, 『서사담론』, 교보문고, 1992.

RimmonKenan, S., *Narrative Fiction*, 1983; 최상규 역, 『소설의 현대시학』, 예림, 2003.

아동문학의 언어학적 문체 특성

독자요인과의 관련성을 중심으로

윤신원

1. 서론

문체란 작가가 선택한 단어의 총체로서 작가가 말하고자 하는 것을 나타내는 언어 표현 방법을 말한다(손수자, 1998 : 137). 그러므로 같은 내용이더라도 작가에 따라 표현하는 언어는 다르게 나타난다. 작가는 작품의 대상이 누구인가, 어떤 목적으로 쓰는가, 어떤 성격의 글인가 등을 고려하여 상황과 의도에 맞는 문체를 선택한다.

그 동안 문체에 대한 연구는 작가 또는 작품 중심으로 이루어져 왔고 작품의 대상이 되는 독자를 고려한 문체 연구는 찾아보기 어렵다. 특히 아동용 작품에서는 대상 독자의 연령대를 염두에 두고 문체가 선택되어야 한다. 독자 연령대에 따라 각각 다른 문체를 사용하는 것은 동일한 내용을 전달하더라도 표현되는 언어에 따라 다르게 구성되는 이야기에 영향을 주고 나아가 각 연령대별 독자가 받아들이는 독서의 효과에도 차이를 주기 때문이다.

하지만 아동용 작품에서 문체에 대한 언급은 특정 작가나 작품을 중심으로 이루어지거나 동화[1] 장르의 특성을 정의하는 내용에 덧붙여 매우 포괄적이고 간략하게만 제시된다. 연령대별로 각각 다른 아동의 발달 단계에 따라 동화의 문체적 특성을 세분화하여 제시한 연구는 이루어지지 않았다. 연령별로 적합한 독서 자료의 기준은 분명히 존재하겠지만, 현재 연령대별 기준은 관념적으로만 존재하며 명확하고 객관적인 기준은 찾아보기 어려운 실정이다. 연령대별 독서 자료의 명확한 기준이 없으므로 연령대별 문체의 특성 또한 현재 정립된 바가 없다.

이에 이 글은 초등학교 1학년 읽기 교과서에 꾸준히 수록되었던 권정생의 「강아지똥」의 문체적 특성에 대해 살펴보고 독자의 연령에 따른 독서 발달 단계를 중심으로 한 독자 요인을 함께 고려하여, 작품의 어학적 문체 특성과 초등학교 저학년[2] 독자와의 관련성에 대해 살펴보고자 한다.

---

1 아동용 문학 작품의 용어인 '동화'와 '소년소설'은 아직까지 명확하게 정립되지 않은 상태이며 학자마다 조금씩 다르게 쓰이고 있다. 이 글은 아동 문학의 장르 구분에 대한 논의가 주안점이 아니므로, 다소 거칠기는 하지만 기존의 정의들을 종합하여 동화를 '아동을 독자로 하여 쓰인 모든 작품 중 문학성을 갖춘 작품'으로 정의하여 사용하기로 한다. 아동 문학의 장르 구분과 관련된 기존의 연구는 신헌재 외(2009), 원종찬(2010), 이재철(1983) 참조.

2 현재 초등학교 학제 구분은 1~2학년은 저학년, 3~4학년은 중학년, 5~6학년은 고학년으로 구분되므로 이 글의 구분은 이에 따른다.

2. 이론적 배경

1) 문체의 연구

지금까지의 문체 연구는 크게 문학적 문체와 언어학적 문체로 구분된다. 문학적 문체 연구는 일종의 문예 비평이라고 불리는 응용 문체론이다. 머리(J.M.Murry, 1956)는 문체를 작가를 식별하는 기본이 되는 표현상의 개성적 특징이라고 규정하여 작가들의 문체적 특성을 문학성의 문제로 접근한다. 이러한 문학적 문체 연구는 '문체' 자체의 연구보다는 작품에서 보이는 작가 의식, 주제, 사상, 배경 등을 총체적으로 다루는 경향이 더 크다.

이에 반해 언어학적 입장에서 문체를 정의하는 입장의 대표적인 학자는 바이이(C.Bally)이다. 표현 문체론, 기술적 문체론라고도 하며, 모든 글은 언어의 문제이므로 문체를 언어의 특징과 관련하여 접근한다. 작품의 언어를 음운론, 형태론, 통사론, 의미론 등의 언어 단위 또는 계층으로 나누어 문체를 구성하는 요소를 살펴본다. 박영순(1993)은 문체론이란 문자로 이루어진 글들을 대상으로 하여 형식적인 특징과 기능을 체계적으로 연구하는 학문이라고 정의한다. 하지만 이렇게 문체론을 글의 형식적인 특징을 중심으로 연구한다면 문체론과 문법론의 경계는 모호해진다.

우리나라의 문체 연구는 문학적 문체론의 연구가 오랫동안 활발하게 이루어졌기 때문에, 언어 표현 자체보다는 언어로 표현되는 작가의 개성과 의식에 더 초점이 있어 왔다(박갑수, 1994 : 42~44). 하지만 문체를 작가의 글을 쓰는 방식에 따라 직관적으로 느껴지는 심적 인상이라고 정의(김미형, 1997)한다면, 문체론은 상기한 문학적 문체론과 어학적 문체론이 접점을 이루는 곳에 존재한다. 작가의 사상이나 정서에 대한 고찰이 이루어지는 것은 작품에 표현된 언어의 특징을 세밀하게 분석한 것이 토대가 되어야만 가능하다.

이에 이 글에서는 연구 대상이 되는 작품을 어학적 문체론의 단위인 음운론, 형태론, 통사론, 의미론으로 나누어 분석한 후 초등학교 저학년이라는 독자 요인과의 관련성에 대해 종합하여 살펴볼 것이다.

2) 동화 문체의 연구

동화는 아동을 독자로 삼기 때문에 문장에 있어 제한을 받으며, 아동의 언어 발달과 교육적 효과, 정서적인 면까지 고려해야 한다. 하지만 기존의 동화 문체 연구들은 특정 작가 또는 작품을 중심으로 이루어진 것이 대부분이다. 작가의 문학과 사상을 조망하는 주된 내용에 문체의 특성을 포함시켜 부분적으로 논의하고 있다. 그 밖에 동화 문체에 대한 언급은 동화 장르의 특성을 정의하는 내용에 덧붙여 추상적이고 간략하게 제시된다.

이재철(1978)은 동화를 상징적인 문학, 즉 개개의 인물 조형과 디테일의 진실보다도 소박하게 요약된 미적 표현 가운데서 인간 일반의 보편적 진실을 중시하는 시에 가까운 산문 문학이라고 정의하였다. 이는 짧고 소박한 문장이 산문의 시적 승화에 기여하는 바가 크기 때문이라고 설명한다. 이상헌(1987)은 5가지 동화의 본질을 정리하면서 문체와 관련된 내용을 제시한다. 동화는 작품의 길이가 짧고 문장은 간결해야 하며 아동들의 독서량과 심리적 측면을 고려하여 일반적으로 20~30매 가량을 기준으로 하여 짧고 간결한 문장으로 이루어지는 것이 이상적이라고 하였다. 손수자(1998)는 동화가 갖추어야 할 문체적 특성으로 문장의 길이가 짧고 리듬이 있어야 하며 생동감 있는 대화와 적절한 묘사, 율동적이고 간단한 서술 표현이 있어야 한다고 하였다. 또한 복잡한 수사는 가급적 피하는 것이 좋고 색채어, 의성어, 의태어를 적절하게 사용하며 교육적인 언어를 사용해야 한다고 정리한다.

이와 같이 기존의 연구에서 밝히고 있는 동화의 문체는 너무 포괄적이고 추상적인 기준으로 정의된다. 1학년에서 6학년까지 학령기에 해당하는 아동의 특징은 한 범주로 규정할 수 없다. 성인보다 성장의 폭이 큰 학령기 아동의 발달 단계는 여러 단계로 구분되어 있다. 그러므로 대상 독자의 연령대에 따라 문체의 특성 또한 세분화되어 제시되어야 할 필요가 있다.

위의 연구들과 달리 윤신원(2009, 2010)은 〈바리공주〉 개작 작품을 대상 독자의 연령대별로 유아, 초등학교 저학년, 초등학교 고학년으로 나누어 각각의 연령대의 문체적 특징을 부분적으로 고찰하고 있다.

작품의 대상이 되는 독자의 연령대에 따라 각각의 발달 단계는 차이가 있고 그에 따라 작품의 주제나 서사 구조 뿐 아니라 문체 또한 다르게 표현되어야 한다. 그러나 현재 아동용 작품을 연령대별로 구분하는 일반적이고 구체적인 기준이 없어 문체 또한 명확한 기준이 존재하지 않는다.

이 글에서 대상으로 하는 권정생의 「강아지똥」은 7차 교육 과정에서 초등학교 1학년 2학기 읽기 교과서에 수록된 작품이다. 「강아지똥」은 1969년 월간 『기독교교육』의 제1회 아동문학상 수상작으로 당선된 작품으로 1974년 '세종문화사'에서 처음 단행본으로 발행되었다. 현재 시판되는 『강아지똥』은 '길벗어린이'에서 2007년에 발행된 개정판이고, 7차 교육 과정의 읽기 교과서에 수록된 「강아지똥」은 이를 원전으로 재구성한 것이다. 교과서 수록시 개작되는 과정에서 원전과는 다른 언어적 표현을 부분적으로 사용하고 있으나 전체적으로는 원전의 문체적 특징을 보이고 있다. 초등학교 교과서 수록 작품은 해당 학년에 적합하다고 전문가들이 검증한 작품이라 할 수 있다. 또한 이 작품은 서울시 교육청의 1, 3학년 권장도서 목록에 포함되어 있으며 기타 여러 초등학교와 단체에서 채택하는 저학년 권장도서 목록에도 빠짐없이 거론되는 동화이기도 하다.

권정생 동화의 문체 연구는 여러 논문에서 이루어져 왔다. 김상욱(2002)은 대화 중심의 단순성을 획득한 문체 구현에 대해 높이 샀으며, 황경숙(2003)은 간결한 문장, 의태어 · 의성어 · 토속어의 구사를, 최남미(2008)는 우리말의 사용과 간결하고 직접적인 문장, 대화체의 사용, 의성어 · 의태어의 사용 등을 각각 권정생 동화 문체의 특징이라고 하였다. 장경혜(2009)는 권정생 단편동화의 문체적 특성을 언어, 서술전략, 구성으로 나누어 작가 정신과 결부시켜 서술하였다. 이와 같이 권정생 작품의 문체 연구도 기존의 문체 연구와 동일한 맥락에서 이루어져, 작품에 표현된 언어를 치밀하게 분석하여 도출된 결론이 아니라 권정생의 세계관에 대한 부분적인 연구라는 한계를 지닌다.

3) 독서 발달 단계 연구

아동의 연령에 따른 독서 발달 단계는 각 동화의 대상 독자와 직결된다. 물론 연령의 증가에 따른 독서 발달 과정에는 연령, 성숙, 학습 등의 결과와 독서 능력을 구성하는 하위 요인의 발달 등 많은 요소들이 작용한다. 그렇기 때문에 독서 발달 단계의 구분을 위한 통합적인 기준의 설정은 간단한 일이 아니다. 그러나 그 동안 연구된 독서 발달 단계의 특징을 아는 것은 각 발달 단계에 있는 아동들에게 기대할 수 있는 독서 능력의 정도와 연령대별 아동을 대상으로 한 문체 요인을 결정하는 데에 도움이 될 수 있다.

초등학교 저학년 시기의 독서 발달 특성 중 문체와 관련된 내용을 정리하면 다음과 같다. 먼저 사카모토(阪本一郎, 1963)는 독서 흥미 발달을 연령에 따라 단계별로 나누어 제시하는데, 초등학교 저학년인 1~2학년 시기는 우화기(최운식 · 김기창, 1998 : 55~56)에 해당한다. 이 단계의 아동에게 제공되는 작품의 문장은 간결하고 짧은 문장이 주를 이루는 것이 좋지만 작품의 내용과 어울리는 장문과 단문이 배열되어야 한다. 예를 들어 장면을 묘사하는 경우에는 어렵지 않은 복문으로 이루어진 장문으로 상상력을 자극하고, 시간이나 사건이 빠르게 전개되는 부분에서는 단문을 이용하여 속도감을 더한다. 또한 리듬감을 주기 위한 반복이 빈번하게 나오는 것이 좋다. 반복은 작품을 읽을 때 리듬감을 갖게 하여 생동감이 느껴지고 작품을 쉽고 재미있게 읽을 수 있게 해준다. 또한 주의력이나 기억력에 제한이 있는 이 단계 아동에게 내용에 대한 강조 효과도 줄 수 있다.

우드(Wood, 1992)의 독서 발달 단계에서는 초등학교 저학년인 1~2학년 시기를 초기 독서 단계(Initial Reading Stage)로 구분한다. 이 단계에서는 시각어휘의 습득이 매우 중요한데 시각어휘란 문법적인 규칙을 몰라도 즉시 읽어내는 어휘로, 작품에서 반복적으로 나타나는 어휘들은 시각어휘의 습득을 돕는다. 또한 이 단계 아동은 단어의 의미를 변별하는 소릿값을 통한 음운 전략, 문법 구조를 통한 통사적 전략, 배경 지식을 통한 문맥적 전략을 등의 단어 재인 전략을 사용할 수 있다. 이 중에서 소리와 문자와의 관계에 대한 발음법(phonics)에 대한 학습이 이 단계에 가장 중요시된다(한국독서학회, 2006 : 96~100).

찰(Chall, 1996)은 독서 능력 학습 단계에서 초등학교 1~2학년 시기를 1단계로 구분한다. 이 단계에서는 단어를 파악하기 위해 글자와 소리와의 관계를 학습하고 소리를 이용한 단어의 조합에 필요한 음성적 재약호화 기술을 배우게 되는 등 소리와 단어에 대한 학습이 가장 중요하다(정옥년, 김순덕, 2001 : 50~51).

천경록(1999)은 읽기 발달 단계에서 초등학교 저학년인 1~2학년 시기를 읽기 입문기로 구분한다. 이 시기는 음성 언어에서 문자 언어로 나아가는 단계이기 때문에 음독 활동이 중요하다. 발음, 해독, 단어와 구절, 문장을 정확하게 끊어 읽기 등을 학습하는 것은 나중에 다른 학습의 기초가 된다.

이와 같이 초등학교 저학년 아동의 독서 발달 단계 특성에서는, 다양한 반복과 음독을 중심으로 한 문체를 중시하는 특성이 공통적으로 제시된다. 이 글에서는 위의 이론들을 참고하면서 권정생의 「강아지똥」의 문체에 대상 독자 요인이 어떻게 고려되었는지 분석하고자 한다.

3. 음운론적 관점

손수자(1998)는 동화 문체의 가장 큰 특징 중 하나를 리듬감이라 하였다. 이러한 리듬감은 유아용 작품을 중심으로 하여 초등학교 저학년용 작품에서 특히 빈번하게 보이지만, 초등학교 고학년용 작품에서는 거의 보이지 않는다(윤신원, 2010 : 481~486). 초등학교 저학년 시기에는 글자와 소리의 관계를 인식하는 음독 중심의 독서가 중시되지만, 초등학교 고학년이 될수록 음독보다는 의미 중심의 묵독에 알맞은 언어로 표현된 작품이 더 효과적이다. 내용이나 주제를 전달하려는 목적이 더 크게 나타나기 때문에 책을 읽을 때 음성적인 흥미보다는 의미를 이해하는 데에서 흥미를 느끼는 장치들이 사용된다.

리듬을 주는 요소는 다양한데 그 중 초등학교 저학년용 작품에서 주로 사용되는 리듬은 '반복'이다. 자음이나 모음 등의 음운반복과 음성반복은 의미의 강조 뿐 아니라 독자나 청자의 마음에 어떤 인상을 지워주고 감정을 환기시켜 주는 효과가 있다. 「강아지똥」은 음운과 음성에서 다양한 반복이 나타나 초등학교 저학년 아동이 음독을 하는 데 있어 생동감 있는 리듬을 주고 있다.

1) 음운반복

음운반복은 자음과 모음의 반복으로 작품을 읽을 때 눈에 띄지 않는 리듬을 느끼게 해주는 효과가 있다. 「강아지똥」에서는 다음과 같은 음운반복 현상이 나타난다.

① 8-26.[3] 어머나! 가여워라!

8-27. 이렇게 벌을 받아 달구지에 실려 오다

9-32. 밭에다 갖다

17-65,66. 땅 속으로 스며들어 가/줄기를 타고 올라가

②-1. 7-20. 보랏빛 하얀빛 감자꽃

예문 ①과 같은 'ㅏ'모음의 반복은 주로 대화의 종결어미나 연결어미에서 보인다. 'ㅏ'모음은 양성모음으로 음성모음보다 밝고 가벼운 느낌을 주며, 모음은 자음보다 부드러운 느낌을 자아낸다. 이러한 모음의 특성이 반복되어 리듬을 형성한다.

예문 ②-1은 종성 자음 'ㅊ'의 반복이다. 모음의 반복이 문장의 종결어미나 연결어미에 나타나는 데 반해, 이러한 자음의 반복은 연이어 나오는 단어에 집중적으로 모여서 나타나는 특징이 있다.

모음이나 자음의 반복은 공통적으로 어절의 끝부분에서 보인다. 이는 책을 읽을 때 끊어 읽는 휴지(休止)에 동일한 음운이 위치하여, 반복으로 인한 리듬감을 두드러지게 느끼는 효과를 준다.

---

3 각 문장의 번호는 본연구자가 작품의 문장을 분석하며 임의로 붙인 것이다. 각각 처음의 숫자는 페이지, 두 번째 숫자는 문장의 순서를 의미한다. 인용된 예문의 해당 페이지를 제시하는 대신 이와 같이 각 페이지와 문장의 번호를 제시한다.

2) 음성반복

음운론이 의미를 구별하는 소리 즉 음운에 관한 영역이라면, 그러한 음운 현상이 실제 소리로 발현되는 부분 또한 음운론에 포함된다고 할 수 있다. 예문 ②-2에서 받침으로 사용된 자음 'ㅊ'은 모두 [ㄷ]으로 발음되어 동일한 음운 표기와 동일한 발음이 반복된다. 하지만 '빛'의 초성인 'ㅂ'은 표기와 다르게 '보랏빛'의 경우 [삗]이라는 경음으로 발음된다. 7-20은 연달아 있는 단어의 끝음절 초성이 '경음, 평음, 경음'의 순서로 번갈아가며 발음되어 변형된 반복을 보인다. 이러한 반복은 리듬감과 재미를 동시에 주는 효과가 있다.

②-2. 7-20. 보랏빛 하얀빛 감자꽃 [보라삗, 하얀빋, 감자꼳]

③ 4-8. 뭣 땜에 웃니, 넌? [운니, 넌?]

8-27. 이렇게 벌을 받아 달구지에 실려 오다 [벌을 바다]/[실려 오다]

18-68,69. 향긋한 꽃 냄새가/방긋방긋 웃는 [꼰냄새가]/[운는]

예문 ③은 다른 표기이지만 같은 발음이 반복되면서 작품을 읽을 때 또 다른 리듬감을 주고 있다. 4-8은 'ㄴ'이 반복되어 모음과 함께 유성음이 연달아 발음되며 부드러운 울림을 준다. 18-68,69는 4-8과 마찬가지로 'ㄴ' 발음의 반복이 'ㅁ'과 모음과 연결되어 무성음에 비해 친근한 느낌을 주고 있다. 8-27은 연결어미라는 같은 위치에서 [-다] 발음을 반복하여 소리 내어 읽었을 때 리듬을 느낄 수 있다.

이러한 음성반복은 음운론적 구조의 결과라고 할 수 있다. 텍스트에 제시된 다른 표기가 실제로 발음했을 때 같은 발음이 되는 것은 근저에 있는 음운론적 구조의 표면적인 실현이기 때문이다. 이 또한 책을 소리 내어 읽는 음독 중심의 문체 특징 중 하나가 된다.

4. 어휘론적 관점

1) 단어반복

동일한 단어의 반복은 의성어, 의태어와 같은 부사어에서 주로 보인다. 의성어나 의태어 등 상징어의 사용은 장면이나 사건을 더욱 생동감 있게 나타내며 동시에 동일한 음절과 단어의 반복을 통해 음독을 할 때 음악적인 요소를 덧붙이는 효과를 준다.

이 중, 「강아지똥」에는 의태어가 주로 사용된다. 아래 예문 ④에서 보듯이 행동이나 상태가 반복되는 음절로 표현된 의태어는 등장인물의 움직임이나 장면을 생생하게 전달하며 같은 음절의 반복을 통한 리듬도 느끼게 해준다. 예문 ④의 의태어는 같은 단어가 2번씩 반복되는 형태이다. 13-42의 경우, 의태어 다음에 나오는 '봄비'의 첫음절은 의태어 '보슬보슬'의 첫음절 '보'와 형태와 발음이 비슷하게 나타나 반복의 연장을 보여준다. 예문 ⑤는 '잘디잘게'에서 첫음절의 종성 'ㄹ'이 탈락한 형태이지만 '자' 발음의 반복과 '작다'라는 의미상의 반복을 함께 보인다.

④ 2-4. 콕콕

12-41. 절레절레

13-42. 보슬보슬 봄비가

14-49. 방실방실

18-69. 방긋방긋

⑤ 17-64. 자디잘게

의성어, 의태어와는 조금 다르지만 예문 ⑥과 같은 단어의 반복도 보인다. 2-4는 단일어 문장의 동일한 단어가 반복되고, 4-10은 어절의 첫 단어가 반복된다. 2-4와 4-10은 동일한 단어의 반복이며, 12-39는 단위를 나타내는 의존 명사의 반복이 나타나는 문장이다.

⑥ 2-4. 똥! 똥!

4-10. 똥을 똥이라고

12-39. 어미 닭 한 마리가 병아리 열두 마리

이와 같은 단어의 반복은 리듬감과 내용의 생동감을 느끼게 해주며 초등학교 저학년 아동이 작품을 쉽고 재미있게 읽을 수 있는 장치로도 사용된다. 또한 다양한 상황에서 여러 번 반복하여 나타나는 어휘는 시각어휘의 학습에도 효과적이다.

2) 줄임말과 늘임말

「강아지똥」의 대화에서는 줄임말과 늘임말로 표현된 단어가 눈에 띈다. 줄임말과 늘임말로 표현된 문장은 구어체의 특성에 기인한다. 초등학교 저학년 아동이 소리 내어 책을 읽을 때 자신이 등장인물과 실제로 대화를 하는 듯 느낄 수 있도록 구어적 특성이 두드러지게 나타난다. 또한 어절을 이루는 음절의 수를 적절하게 배치하기 위해 의도적으로 쓰인 것으로도 볼 수 있다.

⑦ 4-8. 뭣 땜에 웃니, 넌?
12-40. 암만 봐도 먹을 만한
15-57. 네가 거름이 돼 줘야 한단다.

⑧ 7-19. 본래 나는 저어쪽 산비탈 밭에서 곡식도 가꾸고 채소도 키웠지.
14-52. 그래애……. 그렇구나…….

예문 ⑦은 줄임말 문장이다. 4-8은 '무엇 때문에', 12-40은 '아무리 보아도', 15-57은 '되어 주어야'로 표기되어야 정확한 문장이 되지만, 실제 대화에서는 이처럼 발음하기보다 위 예문과 같이 줄여서 발음하는 경향이 더 크다.

예문 ⑧의 늘임말 역시 그렇다. 7-19의 현재 있는 곳에서 멀리 있는 것을 가리킬 때 사용하는 '저쪽'이나 14-52의 부러움에 가득차 긍정하는 감탄사로 사용하는 '그래'는 그 상황의 의미가 더해져 실제 발음할 때는 위 예문과 같이 늘여 발음하게 된다.

또한 어절당 음절수를 보면 4-8은 [1-2-2-1]개로 규칙성을 갖고 있음을 알 수 있다. 12-40은 [2-2-2-2]개의 음절수를, 15-57은 [2-3-1-2-3]개의 음절수를 보이고, 7-19도 [2-2-3-3-3-3-3-3-3]개의 동일한 음절수가 반복된다. 14-52는 [3-4]개의 음절수를 보여 음절수의 반복이 아닌 것 같이 보이지만 문장 뒤의 말줄임표로 인해 비슷한 길이로 낭독하게 된다. 물론 문장을 읽을 때의 휴지가 어절 단위로 이루어지는 것은 아니다. 그러나 한 어절을 이루는 동일한 음절수의 반복은 비록 어절 단위로 읽기가 이루어지지 않더라도 그 안에 매끄럽게 읽히는 리듬감을 포함하게 된다.

구어체의 특징인 줄임말과 늘임말은, 위와 같은 의미적인 부분에 규칙적인 음절수의 반복이 더해져 소리 내어 읽을 때 문장의 의미와 함께 리듬감이 느껴지게 된다. 음운이나 단어, 문장구조의 반복과는 다르게 음절수의 반복으로 생성되는, 의미를 포함한 리듬이다.

5. 통사론적 관점

문체론이 언어적 선택과 효과를 다루면서 그 이유를 탐구하는 학문이라면, 문체는 문법론의 영역 특히 통사적 영역에서 그 특성이 가장 분명히 드러난다(장소원, 1998 : 700). 이 장에서는 「강아지똥」에서 보이는 문장의 구조와 종결부 문체의 유형에 대해 살펴보겠다.

1) 문장성분과 문장구조의 반복

통사적 관점에서 드러나는 문체적 특징 중 가장 눈에 띄는 것은 문장성분과 문장구조의 반복을 통해 강조와 리듬감을 형성하는 것이다. 문장성분이나 문장구조에서 보이는 반복의 유형은 같은 문장성분을 반복하는 경우, 동일한 어구를 반복하는 경우, 같은 통사구조를 반복하는 경우 등으로 나뉜다.

⑨ 3-5. 똥이라고? 더럽다고?

14-47,48,50. 예쁘니?/고우니?/피우니?

16-61. 그러니? 정말 그러니?

⑩ 7-19. 곡식도 가꾸고 채소도 키웠지.

14-47,48. 얼마만큼 예쁘니?/하늘의 별만큼 고우니?

14-51. 비를 내려 주시고 따뜻한 햇볕을 쬐어 주시기

18-69. 웃는 꽃송이엔 귀여운 강아지똥의 눈물겨운 사랑이

⑪ 12-38. 겨울이 가고 봄이 왔어요.

15-57,58. 네가 거름이 돼 줘야 한단다./내가 거름이 되다니?

17-65,66. 땅 속으로 스며들어가/줄기를 타고 올라가

예문 ⑨는 동일한 서술형 어미의 반복이다. '-고?', '-니?'라는 같은 어미를 2번 이상 반복함으로써 리듬과 함께 강조의 효과를 주고 있다.

특히 '-니?'로 종결되는 의문형 문장은 「강아지똥」에 나오는 전체 대화중에 총 10문장이나 나타나고, 그 중에서 13-33부터 16-61까지의 19문장에서는 7번이나 반복되어 약 2, 3문장에 1번씩 나타난다. 이는 음독시 느낄 수 있는 리듬감을 위해 같은 종결어미를 반복하여 사용했다고 볼 수 있다.

예문 ⑩은 동일한 어구를 반복하는 형태이다. 7-19는 보조사로 연결된 목적어와 동사로 이루어진 서술어가 연이어 반복되고, 14-47,48은 부사어와 형용사로 이루어진 서술어가 반복된다. 14-51은 목적어와 본용언과 보조용언으로 이루어진 서술어가 반복된다. 이 어구들은 문장에서 위치하는 순서와 상관없이 병렬적인 나열 같은 반복 표현이다. 순서 뿐 아니라 두 어구 중 하나의 어구가 삭제되어도 내용의 의미 전달에는 크게 영향을 주지 않지만 이와 같은 반복을 통해 리듬감을 줄 뿐 아니라 상황과 사건을 쉽게 이해할 수 있다.

반면 18-69는 같은 문장성분으로 이루어진 명사구가 반복되어 위치를 변경하거나 삭제를 할 경우에는 의미가 달라지는 문장이다. '웃다', '귀엽다', '눈물겹다' 등의 형용사가 '꽃송이', '강아지똥', '사랑' 등의 명사를 앞에서 수식하는 관형어로 전성되어 명사구를 이루고 있다. 동일한 형태의 명사구가 3번 연속 나타남으로써 문장 전체의 길이는 길지만 읽을 때 동일한 리듬이 생기는 쉬운 문장으로 전달되며 각각 수식하는 대상의 의미가 구체적으로 전달된다.

예문 ⑪은 같은 통사구조를 기본으로 하지만 약간 변형된 구조로 반복되고 그에 따라 의미의 확장 효과를 나타내는 반복 구조이다. 12-38은 주어와 서술어로 이루어진 문장이 대등적 연결어미로 연결되고 있다. 하지만 계절이 변화하는 의미를 '가다', '오다'라는 서술어의 변형으로 나타낸다. 15-57,58은 민들레의 말을 강아지똥이 다시 묻는 형식의 반복이다. '네가'와 '내가'의 주어 교체, '-돼 줘야 한단다'와 '-되다니?'의 종결형 어미의 변형이 보이지만 기본적으로 같은 통사구조을 반복함으로써 작품의 주제와 의미를 강조한다. 17-65,66을 보면 앞문장은 부사어와 서술어로 이루어진 어구이지만, 뒷문장은 목적어와 서술어로 이루어진 어구이다. 강아지똥이 민들레의 거름이 되어 꽃을 피우는 과정이라는 의미를 조금씩 변형된 통사구조를 통해 표현하고 있다.

앞장의 음운론적 반복과 어휘론적 반복은 운율감을 형성하여 텍스트를 쉽고 재미있게 읽히게 하지만 위와 같은 문장성분과 문장구조의 반복은 운율감 뿐 아니라 내용을 깊고 선명하게 이해할 수 있도록 유도한다. 이와 같은 반복은 리듬감을 형성하여 흥미를 불러일으킴과 동시에 내용을 뚜렷이 각인하는 효과를 첨가하기 때문이다. 초등학교 저학년 아동들의 주의력과 기억력은 제한되어 있으므로 이러한 반복의 표현 빈도는 글의 이해에 많은 영향을 끼친다.

2) 문장성분의 생략

「강아지똥」에서는 주어나 조사 등 문장성분이 생략된 문장이 빈번하게 보인다.

⑫ 14-47. 얼마만큼 예쁘니?

14-48. 하늘의 별만큼 고우니?

14-49. 그래, 방실방실 빛나.

14-50. 어떻게 그렇게 예쁜 꽃을 피우니?

⑬ 1-2. 골목길 담 밑 구석 쪽이에요.

17-65. 부서진 채 땅 속으로 스며들어 가 민들레 뿌리로 모여들었어요.

17-66. 줄기를 타고 올라가 꽃봉오리를 맺었어요.

예문 ⑫는 대화문에서 보이는 주어 생략이다. 이는 구어체로 이루어지는 실제 대화에서는 특별하지 않은 현상이다. 화자와 청자 모두 대화를 하는 대상에 대해 알고 있다는 전제하에서 대화를 이어가는 대화격율원칙이 지켜지기 때문이다. 예문 ⑫에서 강아지똥과 민들레는 둘다 '민들레'라는 대상에 대해 대화를 하고 있다고 인지하고 있다. 그렇기 때문에 '민들레는/너는/나는'이라는 공통 주어가 생략된 문장을 이어가더라도 의미의 전달은 정확하게 이루어진다.

예문 ⑬은 지문에서 문장성분이 생략된 형태이다. 1-2는 조사가 생략된 문장이다. '골목길의 담의 밑의 구석의 (한)쪽'이라는 의미로 연이어 나오는 수식어로 꾸밈을 받는 문장이지만 반복되는 관형격조사 '-의'를 생략하여 간결하게 표현한다. 17-65,66는 지문에서 주어가 생략된 문장이다. 하지만 이 문장들도 17-65의 바로 앞문장을 통해 '거름이 된 강아지똥은'이라는 주어를 어렵지 않게 예측할 수 있다. 비록 '그리고' 등의 접속사로 이어지지 않고 앞문장에 나온 주어를 지칭하는 대용어도 없지만 '거름이 된 강아지똥이 민들레꽃을 피우는 과정'이라는 의미가 문맥을 통해 연결되기 때문이다.

「강아지똥」의 대화나 지문에서 문장성분이 생략된 문장은 총 16문장이나 된다. 이는 초등학교 저학년 시기는 음독을 중심으로 하는 시기이기 때문이다. 이야기를 소리 내어 읽는 독서방법은 청자를 대상으로 하는 대화와 같다. 이러한 구어적인 특성이 작품의 문체에 반영되어 쉽게 예측할 수 있는 문장성분은 생략되고 간결한 문장으로 서술된다. 또한 문장성분의 생략은 작품의 전개를 빠르게 하므로 책을 읽을 때 호흡이 짧은 초등학교 저학년용 작품에서 내용을 속도감 있게 진행할 수 있다.

3) 문장의 길이

작품의 문장이 단문과 복문 중 어떤 구조의 문장으로 주로 쓰이느냐에 따라 작품의 인상이나 속도감에서 차이가 있다. 단문이 중심이 된 작품은 간결하고 명료하며 글의 흐름이 빠르고, 복문이 중심이 된 작품은 문장의 길이가 길어져 사고의 리듬이 완만하고 문장의 호흡이 느려지게 된다. 특히 국어는 새로운 정보가 대개 주어와 서술어 중간에 계속 삽입되는 구조이므로 문장의 길이는 아동의 연령에 따른 이해 능력과 밀접한 관계가 있다.

「강아지똥」에서 쓰인 지문과 대화는 문장의 길이에서 차이를 보인다. 지문에서는 단문과 복문이 함께 쓰이고, 대화에서는 단문이 주로 쓰인다.

⑭ 1-1. 돌이네 흰둥이가 똥을 눴어요.

1-2. 골목길 담 밑 구석 쪽이에요.

⑮ 1-3. 흰둥이는 조그만 강아지니까 강아지똥이에요.

3-6. 강아지똥은 화도 나고 서러워서 눈물이 나왔어요.

4-7. 바로 저만치 소달구지 바퀴 자국에서 뒹굴고 있던 흙덩이가 곁눈질로 흘끔 쳐다 보고 빙긋 웃었어요.

6-18. 흙덩이가 얘기를 시작하자, 강아지똥도 어느새 울음을 그치고 귀를 기울였어요.

「강아지똥」의 지문은 배경이나 등장인물의 감정, 행동을 나타내는 내용으로 구성되어 있다. 문장의 종류도 대등접속문과 종속접속문, 내포문 등의 다양한 복문이 단문과 함께 쓰이고 있다. 작품의 처음 문장인 예문 ⑭는 작품의 배경을 빠르고 간결하게 단문으로 표현한다. 초등학교 저학년 시기는 등장인물의 심리나 배경 등의 묘사보다는 사건의 전개에 더 흥미를 느끼므로 심리나 배경 등의 묘사는 간략하게 제시된다(윤신원, 2010).

예문 ⑮의 1-3은 종속접속문인 복문이지만 '흰둥이, 강아지, 강아지똥'이라는 단순하고 명확한 의미의 반복과 길지 않은 길이로 어렵지 않게 주인공을 각인시킨다. 3-6과 6-18은 대등접속문과 종속접속문이 동시에 쓰인 복문이다. 이 역시 비슷한 의미의 반복과 짧은 문장의 반복으로 아동이 어렵지 않게 문장의 의미를 이해할 수 있다. 동시에 4-7과 같이 흙덩이를 수식하는 관형절이 내포된 복문도 보인다. 이렇게 비교적 길이가 긴 복문은 주로 등장인물의 상황이나 행동을 구체적으로 나타내기 위해 쓰인다.

대화에서의 문장의 길이는 지문과는 다르게 나타난다. 예문 ⑯과 같이 대화에서는 호흡이 짧은 단문이 주로 쓰이며 속도감 있게 대화가 진행된다.

⑯ 13-44. 너는 뭐니?

14-47. 얼마만큼 예쁘니?

14-48. 하늘의 별만큼 고우니?

14-49. 그래 방실방실 빛나.

읽기의 호흡이 느린 초등학교 저학년 시기의 아동은 주로 짧은 문장을 통해 작품의 내용을 이해한다. 하지만 비슷한 통사구조가 대등적으로 반복되는 복문은 아동에게 리듬감과 함께 명확한 의미가 반복되어 전달되므로 문장의 길이가 비교적 길더라도 아동은 어렵지 않게 그 내용을 이해할 수 있다. 내포문의 경우 대상이나 사건을 짧게 수식하는 내포문은 작품의 이해에 도움이 되지만 길이가 긴 내포문의 경우에는 이 시기 아동이 문장에서 나타내고자 하는 주어, 목적어, 서술어 등의 주성분을 파악하기 어렵기 때문에 지양하는 것이 좋다.

지금까지 동화 문체 연구에서는 동화의 길이는 '짧고 간결해야 한다'라고 관념적이고 포괄적으로만 제시되었다(손수자, 1998; 이상현, 1987; 이재철, 1978). 하지만 위와 같은 초등학교 저학년용 작품의 문장 길이의 특성과 다르게 초등학교 고학년용 작품의 경우에는 구체적인 장면이나 다양한 인물의 양상과 갈등을 제시하는 데 있어 길이가 긴 내포문이 주로 보인다(윤신원, 2009 : 160~162). 이는 초등학교 고학년 시기는 의미 중심의 묵독이 이루어지는 시기이므로 인물과 사건에 대한 논리적인 인과성과 작품의 주제전달이 강조되기 때문이다.

이와 같이 아동용 작품의 문체 연구는 단순한 문장의 길이 뿐 아니라 문장의 종류에 따른 문장의 길이를 종합적으로 고려하여야 하며 이와 더불어 각 연령대별 아동의 발달 특성 또한 함께 고려하여야 한다.

4) 문장 종결체의 유형

국어에는 여러 종류의 종결 어미가 있다. 이 어미들은 문장의 유형을 결정하는 문법적 기능을 가진 것으로 논의되어 왔지만 종결 어미들 간에는 단순히 문법적 기능만으로는 설명할 수 없는 미묘한 차이를 느낄 수 있다. 어떤 유형으로 문장을 끝맺느냐에 따라 독자에게 전달되는 의미와 의도가 달라질 수 있다(장경현, 2006).

「강아지똥」에서 지문의 종결체는 예문 ⑭, ⑮와 같이 '-어요'가 기본 문체로 쓰인다. '-어요' 종결체는 주로 유아나 초등학교 1~2학년을 대상으로 하는 동화에서 볼 수 있다(윤신원, 2009). '-어요'는 구어에 가까우므로 낭독에 적합하고 '-다' 나 '-ㅂ니다'와 달리, 모음으로만 이루어져 있어 리듬을 타기 쉽다. 이는 곧 청자(독자)를 염두에 둔 청자지향적 종결체라 할 수 있다.

대화에서는 반말 종결체가 주로 나타나지만 '-지', '-거든', '-군', '-단다' 등의 다양한 종결체가 사용된다.

⑰ 8-23. 내가 아주 나쁜 짓을 했거든. (왜냐하면 내가 아주 나쁜 짓을 했기 때문이다)

8-24. 지난 여름, 비가 내리지 않고 가뭄이 무척 심했지.

8-25. 그 때 내가 키우던 아기 고추를 끝까지 살리지 못하고 죽게 해 버렸단다.

9-31. 어제 신고 오다가 떨어뜨린 모양이군.

예문 ⑰에서 8-23의 '-거든' 종결체는 어떤 일에 대해 까닭을 밝히거나 다짐하는 뜻을 나타내어 선행문장과의 인과관계를 나타내는 기능을 한다. 설명적, 논증적 텍스트 또는 초등학교 고학년 동화 작품에서는 주로 '왜냐하면~때문이다' 형태의 문장으로 나타나는데 초등학교 저학년 작품에서는 '-거든' 종결체를 사용하여 같은 의미의 내용을 쉽고 친근한 문장으로 표현한다.

8-24의 '-지' 종결체는 부드러운 서술, 긍정적 서술, 회상 서술에서 사용된다. 흙덩이가 강아지똥과 대화를 하고 있으나 흙덩이의 과거경험을 독백에 가깝게 나타내고 있어 화자지향적인 종결체(장경현, 2006 : 18~21)로 표현한다.

8-25의 '-단다' 종결체는 단순한 서술인 '-다'와 '-ㅂ니다' 종결체와는 달리 화자가 이미 알고 있는 것을 객관화하여 청자에게 다시 일러 줌을 나타낸다(이지양, 1998 : 194~205). 이는 '-다' 형태의 문장을 대신하여 청자에게 친근하고 정답게 표현되는 종결체라 할 수 있다.

'-거든' 종결체와 '-단다' 종결체는 둘다 '왜냐하면-때문이다' 또는 '-다' 형태의 문장을 대신하여 초등학교 저학년 작품에 어울리는, 친근하고 정답게 표현되는 종결체를 사용하였다고 볼 수 있다.

9-31의 '-군' 종결체는 혼잣말에 쓰여 화자가 새롭게 알게 된 사실

에 주목함을 나타내는 종결어미로 흔히 감탄의 뜻이 수반되며 혼잣말 중에서도 대화를 단절하는 의미가 강하다.

위와 같이 「강아지똥」의 대화문에는 다양한 종결체가 쓰이고 있다. 특히 7-19에서 8-28까지의 문장은 흙덩이의 독백이 중심이 되는 문장이다. 이 10개의 문장 중 흙덩이가 이야기하는 문장은 7문장인데, 그 7문장에 쓰인 종결체는 5종류나 된다. 이러한 다양한 문장의 형태는 각각의 의미를 다르게 가지고 있다. 아동은 이러한 다양한 언어 표현을 통해 자칫하면 지루하게 느낄 수 있는 흙덩이의 회상 내용을 흥미롭게 접할 수 있게 된다. 이는 초등학교 저학년 아동이 작품을 읽으며 구어에서 사용되는 다양한 언어의 유형을 습득할 수 있음을 시사한다.

6. 의미론적 관점—등장인물의 명칭 및 표기

의미와 관련지어 문체를 이야기할 때 유념해야 할 것은 문체는 단어가 지니는 개념적인 의미나 발화가 지니는 해석과는 다른 내용을 지닌다는 것이다. 의미론에서 다루는 단어의 내용은 변별성을 지니는 개념적인 의미 자질로 분석되지만 문체론에서는 단어가 지니는 의미 내용은 글의 기능이나 효과의 관점에서 설명된다(장소원, 1998 : 708).

「강아지똥」의 제목은 등장인물의 주인공을 나타냄과 동시에 '하찮고 의미 없는 존재'라는 의미를 함께 나타낸다. 「강아지똥」의 제목은 '강아지똥'으로 붙여쓰기로 표기된다. '강아지똥'이란 단어는 복합어 중 명사와 명사가 결합한 합성어 같이 보인다. 합성어를 구분하는 가장 쉬운 방법은 두 가지의 실질 형태소가 독립되어 나타내는 뜻을 가지고 있느냐의 여부이다. 만약 독립되어 나타내는 뜻을 모두 가지고 있으면 합성어가 아니다.

'강아지똥'의 경우 '강아지'와 '똥'이라는 2개의 실질 형태소가 각각의 독립적인 의미를 가지고 있으므로 합성어가 아니다. 띄어쓰기 규칙에 따르면 합성어는 붙여 쓰지만 '강아지똥'은 합성어가 아니므로 '강아지 똥'이라는 띄어쓰기 표기가 올바른 표기가 된다.

하지만 '강아지똥'은 보통명사구이면서 동시에 주인공의 이름은 아니지만 주인공을 나타내는 고유명사의 기능을 수행한다. 고유명사의 경우 합성어라도 붙여쓰기가 원칙이므로 '강아지똥'은 주인공의 이름은 아니지만 고유명사로서 붙여쓰기를 한 형태라 할 수 있다. 이 작품의 '강아지똥'은 흰둥이 '강아지'와 흰둥이의 '똥'이라는 2가지의 의미를 단순히 붙여놓은 것이 아니라 '보잘 것 없는 존재', '의미 없어 보이는 존재'를 '강아지똥'이라는 이름으로 형상화한 명칭이다. 그러므로 문법적인 표기보다는 그 의미를 중시하여 '강아지똥'이라고 표기하였을 때 작품 전체에 흐르는 내용과 주제, 분위기와도 어울리게 되는 것이다.[4]

4 하지만 교과서에 수록된 제목은 '강아지 똥'으로 띄어쓰기하여 표기된다. '강아지똥'은 합성어도 아니고, 등장인물의 고유한 이름도 아니므로 교과서에 띄어쓰기로 표기된 '강아지 똥'이 올바른 표기가 된다. 교과서에서는 문법적인 규범성을 우선시하여 명사구의 표기법에 맞는 띄어쓰기를 한 것이다.

7. 결론

아동문학이란 어린이의 심리 특성에 기초해서 연령, 성장 단계별로 가장 적합한 문학 형식을 발전시키는 것이다(원종찬, 2010). 하지만 지금까지 아동용 작품의 문체 연구에서는 다양한 연령대의 아동을 고려하여 세분화하여 제시하지 못하고 있으며 그 기준 또한 명확하거나 구체적이지 않아 자의적인 해석의 여지가 크다.

이 글에서는 권정생의 「강아지똥」을 분석하여 초등학교 저학년 작품의 문체 특성을 대상 독자의 연령별 독서 발달 단계와 함께 고려하여 살펴보았다.

음운론적 관점에서 음운과 음절의 반복은 리듬감을 주는 데 큰 역할을 하며 아동이 책을 읽을 때 재미를 느끼게 해주어 책을 쉽게 읽게 한다.

어휘론적 관점에서 의성어와 의태어 등의 단어반복은 인물과 상황을 구체적으로 이해할 수 있게 해줄 뿐 아니라 소리 내어 책을 읽을 때 리듬감을 갖게 해준다. 줄임말과 늘임말은 실제 구어 사용 현장에서 빈번하게 사용되고 있으며 줄임말과 늘임말로 인해 어절의 음절수가 규칙성을 보여 그로 인해 리듬감이 형성된다.

통사론적 관점에서 문장성분과 문장구조의 반복은 리듬감과 함께 책의 내용을 뚜렷하게 기억하게 해주는 장치로 사용된다. 초등학교 저학년 아동의 주의력과 기억력은 제한되어 있기 때문에 빈번한 반복 형태가 작품에 나타나는 것은 중요하다. 문장의 길이에 있어서 지문은 단문과 복문이 섞인 형태로 다양하게 나타난다. 특히 등장인물의 행동을 표현하는 문장은 접속문과 내포문이 단문과 적절히 섞여 사용된다. 대화에서는 비교적 짧은 문장을 중심으로 하여 작품 내용을 속도감 있고 빠르게 전개한다. 「강아지똥」의 경우 문장성분의 생략은 음독을 위한 구어체의 특성이라 할 수 있다. 지문의 종결체는 '-어요' 종결체를 주로 사용하였는데 이는 이야기를 들려주는 듯한 청자지향적인 성격이 강한 종결체이며, 대화에서는 다양한 종결체가 번갈아가며 사용되었다.

의미론적 관점에서 '강아지똥'이라는 제목은 교육적인 문법에 맞는 표기보다는 그 의미가 작품의 주된 분위기와 흐름을 강조한 표기를 사용하였다.

분석으로 도출된 「강아지똥」의 문체는 음독에 효과적인 구어적인 표현과 리듬감을 느낄 수 있는 다양한 반복, 내용의 이해가 용이한 다양한 길이와 유형의 문장 등이 나타나 초등학교 저학년의 독서 발달 단계에서 제시한 특성과 많은 부분이 일치한다.

이는 초등학교 고학년 작품의 경우 의미 중심의 독서인 묵독에 알맞은 문체가 보이는 것과 차이가 있다. 초등학교 고학년 작품은 반복보다는 추상어, 개념어, 비유 등이 나타나고 문어적 종결체가 사용되며 등장인물의 심리나 장면의 묘사가 비교적 긴 문장을 중심으로 나타난다 (윤신원, 2009 : 160~168).

이와 같이 아동용 작품의 문체는 대상 독자의 연령대를 염두에 두고 좀 더 세밀하게 고려되어야 한다. 다양한 연령대의 아동은 각기 다른 발달 특성을 보이므로 작품에서 사용하는 언어도 대상 독자에 따라 달라야 하기 때문이다.

앞으로 아동용 작품의 내용적인 면 뿐 아니라 문체를 포함한 언어학적 분야에 있어서의 고민 또한 반드시 필요하며, 이와 같이 연령대별 아동용 작품 문체를 각각의 대상 독자와 관련하여 분석하는 연구가 뒤따라야 할 것이다.

‖ 참고 문헌 ‖

[기본자료]
권정생, 『강아지똥』, 길벗어린이, 2007.

[논문 및 단행본]
공인숙・김영주・최나야・한유진, 『아동문학』, 양서원, 2009.
김미형, 「문체 유형의 언어 양상 연구」, 『어문학연구』 5, 1997.
김흥수, 「언어학적 문체론의 위상과 과제」, 『국어국문학』 100, 1988.
박갑수, 『국어연구 어디까지 왔나』, 동아출판사, 1990.
______, 『국어문체론』, 대한교과서, 1994.
박영민, 「독서의 발달과 음독에서 묵독에의 이행」, 『국어교육』 111, 2003.
박영순, 「문체론의 위상과 체계에 대하여」, 『어문논집』 3(1), 1993.
박주연, 「정채봉 동화의 문체 연구」, 『어문학교육』 34, 2007.
손수자, 「동화의 문체적 특성 연구」, 『어문학교육』 20, 1998.
신헌재・권혁준・곽춘옥, 『아동문학의 이해』, 박이정, 2009.
엄혜숙, 권정생 문학 연구, 인하대 박사논문, 2010.
원종찬, 『한국 아동문학의 쟁점』, 창작과비평사, 2010.
윤신원, 「〈바리공주〉의 연령대별 개작 양상」, 가톨릭대 석사논문, 2009.
______, 「〈바리공주〉 개작 작품의 담화 구조 분석」, 『어문연구』 148, 2010.
윤신원・이지양, 「〈바리공주〉의 유아용 개작 작품 특성 연구」, 『어린이문학교육연구』 12(1), 2011.
이건화, 「동화 〈강아지똥〉 개작 양상 연구」, 한국교원대 석사논문, 2007.
이상헌, 『아동문학강의』, 일지사, 1987.
이용남, 「황순원 소설의 문체론적 연구」, 『국어국문학』 116, 1996.
이익섭・임홍빈, 『국어문법론』, 학지사, 1993.
이인숙, 「현덕 동화의 국어학적 연구」, 숙명여대 석사논문, 2000.
이재철, 『아동문학개론』, 서문당, 1983.
이지양, 『국어의 융합현상과 융합형식』, 태학사, 1998.
______, 「국어 준말의 성격」, 『성심어문논집』 25, 2003.
장경현, 「국어 문장 종결부의 문체 특성 연구」, 서울대 박사논문, 2006.
장경혜, 「권정생 단편동화의 문체 연구」, 부산대 석사논문, 2009.
장소원, 『문체, 문법 연구와 자료』, 태학사, 1998.
정옥년・김순덕, 『독서력 발달 지도』, 가톨릭문화원, 2001.

진선희, 「시텍스트에 대한 초등학생들의 학년별 인식 및 선호 양상 연구」, 『학습자중심교과교육연구』 8, 2004.
최남미, 「권정생의 판타지 동화 연구」, 관동대 석사논문, 2008.
최운식 · 김기창, 『전래동화 교육의 이론과 실제』, 집문당, 1998.
천경록, 「읽기의 개념과 읽기 능력의 발달 단계」, 『청람어문학』 21, 1999.
한국독서학회, 『21세기 사회와 독서지도』, 박이정, 2006.
황경숙, 「권정생 동화 연구」, 부산교대 석사논문, 2003.

Appleyard, J. A., *Becoming a reader-The experience of fiction from childhood to adulthood*, Cambridge University Press, 1990.
Ruddell, R. B. & Ruddell, M. R., *Theoretical model and processes of reading*, Newark : IRA, 1992.

중국 문화 교수 방법에 대한 연구

박종한

1. 머리말

이 글은 현재 대학에서 진행되고 있는 중국 문화 교육에 대하여 효율적인 교수 전략을 모색하는 데 목적이 있다.[1]

한국과 중국이 외교 관계를 맺은 이후 양국 사이에 인적, 물적 교류가 지속적으로 증가되어 왔다. 특히 작년(2001년)에 있었던 중국의 세계무역기구(WTO) 가입을 전후하여 한국에 불어닥친 중국 열기는 중국에 부는 한류 바람보다도 훨씬 뜨겁고 전면적이다.

이러한 배경 하에 한국의 각 대학에는 중국 바로 알기 과정이 다양한 이름으로 개설되어 있다. '중국 문화의 이해', '중국인의 생활과 문화', '오늘의 중국 문화', '중국의 문화와 예술', '현대 중국의 이해', '중국

1 여기에서 말하는 '중국문화 교육'이란 대학에 정식으로 개설된 강좌를 통해 진행하는 중국문화 관련 교육을 의미한다.

문화 개설', '현대 중국의 사회와 문화', '중국 문화 산책', '중국 문화 총론'과 같은 강좌가 그 예이다. 이러한 '중국문화의 이해' 관련 과목은 중어중문학과 전공 과정에 개설되기도 하고 일반 교양 과정의 하나로 개설되기도 한다. 이들은 대부분 중국문화에 대한 이해를 돕기 위해 개설된 것으로 보아 본고에서는 이들을 통틀어 '중국 문화의 이해'라고 부르기로 한다.

이러한 중국문화 강의는 그 성격상 한 학기(또는 두 학기) 동안 다양한 주제를 놓고 진행되게 된다. 그런데 필자의 경험에 따르면 교사[2]가 제공하는 다양한 주제에 대하여 학생들이 흥미와 관심을 보이는 분야도 있지만 그렇지 않은 분야도 있다. 교사가 제공하는 강의 내용이 학생들의 요구와 일치하는 부분도 있고 그렇지 않은 부분도 있다는 것이다. 물론 여기에는 교사의 열의와 준비, 그리고 교수기법이 영향을 미칠 것이다. 하지만 그 이전에 내용의 선정에 문제가 있을 수 있다.

그렇다면 어떤 내용을 가르쳐야 하는가? 시중에 출판된 책들이 이에 대한 해답을 줄 것인가? 이 책들이 교수 내용의 선정에 도움을 줄 수 있겠지만 완전한 답을 기대하기는 어렵다. 필자마다 관점이 다르고 기술 태도도 다르며 그에 따라 내용 구성도 다르기 때문이다. 보다 완전한 답을 구하기 위해서는 또 하나의 강의 참여자인 학생들의 요구를 직접 들어 봐야 한다. 아래로부터 학생들의 의견을 수렴하여 그것을 바탕으로 이 강좌의 내용과 교수방법을 구성해 보고자 하는 것이 본고에서 하려는 일이다.

2 본고에서 말하는 '교사'란 대학에서 '중국문화의 이해' 관련 과목을 가르치는 교수 또는 강사를 가리킨다.

본고의 내용은 다음과 같다.

우선 '중국문화의 이해' 강좌의 강의 내용에 대한 학생들의 의견을 알아보기 위해 설문조사를 시행하였다. 대상은 중국어문학과 전공 학생과 비전공 학생, 저학년 학생에서 고학년 학생까지 두루 포괄하였으며 현재 베이징에서 공부하고 있는 유학생도 조사에 포함시켰다. 이에 대한 내용을 기술한 것이 제2절이다.

이를 바탕으로 제3절에서는 바람직한 교재의 구성 및 교수기법, 교사의 자세 변화의 방향에 대해 기술하였다.

제4절에서는 설문조사 결과와 필자의 경험을 바탕으로 강의 모형을 만들어 보았다. 하나의 초안이기는 하지만 현장에서 중국문화 관련 강의를 구성하는 데 참고가 될 것으로 믿는다.

제5절은 본고의 결론이다.

2. 설문조사

학생들이 관심과 흥미를 보이는 분야를 알아보기 위해 다음과 같이 설문조사를 실시하였다.

1) 설문조사의 대상과 내용

(1) 대상

설문조사는 세 그룹으로 나뉘어 진행되었다.[3]

하나는 중어중문학 전공자 집단이다. 이화여자대학교 중문과 4학년 학생 31명과 서울대학교 중문과 3,4학년 학생 19명이 조사에 참여하였다. 이들은 중국 문화에 대해 일정 부분 학습한 경험이 있으므로 비전공 학생과는 다른 모습을 보일 것으로 생각되었다.

또 하나는 중국어문학을 전공하지 않는 학생군이다. 가톨릭대학교에서 '중국문화의 이해'라는 강의를 수강하고 있는 학생 14명과 초급 중국어를 수강하는 1학년 학생 25명이 그 대상이다. 이들은 대부분이 중국어문학을 전공하지 않는 학생들이다. '중국문화의 이해'는 전공 학생과 비전공 학생 모두를 대상으로 하기 때문에 비전공 학생들의 요구사항도 반영해야 한다는 취지에서 대상에 포함시켰다.

세 번째로 중국의 베이징에 있는 한국인 유학생 29명을 조사에 포함시켰다. 이들은 바로 현지에서 생활하고 있으므로 당장 현실적으로 필요한 사항을 곧바로 설문조사에 반영시킬 것으로 생각되었기 때문이다.

(2) 설문의 내용

이들에게 아래와 같이 25개의 항목을 순서 없이 제시한 다음 원하는 주제를 12개씩 선정하도록 했다. 이 25개의 항목은 출판되어 나온 중국 문화 관련 교재와 다른 교사의 강의계획서, 그리고 필자의 강의 경험을 바탕으로 하여 뽑은 것이다. 12개씩 선정하도록 한 까닭은 한 학기 강의에서 소화할 수 있는 항목이 대략 12개 정도로 보았기 때문이다. 이때 12개의 항목에 대하여 우선 순위를 요구하지는 않았다. 왜냐

---

3 설문조사 과정에서 도움을 주신 심소희, 이민우 교수와 김아영 선생, 그리고 북경에 있는 송지현 선생께 감사드린다.

하면 '중국문화의 이해'라는 강좌의 성격이 여러 방면에서 종합적으로 접근해야 소기의 목적을 달성하게 되는 것으로 생각했기 때문이다.

〈표 1〉 설문조사지

1. 〈중국 문화〉에 대한 강의를 수강한다고 할 경우, 꼭 다루었으면 하는 분야 12개를 선정하여 동그라미를 치십시오.

근,현대사	영화	교육문제
지리[환경]	정치	경제현황
한・중관계	예술[음악미술]	화교넷워크
문학[현대]	패션	지역문화
문학[고대]	음식문화	여행
주거문화	경극	대중문화
중국의 문자	철학 사상	언어특성
풍속습관	중국공산당과 사회주의	소수민족
가치관과 민족성		

2. 각각의 분야에 대하여 꼭 알고 싶은 사항을 3가지씩 적으십시오.

[1]____________________

[2]____________________

[3]____________________

그리고 가톨릭대 학생과 이화여대 학생에 대해서는, 학생들의 관심사항을 구체적으로 파악할 수 있을 것이라는 기대 하에, 선정한 각각의 항목에 대하여 꼭 알고 싶은 사항을 3개씩 적도록 요구했다.

2) 결과의 분석

설문조사 내용을 분석한 결과는 〈표 2〉와 같다.[4]

이들을 하나 하나 비교해 보면 전공자와 비전공자, 그리고 중국 유학생 사이에 선호도가 크게 차이 난다. 그런데 몇 개의 덩어리로 크게 나누어서 살펴보면 어느 정도 일반적인 경향이 내재하고 있음을 알 수 있다.

〈표 2〉 설문조사 결과 항목별 순위

순위	전체 순위	비전공	중어문전공	북경 유학생
1	음식문화	대중문화	한중관계	가치관과민족성
2	한중관계	음식문화	영화	풍속 습관
3	대중문화	여행	음식문화	언어 특성
4	경제현황	영화	경제현황	음식 문화
5	풍속습관	경제 현황	정치	한중관계
6	영화	풍속 습관	가치관과민족성	주거문화
7	가치관과민족성	한중관계	대중문화	대중문화
8	여행	주거 문화	중국공산당과 사회주의	자연환경
9	정치	경극	지역문화	정치
10	지역문화	패션	여행	지역문화
11	중국공산당과 사회주의	근현대사	근현대사	교육문제
12	근현대사	예술[음악미술]	풍속습관	경제현황
13	자연환경	자연 환경	문학[현대]	중국공산당과 사회주의
14	주거문화	가치관과민족성	화교 네트워크	패션
15	교육 문제	정치	소수 민족	여행
16	언어 특성	중국 공산당과 사회주의	예술[음악미술]	중국의 문자
17	예술[음악미술]	교육 문제	교육 문제	근현대사
18	패션	지역문화	자연 환경	소수민족
19	경극	문학[현대]	철학 사상	영화
20	소수 민족	철학 사상	경극	화교네트워
21	문학[현대]	소수 민족	언어 특성	철학 사상
22	화교 네트워크	화교 네트워	문학[고대]	예술[음악미술]
23	철학 사상	언어 특성	주거문화	문학[고대]
24	중국의 문자	문학[고대]	패션	문학[현대]
25	문학[고대]	중국의 문자	중국의 문자	경극

4 '전체 순위'는 중국어문학 전공자 50명, 비전공자 39명, 북경 유학생 29명 전체의 선호도를 합산하여 순위를 매긴 것이다.

아래에서 '전체 순위'를 가지고 세 개의 군으로 나누어 분석해 보자.

(1) 상위 8개 항목에 대한 분석

전체 순위에서 상위 8개 항목은 〈표 3〉과 같다.

〈표 3〉 설문조사 결과 상위 8개 항목

순위	주제 항목	순위	주제 항목
1	음식문화	5	풍속습관
2	한중관계	6	영화
3	대중문화	7	가치관과 민족성
4	경제현황	8	여행

첫째, 학생들이 중국을 생각할 때 우선 떠오르는 것이 중국 유학이나 여행일 것이다. 그러므로 많은 학생들이 '음식문화, 여행, 풍속습관'을 선택한 것은 당연하다.

둘째, '한중관계, 경제현황'에 대한 높은 관심에서 현실 속의 중국을 알고 싶어하는 이들의 바램을 엿볼 수 있다.

셋째, '대중문화, 영화'에 대해 높은 선호도는 10대 후반에서 20대 초반에 분포된 학생들의 보편적인 관심 사항을 반영한다. 그렇다면 중국의 같은 나이또래들의 문화 생활에 대해 적절한 정보 제공이 필요할 것이다.

넷째, '가치관과 민족성'에 대한 호기심은 중국인 자체에 대한 관심의 표명이다.

북경 현지의 학생들의 경우에는 '가치관과 민족성, 풍속 습관, 언어 특성, 음식 문화'가 1위에서 4위까지 차지하고 있다. 이것은, 그들이 현재 중국에서 살면서 당장 부딪치는 현실에 대한 이해의 필요성에서 나왔다고 할 수 있다. 매일 접하는 중국 사람을 알아야 하기에 중국인의 '가치관과 민족성'과 '풍속 습관'을 선택했을 것이고, 그들과의 의사소통의 필요성은 '언어 특성'에 대한 학습 욕구로 나타났을 것이다.

다만 '영화'의 경우 북경 현지에 있는 학생들의 선호도가 한국에 있는 학생들에 비해 떨어지는데, 이는 아마 영화보다 더 생생한 현실 세계 속에 몸을 담그고 있기 때문일 것이다. 그렇더라도 영화가 한국에서 중국문화를 접할 수 있는 중요한 창구 역할을 한다는 점에서 실제 강의에서 비중 있게 다루어져야 할 것이다.

요약컨대, 〈표 3〉의 항목들은 중국을 이해하는 데 핵심적인 사항이므로 강의에 반드시 포함시켜야 하며, 상대적으로 충분한 시간을 들여 할애해야 할 것이다.

(2) 중간 8개 항목 분석

전체 순위의 중간 8개 항목은 〈표 4〉와 같다.

〈표 4〉 설문조사 결과 상위 8개 항목

순위	주제 항목	순위	주제 항목
9	정치	13	자연환경
10	지역문화	14	주거문화
11	중국공산당과 사회주의	15	교육문제
12	근현대사	16	언어특성

우선 '정치'와 '중국공산당과 사회주의'에 대해 생각보다 높은 관심을 보이고 있는데, 이는 〈표 3〉의 '한중관계, 경제'와 같이 현재의 중국

을 알고 싶어하는 욕구에서 나왔을 것이다.

'근,현대사'는 현대의 제반 문화 현상을 이해하는 데 필수적으로 요구되는 부분이므로 적절한 시간을 할애하여 반드시 언급을 해야 할 것이다.

'지역 문화'에 대한 관심은 중국의 넓은 땅, 많은 인구, 다양한 언어와 생활양식을 볼 때 지극히 타당한 것이다. 짧은 시간에 개별적으로 깊이 들어가기엔 어려움이 있으므로 우선 대략적인 상황을 이해시킬 필요가 있다.

'자연환경'과 '주거문화'도 한번쯤은 언급을 하고 넘어가야 하므로 시간을 짧게 잡아서 진행하면 될 것이다.

교육 문제는 현재를 넘어 미래의 중국을 가늠하는 데 중요한 요소가 된다. 이 땅의 젊은이들과 함께 머리를 맞대고 동시대를 살아갈 중국의 젊은이들에 대한 이해가 강의의 중심이 되어야 할 것이다. 중국의 교육제도의 특성, 높은 교육열, 영재학교, 유학열, 가치관, 직업관 등을 살펴보면 좋을 것이다.

'언어 특성'의 경우 전체적으로 볼 때 상당히 흥미로운 양상을 보인다. 우선 중국어문학 비전공 학생들은 하위 3위, 전공 학생들은 하위 5위로 나타났는데 중국 현지의 학생들은 상위 3위의 높은 선호도를 보이고 있다. 거의 극과 극의 위치에 있다고 할 수 있는데 이러한 현상이 왜 나타날까? 아마 현실적으로 느끼는 긴박성의 차이 때문일 것이다. 중국에 거주하는 학생들은 당장의 의사소통을 위해 언어 자체에 대해 알아야 할 필요를 강하게 느끼고 있다. 하지만 한국에 있는 학생들은 그렇지 못하다. 특히 이 주제가 언어 자체가 아니라 언어에 대한 강의

일 것으로 짐작되기 때문에 더욱 기피대상이 되었을 것이다.

이상의 8개 항목은 교사의 능력과 판단에 따라 선정하여 강의에 포함시키면 될 것이다.

(3) 하위 9개 항목 분석

하위 9개 항목이 의미하는 것은 한 마디로 이들을 싫어하고 기피하는 학생들이 많다는 것이다.

'예술(음악, 미술)' 분야는, 함께 제시된 '대중문화'라는 항목 때문에 강의 내용을 고대의 고급 예술로 이해했을 가능성이 많다. 이들은 시기적으로 근대 이전의 내용을 담고 있기 때문에 당장 시급한 영역은 아니다. 그러므로 일단 선택에서 뒤로 미루어야 할 것이다.

'패션'도 학생들의 보편적인 관심을 끌고 있지 못하다. 여기에는 의복 문화를 포함시킬 수 있을 텐데 일단 긴 시간을 할애하여 강의할 필요는 없을 것 같다.

'경극'은 전통 놀이문화라는 측면에서 조사 대상에 포함시켰던 것인데, 〈표 2〉에서 보이듯이 선호도에 있어 상당한 차이를 보인다. 비전공 학생의 선호도가 높은 까닭은 그들이 아마 강의 시간을 통하여 지식을 전달받았으며 그 과정에서 긍정적인 느낌을 받았기 때문일 것이다.[5] 중국 현지의 학생들은, '경극'에 대한 지식이 당대의 중국 문화를 이해하는 데 필수불가결한 요소로 인식되지 않기 때문에 낮은 선호도를 보였을 것이다.

---

5 가톨릭대 학생 중 19명은 설문조사에 응하기 전에 '경극'에 대해 학습을 하였다.

〈표 5〉 설문조사 결과 하위 9개 항목

순위	주제 항목	순위	주제 항목
17	예술[음악 미술]	22	화교 네트워크
18	패션	23	철학 사상
19	경극	24	중국의 문자
20	소수민족	25	문학[고대]
21	문학[현대]		

'소수민족'과 '화교'에 관한 지식도 중국을 이해하는 데 필요하다. 하지만 시간이 한정되어 있으므로 화교 넷워크 또는 화인경제권에 대한 것은 '경제' 또는 '한중관계'에서 함께 다루고, 소수민족에 관한 것은 '중국개황'이나 '지역문화' 또는 '풍속습관'에서 다루면 될 것이다.

'고대 문학'과 '현대 문학'에 대한 기피 현상이 눈에 띈다. 왜 그럴까? 우선 학생들이 그동안 받아온 문학 교육이 선택에 영향을 미쳤을 가능성이 있다. 느끼고 즐기고 감상하는 것이 아니라 암기식으로 배움으로써 문학에 대해 흥미를 잃어버린 것이다.

어차피 문학은 언어에 대한 이해가 수반되어야 그 진수를 맛볼 수 있는 고급 예술에 속한다. 단순히 문학 장르와 작가를 연대기적으로 나열하는 정도를 넘어서는 획기적인 교수법을 도입할 자신이 없다면 전공 강의로 넘기는 것이 좋을 것이다.

'문자'에 대한 지식은 필요하지만 너무 깊이 있게 들어가면 비전공자 학생들에게는 지루함으로 다가온다. 갑골문에서 현대의 간체자까지 이르는 변화 과정을 학생들이 모두 알아야 한다고 하는 것은 교사의 지나친 욕심이다. 강의를 하더라도 길게 하지말고 '언어 특성'과 묶어서 간단하게 전달하면 될 것이다.

이상의 8개 항목은 강의 준비가 특별히 잘 되어 있지 않다면 가급적 전공 강의에서 소화하도록 하는 것이 좋을 것이다.

이상과 같은 결과를 강의에 반영시키기 위해서는 어떻게 해야 할 것인가. 이 문제에 대해서는 다음 장에서 다루기로 하자.

3. 교수 내용과 방법의 전환

제2장의 분석결과는 교사가 교수내용 구성을 신중하게 해야 하며, 아울러 교수 방법에도 적지 않은 개선이 필요함을 암시하고 있다. 그 변화 방향은 다음과 같아야 할 것이다.

1) 교수 내용

첫째, 과거에 앞서 현재를 가르친다

한 학기 강의에서 모든 것을 다 가르치고 전수할 수 없다. 그렇다면 취사선택을 해야 한다.

학생들이 당장 알고 싶어하는 것은 현재의 중국이다. 그런데 현재를 알기 위해 과거를 알아야 한다고 주장하며 과거의 역사와 문화 현상을 가르치려 한다. 이런 태도가 틀리다고 할 수는 없지만 현실을 제대로 보고 있다고는 할 수 없다.

과거의 사실과 현재의 상황이 서로 경쟁을 하고 있다면 과감히 과거를 버리고 현재를 택해야 한다. 그리하여 고대역사보다는 현대사를, 고대 철학 사상보다는 현대를 살아가는 중국인의 인생관과 가치관을 먼저 가르쳐야 한다.

둘째, 순수 예술에 앞서 대중문화를 가르친다

고전문학, 회화, 전통음악과 같은 고급예술 이전에 청소년들이 호흡하며 살고 있는 대중문화를 먼저 알도록 해야 한다. 영화와 TV 매체를 통한 다양한 놀이문화, 엄연한 문화현상 중의 하나인 한류(韓流), 대중동원에서 탁월한 능력을 보이고 있는 스포츠 활동 등에 대해 이야기하면서 자연스럽게 고대 전통 문화에 관심을 갖게 해야 한다.

학문을 연구하는 학자들은 먼저 뿌리와 줄기를 연구하고 나서 잎과 꽃을 관찰하는 것을 순리로 생각한다. 하지만 교육 현장은 이와 달라야 한다. 먼저 화려한 꽃을 보여주고 이를 통해 중국 문화에 대한 시야를 트이게 한 다음 뿌리를 찾고자 하는 마음이 절로 일게 해야 한다.

셋째, 대조 분석이 필요하다

중국문화의 이해라고 하여 중국에서 벌어지는 현상만을 이야기하는 것은 부족하다. 가급적인 동일한 사항에 대해 한국이나 여타의 다른 나라의 사례를 들어 함께 이야기하는 것이 좋다. 그래야 공정한 인식이 생긴다.

2) 교수 기법

아무리 흥미를 끄는 주제와 내용이라고 할지라도 강의방법이 구태의연하면 강의 효과도 떨어지고 학생들에게 외면을 당하게 된다. 그래서 엄선된 내용을 훌륭하게 전달할 수 있는 교수기법에 대한 연구가 필요하다.

첫째, 다양한 매체의 장점을 활용한다.

어떤 매체이건 장단점이 있다. 교육 내용에 따라 장점을 최대한 살릴 수 있는 매체를 선택해야 한다.

전달해야 할 양이 많을 경우 파워포인트를 이용한다. 파워포인트의 장점은 짧은 시간 안에 많은 정보를 전달할 수 있다는 데 있다. 홈페이지 게시판에 자료를 올려놓고 강의는 파워포인트를 이용하여 간단명료하게 진행하는 방안도 모색해볼 만하다.

잘 만들어진 비디오 자료는 효과적인 강의에 더할 나위 없는 도움이 된다. 이를 위해서는 다양한 영상 자료를 확보해야 한다. KBS 영상사업단이나 Q-Channel에서 필요한 자료를 확보하여 강의에 활용하자.[6]

둘째, 문자와 영상의 조화를 모색한다.

강의는 '문자 정보'와 '영상 정보'를 유기적으로 연결시킨다. 굳이 영상세대가 아니라고 할지라도 문자의 나열보다는 볼거리가 많은 것이 이해에 도움이 된다. 하지만 강의 시간 내내 비디오만 틀어주는 것은 문제가 있다. 제일 큰 문제는 학생들의 집중력이 생각만큼 오래 지속되지 않는다는 점이다.

필자의 경험으로는, 먼저 활자로 된 자료를 준비하여 전반적인 내용

6　이들의 웹사이트 주소는 다음과 같다.
KBS 영상 자료 대행 판매　http://www.kbsmedia.net
Q-Channel 자료 판매　http://www.qchannel.co.kr

을 설명한 뒤 준비된 영상 자료를 통해 이해를 돕게 하는 것이 흥미를 유지하고 강의 효과를 높이는 데 도움이 되었다.

셋째, 평가(test)를 적절히 활용한다 : '이해에서 기억으로'

인터넷 공간에서 몇 번만 클릭하면 무수한 정보가 나오니까 학생들은 더 이상 기억하기 위한 노력을 하지 않으려 한다. 기억 없이 엄청난 수의 정보를 얻는 것은 결국 아무 것도 얻지 못한 것과 다르지 않다.[7] 사실 정보의 진정한 가치는 실제 생활에서 활용될 때 발휘되는 법이다. 생활 속에서 활용하려면 그것이 머리 속에 저장되어 있어야 한다. 그러므로 교사는 반드시 학생들에게 강의 내용을 '기억'하기를 요구해야 한다.

학생들에게 지난 50년간 중국에서 무슨 일이 일어났는지를 머리 속에 저장해놓도록 요구하자. 좋은 방법이 평가(test)를 이용하는 것이다. 문제를 다양하게 출제하여 학생들이 배운 내용을 장기 기억하도록 유도하는 것이다.

3) 교사

시대와 학생이 변하는 만큼 교사도 바뀌어야 한다. 자신의 전공 분야에 너무 연연해하지 말고 시야를 좀더 넓혀서 현재의 중국을 다양하게 관찰하고 연구해야 한다.

첫째, 학생들과 호흡을 같이 하려면 교사도 배워야 한다.

7 『중앙일보』, 2002.5.15. 움베르토 에코와의 대화 참조

교사는 스스로 중국에 대해 폭넓은 지식을 쌓아야 하며, 공정한 가치관과 세계관을 가지고 강의에 임해야 한다. 교수가 제공하는 편협한 정보가 학생들에게 또 다른 고정관념을 만들어 부정적 결과를 초래할 수 있기 때문이다.

둘째, 실물 경제에 대한 지식이 있으면 금상첨화이다.

학생들은 대부분 졸업하면 취업을 하게 된다. 그렇다면 그들의 지식은 현실적으로 활용 가능해야 한다. 배운 지식을 현실 속에서 파악하는 일을 학생들의 몫으로 남기지 말고 교사가 그곳까지 안내할 수 있어야 한다.

예컨대, 중국의 인구에 대해 강의를 한다고 하자. 중국은 2000년의 제5차 인구조사에서 홍콩과 타이완을 포함하여 약 12억 9천 8백만 명이라고 하였다. 이렇게 많은 인구는, 이전에는 먹여 살려야 하는 짐이었다. 하지만 지금은 상황이 바뀌고 있다. 이들은 이제 기술 수준도 제법 높아져서 그 속에서 고급 인력이 양산되고 있으며, 다른 한편으로는 저임금 노동자를 끝없이 제공하여 생산 단가를 낮추는 긍정적인 역할도 하고 있다. 나아가 소득 수준의 향상은 이 인구를 엄청난 소비시장의 주체로 변화시키고 있다. 이것은 총체적으로 중국의 경제력 향상으로 나타나고 있다. 경제적인 측면에서 '인구 문제'가 이렇게 다른 식으로 설명될 수도 있다는 점을 알아야 하는 것이다.

셋째, 공동 작업이 필요하다.

문화 과목의 성격상 교사가 알고 준비해야 할 사항들이 너무나 많다. 이 모든 것을 교사 혼자서 직접 체험하거나 준비할 수는 없다. 이에 대한 대안으로 관련 교사들이 공동으로 작업하는 것을 생각할 수 있다.

이 쪽에 관심을 가지고 있는 교사들이 모여서 서로 경험과 자료를 공유하는 것이다. internet website에 떠다니는 data나 도서, 논문, 신문, TV 속의 자료를 수집하여 서로 공유하는 것이다. 전문가를 초빙하는 등 자체 특강을 계획적으로 마련하여 중국문화에 대한 지식을 넓혀갈 수도 있다.

4. 강의 모형

여기에서는 설문조사의 분석 결과에 필자의 경험을 더하여 강의 모형을 제시하려 한다.

여기에서는 지면 관계상 핵심적인 내용으로 생각되는 주제 12개만을 제시한다. 교사가 강의를 진행할 때에는 여기에 제시한 주제를 중심으로 하여 더 필요한 항목을 첨가하면 될 것이다.

각각의 주제에 대해 세부 학습내용을 제시하였는데 여기에는 설문조사에 나타난 학생들의 요구사항을 정리하여 가급적 자세히 나열하였다. 그리고 필자가 알고 있는 시청각 교재를 참고용으로 제시하였다.[8]

① 중국 개황

중국과 관련된 제반 사항을 간략하게 제시한다. 이는 향후 진행되는

8 그런데 여기에 제시된 자료 목록은 아직 부족한 점이 많다. 주제별로 좋은 자료를 가지고 계신 분께서는 그 자료에 관한 정보를 함께 공유했으면 한다. 연락처 : hanchina@catholic.ac.kr. 그리고 여기에 소개한 몇 개의 자료는 연세대 이규갑 교수님께 제공받았다. 이 자리를 빌어 감사드린다.

강의의 배경 지식이 될 것이므로 생각보다 중요한 부분이다.

- □ 내용 : 자연 환경, 기후, 사막화, 지리적 특성, 인구 분포, 주요 도시, 각 지역 간의 차이, 황사현상이 우리나라에 미치는 영향, 각 지역별 기후 조건과 지역별 산업의 연관성, 인류 문명 발상지
- □ 방법 : 파워포인트 활용, VIDEO 자료 이용, 중국지도(괘도) 준비
- □ 자료 : 주중한국대사관 홈페이지(www.koreaemb.org.cn), 한국수출입은행 홈페이지(www.koreaexim.org.kr) 참조
- □ 과제 : 지도에 성(省), 자치구, 직할시 그려 넣고 암기하기

② 현대사의 이해

현대사는 다른 문화 현상을 이해하는 데 배경이 되므로 필수적으로 알아야 한다. '청말－군벌시대－대장정과 항일, 국공내전－신중국－대약진－문혁－개혁개방－천안문사태－WTO 가입－2050 마스터 플랜'에 이르는 과정을 모두 알아야 하겠지만 만약 시간이 충분치 않다면 1949년 신중국 성립 이후부터라도 가르쳐야 할 것이다.

- □ 내용 : 중국 근현대사의 주요 사건들, 봉건과 반봉건 투쟁의 중국현대사, 아편전쟁과 중국의 변화, 근현대사의 흐름에서 중국인들의 의식변화는? 중국에 사회주의가 뿌리내릴 수 있기까지의 역사, 중국에서 공산당이 집권하게 되는 계기, 문화혁명의 발생 배경과 결과, 모택동의 업적과 실수, 개혁개방의 역정과 사회주의 시장경제론, 1989 천안문사태, 1992년 남순강화(南巡講話), 홍콩과 마카오 반환, WTO 가입, 향후의 전망
- □ 자료 : http://kbsvideo.net

가. 〈격동의 세계사 100년 제20편 : 대약진(1949-1989)〉

나. 〈중국, 13억인의 질주〉(2부작)

□ 보조 자료 : 영화 〈아편전쟁〉, 〈인생〉 등

③ 일상의 삶-음식문화

학생들이 중국에 가면 바로 부딪치게 되는 상황에 따라 의식주행(衣食住行) 4가지 중에서 음식문화에 대해 알아본다.

□ 내용 : 서민의 음식문화, 접대문화, 중국요리를 통한 중국인들의 심미안, 중국음식의 사회학적 의미, 중국음식의 재료, 조리법 소개, 중국 4대 요리 중 대표적인 요리 하나씩 맛보기, 중국음식 발달의 원인, 중국에 가서 요리 잘 고르는 비법, 우리나라에 있는 음식과의 차이, 중국의 궁중음식, 식사예절, 중국의 세계적인 음식, 각 지역의 식 습관과 대표음식, 그것이 대표음식이 된 이유, 그곳의 지역성과 음식의 상관관계, 왜 '차'를 좋아하나, 차 문화(다도), 음주 문화, 술의 종류

□ 방법 : 파워포인트를 이용한다. 국내의 중국음식 관련 사이트에서 중국요리 사진 자료를 수집한다.

□ 자료 : Q-Channel

〈아시아 음식문화 기행〉 (05)식탁에서 시작된 대륙의 변화-중국1

〈아시아 음식문화 기행〉 (06)대륙의 맛, 풍요의 얼굴-중국2

〈아시아리포트〉 음식의 몬도가네, 광동을 가다(102)

④ 중국의 젊은이들의 꿈과 현실

중국의 젊은이들의 꿈과 현실을 알아본다.

□ 내용 : 중국의 교육제도, 가장 문제되고 있는 것은? 영재 교육, 小皇帝 : 새로운 소비계층, 가치관, 인생관, 중국 명문 대학, 초중등 학교의 특성, 그 많은 아이들은 다 의무교육을 받을 수 있나? 우리나라처럼 사교육열풍이 불까? 우리나라와의 교육 방식의 차이, 어학연수, 엘리트 코스, 대학과 성공과의 연계, 취업 현황

□ 보충 교재 : 영화 〈햇빛 찬란한 날들〉, 〈북경자전거〉, 〈소무〉

⑤ 대중문화-영화

□ 내용 : 요즘 유행하는 영화, 세계 속의 중국영화 위상, 영화 속의 현실 풍자나 비판 보기, 영화에서 나타나는 중국의 역사(근현대사), 최근의 중국영화 흐름은?(주제, 장르, 배우), 국가의 간섭이 아직도 심한가, 중국을 대표하는 영화감독과 그들의 영화 세계 엿보기, 국제적인 시상식에서 큰 상을 받은 영화들, 중국의 특색을 가지고 있는 영화, 홍콩 반환 이후 중국 및 홍콩 영화흐름, 무협, 홍콩 느와르의 발생원인, 영화 속에 비친 중국, 애니메이션, 중국 영상물의 심의 기준, 중국, 홍콩, 대만영화를 통해 본 중국의 사회, 문화적 배경, 독립 저예산 영화의 유무

□ 자료 : Q-Channel

가. 〈세계영화기행〉(09)스크린의 붉은 별(중국1)

나. 〈세계영화기행〉(13)중국대륙, 그 찬란한 빛(중국2)

다. 〈세계영화기행〉(12)아시아의 헐리우드(홍콩)

⑥ 생활 속의 풍속

일상 생활에서 경험하게 현대중국사회의 풍속도, 그리고 전통 명절

과 세시 풍속 및 놀이문화도 알아둘 필요가 있다.

□ 내용 : 3대 명절과 그것이 가지는 경제적 의미, 명절 때 먹는 음식, 금기, 중국의 전통놀이와 음식, 중국의 세시 풍속, 중국인이 왜 빨간색을 좋아하나, 8자를 좋아하는 이유, 중국의 관혼상제 의식

□ 방법 : 영화를 편집하거나 광고를 사용하는 방안

⑦ 정치

"沒有共産黨, 沒有新中國". 중국은 사회주의 국가이다. 설사 자본주의적 시장경제체제를 도입했다고 하더라도 그 기저에는 사회주의 체제와 정신이 깊이 깔려있다. 그 이중성을 명확히 꿰뚫고 있어야 중국을 제대로 이해할 수 있다.

□ 내용 : 정치와 경제의 관계, 전인대의 기능, 역대 정치인 연구 : 毛澤東 鄧小平 江澤民, 중국은 대통령이 없고 주석이 있던데, 권력구조가 궁금하다, 세계 정치 흐름에서 중국의 위치, 모택동과 등소평에 대한 역사적 평가, 그가 중국 사회에 끼친 득과 실, 중국의 정권 교체의 방식, 정치적 변동에 크게 동요하지 않는 이유는? 현재와 미래 지도자, 江澤民 후계구도, 후진타오를 중심으로 한 정치개혁, 共靑團과 胡錦濤, 개방된 사회 속에서의 현재 공산당의 위치, 정책, 노선

⑧ 경제와 사회, 환경

한국과 중국의 교류의 기저에는 경제적 교역이 중요한 몫을 차지하고 있다. 즉 경제 교역을 중심으로 수많은 인적 물적 교류가 이루어지고 있는 것이다. 그렇다면 중국의 경제에 대해 알아야 한다. 개혁 개방

이후의 변화 양상, WTO 가입이 중국과 한국 경제에 미치는 영향, 향후 한국과 중국의 동반 관계 등이 강의의 내용이 된다.

□ 내용 : 개혁개방정책에서 WTO 가입에 이르기까지, 현 중국의 경제 현황, 수출1위 품목, 수입1위 품목, 중산층의 생활모습, GNP와 GDP는 얼마일까? 우리나라와의 관계, 중국은 진정한 경제대국으로 성장할 것인가? 한 가정의 실질소득과 문화수준, 중국의 경제적 잠재력, 10년 내의 중국 경제 변화 상을 예상하면? 중국의 사유재산제도, 경제발전으로 인한 중국 현 정부의 난제들, 실업, 지역별 빈부격차, 계층별 빈부격차, 환경 오염, 2008년 올림픽과 중국의 경제

□ 자료 :

가. www.kbsmedia.net

〈중국 대진단〉 2부작 제1편 : 중국 주식회사(2002.1.3)

나. Q-Channel 〈용의 제국, 중국〉(06) 중국 경제의 비밀

⑨ 가치관과 민족성

□ 내용 : 중국인의 인생관 : 중국인의 생활 속에 살아있는 공자와 장자, 중국문학 속에 나타난 중국인의 인생관, 중화사상, 만만디, 명분과 실리 문제, 꽌시, 민족의식, 현재 중국인들의 가치관은 어떻게 형성되었는가? 남녀관계, 중국여성들이 바라는 남성상과 여성상, 젊은이와 기성 세대간에 격차는 없는가? 어떻게 극복하는가? 종교 문제, 파룬궁, 사회주의적 사고방식, 최근 불고 있는 급속한 변화로 인한 가치관의 변화가 어떻게 나타나는가? 선호하는 직업, 중국인들이 많이 종사하는 직업, 중국인은 자기 본위일까 국가 본위일까? 중국사회를 지배하

는 주된 관념, 경제관념에 투철한 중국인의 면모, 제자백가의 사상이 민족성에 끼친 영향, 중국을 이끌어 가는 주된 철학사상은? 중국인의 인생의 지표는(인생철학)? 시장경제 체제 하에서의 중국인의 의식의 변화

□ 자료 : kbsmedia.net 〈용의 제국, 중국〉(1~13)

(01)중국을 지탱해온 저력, (02)외부세계와 중국, (09)중국문화의 상징, 유교, (13)중국을 움직이는 전통윤리

⑩ 지역 문화

□ 내용 : 자연 환경에 따른 다양한 문화 현상, 지역 간의 특징, 각 지역 간의 교류

지역의 언어의 차이점, 방언과 의식주의 특성, 각 지역의 문화의 차이, 우리나라처럼 지역감정은 없는지, 중국의 소수민족 문화와 정책, 북경과 상해의 차이, 서부와 동부지역 비교, 지역의 자연환경과 문화의 상관 관계, 인구 1,000만 이상의 도시는? 지하철이 있는 도시는? 지역별 대표적 인물

□ 자료 : 『중앙일보』(2001.8.21~12.4). 15부에 걸쳐 홍콩과 대만을 포함하여 중국의 동서남북 주요 지역의 문화와 경제를 자세히 기술하고 있다.[9]

9 『중앙일보』 웹사이트에서 키워드 '니하오'를 치면 자료를 볼 수 있다.

⑪ 중국 여행

□ 내용 : 중국의 고대 유적, 중국에서의 최고 관광지,[10] 여행시의 유의점이나 경비 등, 여행기간과 예산은 얼마를 잡아야하는가, 대중 교통 이용, 외국인을 위한 관광 배려, 숙박 시설 현황, 성공적인 중국 여행을 위한 것들, 중국여행 과연 안전한가, 각 지방의 문화유산(고구려, 발해, 문화유적 실태 등)

□ 자료 : KBSmedia.net

'자금성과 만리장성' 〈'세계문화유산 제2편(인도 중국)'〉

⑫ 한중 관계

□ 내용 : 한중수교가 늦어졌던 이유, 한중관계는 어떻게 변하였는가, 무역에 관해(수입 몇 %, 수출 몇 %), 한반도에 대한 중국의 영향력, 통일에 미칠 수 있는 그들의 영향력, WTO가입 이후 한중 무역 실태, 중국기업의 한국진출 정도는? 중국에서 활동중인 한국 기업 현황(예 : 삼성전자, 이마트), 고급 마케팅의 현주소, 관광 : 중국의 관광자원의 활용 방안, 중국인 관광객 맞이하는 국내의 준비, 중국의 한국관, 중국인의 협상술과 대응전략

□ 자료 : 가. 〈중국 대진단〉 2부작 제2편 : 중원 공략법 1.2.3.(2002.1.4), kbsmedia.net

나. 『중국인이 바라본 韓國』, 임계순, 삼성경제연구소, 2002. 5.

10 권삼윤, 『유네스코 지정 세계문화유산 577』(1권－아시아, 아프리카, 아메리카)(청아출판사, 2002)에 소개된 25곳이 우선적으로 추천될 수 있을 것이다.

5. 맺음말

이상적인 강의 구성을 위해서는 학생들이 진정으로 원하는 것이 무엇인지 파악해야 한다. 그것은 그들이 장차 학업을 마치고 대부분의 생활을 하게 될 사회의 요구를 파악하여 교과과정에 반영하는 것까지 포함한다. 교사의 일방적인 선택에 의한 수업에서 이제는 교사와 학생 쌍방 간의 소통과 협동 하에 수업을 구성하고 진행하는 쪽으로 변해야 한다는 것이다.

그런데 현재 거의 모든 대학에 개설되어 있는 '중국문화의 이해' 과목에 대해서는 체계적인 교수전략 연구 없이 교사의 주관적 판단에 따라 임의로 진행되는 것이 사실이다. 본고는 이에 대한 반성을 담은 글이다.

우선 제2장에서는 강의에 참여하는 학생들의 요구를 파악하기 위해 그들을 대상으로 설문조사를 하였다. 그 결과 학생들은 과거보다는 현재의 중국을 알고 싶어했으며, 고급 예술 분야보다는 대중문화를 접하고 싶어한다는 것을 확인할 수 있었다. 이와 동시에 현재의 중국을 이해하고 미래의 중국을 가늠하는 데 필수적으로 요청되는 정치, 경제, 사회에 대한 이해도 강력하게 요청하고 있었다. 이들의 요구는 공정하고도 당연한 것으로 생각된다.

이를 바탕으로 하여 변화되어야 하는 강의 현장의 모습을 제3장에서 기술하였다. 첫째로 강의 내용을 보면, 과거보다는 현재와 미래를, 전통적이고 고급스런 분야보다는 대중적인 것을, 중국 하나만을 이야기하기보다는 다양한 나라와 비교를 강의 내용에 담고 있어야 한다. 둘째로 강의 방법은 다양한 멀티미디어의 장점을 최대한 활용해야 한다. 셋째로 이러한 요구를 충족시키기 위해 교사의 남다른 노력이 필요하다. 보다 많은 지식을 축적하고 기법을 개발하기 위해 교사끼리의 공동작업이 필요하다는 주장을 하였다.

제4장에서는 이상의 논의를 바탕으로 '중국문화의 이해'의 강의모형을 제시하였다. 비록 제시된 모습 그대로 실행하기에는 부족함이 있겠지만 각 교사들이 처한 교수 현장에 맞추어 이상적인 강의안을 만드는 데 참고가 될 것이다.

위에서 설문조사의 결과에 따라 몇 가지 제언을 하기는 했지만, 사실 어느 주제 항목이든 중국인들의 심층의식과 맞닿아 있지 않은 것은 없다. 어떤 주제를 가지고 강의를 하든 중국문화의 본질로 학생들을 인도할 수 있다. 그렇다면 궁극적으로 말해서 주제가 문제가 되는 것이 아니라 어떻게 가르치느냐가 문제가 된다.

학생들을 매혹시킬 만반의 준비만 되어 있다면 어떤 강의든 할 수 있다. 예컨대 '패션' 같은 경우 영화를 이용하여 많은 이야기를 할 수 있다. 전통 의상과 일반 서민들의 의상, 현대 젊은이들의 패션 감각, 중국인들의 색채 감각, 의상에 나타난 중국인들의 가치관, 인생관, 세계관 등등. 이렇게 본다면 결국 문제는 주제의 성격이 아니라 교사의 열의와 교수기법으로 귀결되게 된다.

본고는 '중국문화의 이해'의 강의 전략을 마련하기 위한 초보적 시안에 불과하다. 강의의 주체인 교사의 목소리를 충분히 담지 않은 점, 그리고 설문조사가 입체적으로 진행되지 않았다는 한계를 지니고 있다. 향후 이러한 한계를 뛰어넘는 본격적인 연구를 기대해 본다.

참고 문헌

강준영 외, 『한 권으로 이해하는 중국』, 지영사, 1997.

강춘화, 『당대 중국학 입문』, 박영률출판사, 1998.

고영근, 『중국학 입문』, 부산외국어대 출판부, 1997.

구섭우 외, 『중국학입문』, 서해문집, 1994.

김문환, 『문화경제론』, 서울대출판부, 1997.

김원중, 『중국 문화의 이해』, 을유문화사, 1998.

김익수, 『중국투자론』, 박영사, 1999.

김인호, 『중국 문화의 이해』, 세종출판사, 1999.

김형선, 『인터뷰, 그 기술과 즐거움』, 김영사, 1994.

다케요시 지로오 등, 『오늘의 중국을 읽는 27가지 테마』, 자작나무, 1999.

박승준, 『중국, 중국인 똑바로 보기』, 조선일보사, 1999.

박종한, 「중국의 광고 문안에 대한 언어학적 연구」, 『중어중문학』 28, 한국중어중문학회, 2001.

______, 「광고와 수사」, 『중국언어연구』 12, 한국중국언어학회, 2001.

손융기, 박병석 역, 『중국 문화의 심층구조』, 교문사, 1997.

송봉규 외 7인, 『중국학개론』, 동양문고, 1998.

송영우 외, 『중국학』, 건국대 출판부, 1998.

스오스센, 류해인 역, 『중국 비즈니스 성공의 비결』, 하서, 1994.

안병선, 『21C황금시장 문화산업』, 매일경제신문사, 2000.

이벤허, 『중국인의 생활과 문화』, 김영사, 1994.

이수웅 외, 『중국 문화의 이해』, 대한교과서주식회사, 1995.

이인호, 『중국, 이것이 중국이다』, 아이필드, 2002.

이종규, 『중국 문화 개론』, 동문선, 1991.

임계순, 『중국인이 바라본 한국』, 삼성경제연구소, 2002.

장범성 · 고연걸, 『중국학 개론』, 한림대 출판부, 2000.

존 스토리, 박모 역, 『문화연구와 문화이론』, 현실문화연구사, 1994.

중국민정부 편, 김하림 역, 『중국인도 다시 읽는 중국 사람 이야기』, 에디터, 1998.

중국어문학연구회, 『중국 문화의 이해』, 학고방, 2000.

池上惇 외 2인, 황현탁 역, 『문화경제학』, 나남, 1998.

차주환 외, 『중국 문화 개관』, 한국방송통신대학교, 2000.

최기호 · 김미형, 『언어와 사회』, 한국문화사, 2000.

치우환싱, 남종진 역, 『중국풍속기행』, 프리미엄북스, 2000.

캐롤라인 · 블랙크만, 김하림 역, 『중국 사람 바로 알면 비즈니스 확 풀린다』, 에디터, 2000.
크리스 젠크스, 김윤용 역, 『문화란 무엇인가』, 현대미학사, 1996.
허세욱, 『중국 문화 개설』, 법문사, 1997.
황병곤, 『중국학』, 홍익제, 1990.

청소년의 인터넷기반 소설 읽기 동기 요인 분석

장정윤

1. 들어가며

종이텍스트와는 확연히 다른 인터넷 텍스트를 아주 어릴 때부터 접한 현재 청소년들은 전 세대의 독자들과는 판이하게 다른 읽기 환경에서 성장했다고 할 수 있다. 오늘날 청소년들은 태어나면서부터 이미 디지털 미디어 환경 속에 놓여있으며, 인터넷이나 핸드폰과 같은 것이 단순히 기능적인 차원에서의 도구가 아닌 이들의 감정과 정서를 구성하는 주요한 환경이 되고 있다.[1] 이른바 '넷 세대' 또는 '디지털 원어민'이라는 신조어가 등장할 정도다.

이들이 흥미를 가진 분야는 기존에 전통적인 부분과 다를 수 있고, 재미를 느끼는 지점이나 이유 또한 기성세대의 그것과는 판이하게 상

1 김덕유, 「디지털 영상 세대의 독서문화 연구—심층인터뷰를 이용한 학생과 교사의 인식 사례를 중심으로」, 중앙대 석사논문, 2009, 39~40쪽.

이하다. 아쉬운 것은 청소년들의 읽기문화는 컴퓨터와 인터넷, 스마트폰이라는 새로운 기술발달에 의해 급격히 바뀌고 있는데 비해 전자매체나 전자텍스트 읽기 관련 연구는 그다지 활발하게 진행되지 않고 있어 보인다는 점이다.[2] 본고에서는 인터넷 텍스트 연구에서 가장 기본이 되는 독자들의 읽기 동기요인(이하 '독서동기'와 동일하게 사용함.) 부분에 대해 알아보고자 한다. 독서교육에 있어서 가장 기본이 되는 출발점은 독자들이 현재 어떤 것에 흥미를 가지고 있으며, 어떤 이유 때문에 읽게 되는지 독서의 주체와 그들의 선호를 파악하는 일이다. 학습에도 자기 주도성이 중요하듯 독서에서도 독자의 자발성을 끌어내는 것이 모든 독서교육이 지향할 바일테다. 그렇다면 그 시발점으로 독자가 읽기에 대해서 어떤 생각과 감정, 정서를 갖고 있으며, 그들이 지향하는 바가 무엇인지 알아야만 교육적 시사점을 찾을 수 있다.

청소년 독자들이 텍스트를 읽는 데는 많은 요인들이 있을 것이다. 우리가 흔히 '재미있어서 읽는다'의 '재미'라는 추상적 용어 속에는 수많은 요인들이 내포되어 있다. 따라서 본고에서는 실제 독자인 청소년들과 인터뷰를 통해 그들이 느끼는 '재미'의 내포요인을 찾아보고자 한다. 단순하게 나눈다면 그들의 '재미' 요소에는 텍스트 그 자체에서 느끼는 요인도 있겠지만, 텍스트 밖에 다른 이유 때문에 느끼는 것도 있겠다. 이러한 텍스트 안팎의 읽기 동기 요인을 복합적으로 탐색하는 것이 본 연구의 목적이다.

이것을 위해 본 연구자는 현재 청소년들이 학교 밖에서 주로 읽는 텍

2 학술연구정보사이트 Riss에서 조회결과 2015년 10월 현재 전체 읽기 연구 약 26,000건 중 인터넷 매체 읽기는 대략 1,200건 전후일 뿐이다. 전체 읽기관련 연구에 비해 1/10 미만이다.

스트들 중에서 소설의 서사형식을 갖추고 있는 인터넷 소설(일명 인소)과 팬픽을 중심으로 그들의 읽기 동기 요인을 발견해보고자 한다. 인소와 팬픽의 경우 인터넷방식에 의하지 않으면 볼 수 없는 작품이 대부분이다. 청소년들이 인소와 팬픽을 왜 읽는지 그들의 독서 동기를 알게 되면, 청소년 독자들이 소설에서 재미를 느끼는 지점이 어떤 것인지 파악할 수 있다. 본 연구자는 그들의 즐거움 양상과 스펙트럼을 분석하여 청소년들을 이해하고, 독서교육에 시사하는 바를 고찰하고자 한다.

2. 이론적 배경

1) 학교 안과 밖의 읽기 동기 요인

일반 심리학에서 시작된 태도와 관련한 연구는 독서에까지 영향을 끼쳐 독서 동기와 태도에 대한 여러 모형들이 연구되기 시작했다. 학교 안에서 독서 태도 이론 확립에 기여한 모형들은 Mathewson(1994) 모형, McKenna(1995) 모형 등이 있다. 우리나라의 연구자 중에서 한철우(2011)는 독서태도에 영향을 미치는 다양한 요인들을 ① 개인적 요인, ② 환경 요인, ③ 타인의 기대에 대한 신념으로 크게 구분하였다. 또한 이순영(2006)은 독서 동기와 몰입에 영향을 주는 요인으로 ① 텍스트 요인, ② 독자 내적 요인, ③ 교사와 교실환경 요인, ④ 가족과 가정환경 요인을 꼽았다.

학교 밖 문식성이란 학교 밖에서 이루어지는 다양한 문식활동을 총칭한다. 예를 들면 취미로 읽는 책이나 만화책, 각종 광고나 TV시청, 인터넷이나 스마트폰으로 이루어지는 블로그나 카페활동, SNS나 이메일, 동영상, 소설이나 일기 등의 읽고 쓰기가 모두 포함된다. 학교 밖 문식성에서 읽기 동기 요인에 대한 연구는 상대적으로 미비한데, 정혜승외 8인(2013)의 연구나 정혜승, 민병곤외 3인(2013)의 연구, 손원숙 외 4인(2015)의 연구 등이 있다.

위의 연구를 종합해 본다면 학교 밖 문식활동에 있어서 읽기 동기 요인은 오락과 재미가 큰 비중을 차지하고, 그 외에도 인터넷 매체의 선호, 자발성 등이다. 반면 학교 안 문식활동에서 읽기 동기 요인 중 큰 부분을 차지했던 가정과 학교의 환경적 요인은 학교 밖에서는 큰 영향이 없는 것으로 드러났다. 단지 부모와 교사의 간접적 영향이 인정될 뿐이다.

2) 인터넷 기반 소설의 현대적 의미와 양상

우리나라에서 인터넷 기반 소설은 크게 몇 가지 굵은 줄기와 그 아래 다양한 세부가지로 그물망 형태의 모습을 갖추고 있다. 일명 '인소'로 불리는 기존의 인터넷 소설과 그 아류의 형태를 갖는 웹소설, 기성 작가의 블로그 게시판소설 등이 한 줄기이다. 또 다른 줄기는 청소년들의 팬클럽을 중심으로 하는 팬픽과 그 아류의 형태를 갖는 빙의글, 럽실소(러브실화소설) 등이다.

인소는 동호회를 중심으로 10~20대 그들만의 문화를 형성했으나 2001년 귀여니의 등장을 기점으로 정식 출판을 목적으로 한 아마추어 작가 또는 전문 작가들의 연재물이 되었다. 소규모로 운영되던 인소는 규모가 커져서 이제는 네이버나 다음 등의 포털사이트에서 별도의 인소사이트를 운영하고 있다. 인소는 일정장르 소설로 분화되는 경향이 있는데, 대표적으로 로맨스, SF, 판타지, 무협 등 여러 장르로 나누어진다. 특히 로맨스 인소의 경우 「해를 품은 달」이나 「성균관 유생들의 나날」처럼 책과 드라마로 흥행에 성공한 경우도 있다.

인소에서 파생된 형태인 웹소설은 인디작가의 작품을 인터넷에서 무료로 보는 소설을 통틀어 지칭한다. 국내에 웹소설이라는 이름으로 정식 서비스를 시작한 네이버는 '네이버 웹소설'이라는 명칭으로 누구나 작가가 될 수 있는 길을 열었다. 네이버 웹소설은 위의 장르에 소설들을 최초에 '첼린지 리그' 라는 이름으로 연재하고, 여기에 일정 조회수를 넘으면 등급이 올라가 '베스트 리그'라는 최상위 리그에 오르는 형태이다. 최근 스마트폰의 사용이 급증하면서 웹소설이 더욱 확산되고 있으며, 「뱀파이어의 꽃」과 같은 인기 웹소설은 드라마로 제작되어 방영되었다.[3]

반면에 아이돌 스타를 중심으로 인터넷 카페나 블로그에 연재되는 팬픽은 정식 출판보다는 팬픽 그 자체나 2차 창작물을 목적으로 한다. 팬픽의 경우 인소에 비해 좀 더 음지로 지향하며 복잡한 양상을 띤다. 아이돌 스타팀이 생겨날 때마다 새로운 팬덤 커뮤니티가 만들어지는데, 이들 10대 여학생 팬덤을 중심으로 쓰는 것이 팬픽이다. 팬픽의 경우 동성애적인(이른바 BL) 내용이 많은데, 1차 창작물에 그치지 않고, 기

3 『Wikitree』(social network news service), 2014.8.8, 「작가 꿈꾸는 이들을 위한 공간, '웹소설' 뜬다」 신문기사.

존 팬픽을 원본으로 하여 각색하는 형태의 2차, 3차 창작물이 만들어진다. 또한 팬픽의 다른 형태로 빙의글, 럽실소(러브실화소설) 등 아류형태의 연재물들이 창작되고 있다. 이러한 팬픽이나 빙의글의 경우 규모가 상당히 크고, 주된 독자와 저자는 10대의 젊은 층이다.

현재는 위와 같은 인터넷 기반 소설의 생산과 유통에 조금씩 변화가 일어나고 있는 시기이다. 주로 개인 블로그 등으로 올리던 인소가 일부는 거대 인터넷 기업인 네이버 웹소설로 편입되고, 일부는 카카오 스토리 같은 SNS 매체로 이동하여 생산, 유통되고 있기 때문이다. 팬픽도 기존 블로그나 카페 같은 게시판보다는 인소와 마찬가지로 SNS 매체가 주 생산, 소비지로 자리매김하고 있다. 결국 PC체제를 기반으로 생산, 유통되던 인소와 팬픽이 스마트폰 체제인 SNS 매체로 이합집산 하여 같은 공간에서 공존하며 읽히고 있는 셈이다. 이런 변화의 특징들 특히 인터넷 기반 소설들이 스마트폰 체제로 이동하는 것은, 이 소설들이 청소년 독자들에게 더욱 강력한 영향력을 행사하게 되는 발판이 되었다고 할 수 있다.

3) 이야기 구조의 개념과 효과

이야기는 본래 신화나 우화 등 구전에 의해 내려오던 것으로 일정한 구조를 가지고 있다. 이야기 글의 구조에 관해서는 룸멜하트(Rumelhart, 1975)나 손다이크(Thorndyke, 1977), 스테인과 글렌(Stein & Glenn, 1977, 1979) 등 여러 학자들에 의해 연구가 진행되었다.

스테인과 글렌(1979)은 잘 형성된 이야기를 6개의 범주(카테고리)로 나누었다. 그중 배경을 제외한 5개 즉 발단사건, 내적 반응, 시도, 결과, 반응을 에피소드로 불리는 일화로 묶었다. 이들은 시간순서대로 나타나는데, 일화의 부분들은 '갑자기'나 '결국'이라는 낱말로 구분되기도 하지만, 일반적으로는 내용에 구분의 기반을 두고 있다. 많은 이야기는 여러 개의 일화를 포함하고 있고, 그런 일화들은 시간 순서(그래서), 인과(왜냐하면), 그리고 순접관계로 연결된다.[4] 스테인과 글렌의 이야기 문법을 간단히 표와 그림으로 나타내면 아래와 같다.

〈표 1〉 스테인과 글렌의 이야기 문법[5]

이야기 범주	이야기 범주 내용
배경	주인공에 대한 소개, 이야기가 발생되는 물리적. 사회적 또는 시간적 상황. 자연적, 사회적, 시간적 배경
발단	행동, 내적 사건 또는 주인공 내부의 반응을 일으키거나 초래하는 사건
내적 반응	감정, 인식 또는 주인공의 목적
(계획)	목표 달성을 위해 주인공이 취한 여러 가지 방안
시도	주인공이 목표를 이루기 위해 취한 명백한 시도, 행동
결과	사건, 행동 또는 주인공의 목적 달성이나 미달성에 대한 결과 진술
반응	감정, 인식, 행동 또는 주인공의 목적 달성에 대한 주인공의 감정표현이 종결된 상태

4 Judith W. Irwin, 천경록 외2인 역, 『독서교육론』, 박이정, 2012, 109쪽.

5 이경화, 『읽기 교육의 원리와 방법』, 박이정, 2003, 99쪽.

3. 연구 방법

1) 연구 대상

본 연구는 청소년들이 인터넷 기반 소설을 읽는 동기와 요인을 탐색하는 것이다. 텍스트 내적 요인을 찾기 위해 종이책과 인터넷 기반 소설인 인소와 팬픽 각각 한 작품씩을 선택하여 텍스트 내적, 구조적인 차이점이 있는지 분석해 보았다.

이야기 구조를 분석할 대상으로 인소는 백원 작가의 「나쁜 남자가 끌리는 이유」와 팬픽은 루민 작가의 「레이니스 펠」을 선정하였다. 인터넷 기반 소설 중에서 두 작품을 고른 이유는 첫째, 매체의 특성에 충실하고자 함이다. 이 두 편의 작품은 출간되지 않은 인터넷 소설로 청소년들의 접근이 자유로워야 한다는 최소한의 매체적 조건에 적합한 텍스트라고 할 수 있겠다. 두 번째는 선호도이다. 인소는 객관성 있는 다운로드 횟수나 공신력 있는 기관의 추천, 평점 등이 존재할 수 없다. 따라서 본 연구자의 연구대상인 학생들(7명)의 의견을 참고하였다. 인터뷰 대상 7명 중에서 「나쁜 남자가 끌리는 이유」를 추천한 학생은 6명이었다. 또한 인터넷 네이버 지식인에서 '레전드 인소'를 검색했을 때 가장 많은 조회수를 차지한 질문(〈명품내용〉 레전드 인소 모음, 조회수 26,116(2015.10.5 현재), 2015.3.20 게시글)에 답변으로 올라온 인소 중 한 편이기도 하다. 그만큼 청소년들의 선호도가 있는 작품이라고 판단하여 분석대상으로 선정하였다.

팬픽 중 〈레이니스펠〉은 인터뷰 대상 중 팬픽을 읽어본 경험이 있는

5명 중 4명의 추천을 받았다. 아이돌 그룹 엑소의 멤버들이 등장하는 〈레이니스펠〉은 청소년들에게 인기가 많아 팬북[6]으로도 발행되었다. 이 팬북은 인터넷이나 중고 팬북샵에서 5~6만 원에 거래되고 있는 작품이다(원 팬북의 판매가격은 1만 원대 중반이었다).

이야기 구조 분석대상인 종이책은 『완득이』로 2008년에 출간되어 스테디셀러로 읽히고 있는 소설이다. 『완득이』는 작가 김려령의 작품으로 제1회 창비 청소년문학상 수상작이다. 『완득이』와 관련된 연구논문도 대략 70여 편이 나와 있는 등 청소년 소설 중에서는 대표적인 텍스트라 많은 학교에서 필독서가 되고 있다.

텍스트 내적, 외적 요인을 찾기 위해서는 청소년 독자들의 목소리를 구체적으로 들어볼 필요가 있었다. 이에 본 연구자는 인소나 팬픽을 현재 읽고 있거나, 과거에 읽었던 중고등학생들을 대상으로 개별 심층 인터뷰를 진행하였다. 인터뷰 대상자는 총 7명으로 이중 1명은 남학생이고, 6명은 여학생이다. 남학생 비율이 상대적으로 낮아 남학생 인터뷰 대상을 추가로 수소문해보았지만, 여학생과 비교해 독자를 찾기가 쉽지 않았다. 그것은 연구자 개인의 문제라기보다는 남학생들의 읽기 문화와 관련된 것이다.

앞서 이론적 배경의 학교 밖 문식활동 관련한 연구 부분이나, 인터뷰 대상자인 남학생도 언급했듯이 책읽기는 여성적인 활동이라는 인식이 자리 잡고 있어서 열성적인 독자, 더군다나 인소나 팬픽의 남성 청소년 독자가 귀한 것이 현실이었다. 반면 여성 청소년 독자들은 흔히

6 팬북은 정식 출간이 아니라 작가가 소수 독자들을 위해 텍스트 파일을 종이책으로 제본해서 개인적으로 소량 판매하는 형식의 책이다.

만날 수 있었는데, 그 중에서도 100권 이상씩 읽어본 열성적인 독자들을 중심으로 인터뷰를 진행하였다.

7명의 연구대상자들은 모두 서울시 마포구 소재 중고등학교를 다니고 있다. 하지만 B양은 중학교 때 수원에서, C양은 중학교 때 용인에서 이사를 와서 고등학교에 진학한 상태다. D양 또한 서울 동작구에서 중학교 때 전학을 온 학생이기 때문에 위 7명은 서울과 경기도에 비교적 넓은 범위의 출신배경을 가진 청소년들이다. 따라서 이들이 인터뷰한 내용을 서울시 마포구의 특정지역 학생들이 가진 패턴이라고만 보이지는 않는다. 물론 소수의 학생을 대상으로 한 연구이므로 전체 중고등학생에게 일반화해서 적용하기에는 한계가 있다. 하지만 이들의 인터뷰 내용 속에는 자신의 이야기만 담겨있지 않고, 자신들이 만났던 서울, 경기 지역의 친구들이나 인터넷 상에서 댓글이나 쪽지 등으로 만났던 다른 청소년들의 목소리도 간접적으로 섞여 있었기 때문에 어느 정도의 신뢰성은 가진다고 하겠다.

2) 연구 도구 및 절차

청소년들의 읽기 동기 요인을 분석하는 방법으로 본고에서 사용하려는 텍스트 내적 요인탐색 도구, 첫 번째는 이야기 문법 중 스테인과 글렌(Stein & Glenn)의 모형이다. 인소와 팬픽 같은 인터넷 기반 소설의 경우 수많은 소규모 에피소드로 구성되어 있는 것이 보편적이다. 이에 맞게 현대 서사에서 일반적인 복잡한 서사물 즉 여러 에피소드로 구성된 스토리를 분석하기 위해 개발된 스테인과 글렌 모형이 본고의 연구

대상인 인터넷 서사물 분석에 적합하다. 따라서 위 모형을 사용하여 인소와 팬픽, 종이책의 이야기 구조를 분석하였다.

텍스트 내적, 외적 요인탐색 도구 두 번째는 심층면접이다. 청소년 독자들이 텍스트에서 느끼는 재미 안에 어떠한 요인들이 있는지를 자세히 탐색하기 위해서는 항목과 척도가 정해져 있는 일반 설문지로는 한계가 있다. 독자들의 깊은 내면의 솔직한 이야기를 듣고, 자신이 왜 읽는지에 대해 일상에서 인식하지 못했던 생각을 끌어내려면 본 연구자와 연구 대상자간에 심도 있는 대화가 필요하다. 따라서 연구대상자와의 집단적인 면접보다는 일대일의 심층 면접이 유효한 도구이다.

연구 대상자와의 심층면접시 인터뷰 질문은 기존 인터넷 기반 소설 관련 연구논문에서 다루어졌던 내용을 중심으로 하되, 읽기 동기와 요인을 묻는 질문에 집중하였다. 연구자가 기본적인 설문목록을 바탕으로 하여 인터뷰를 진행하였지만, 준비된 목록에 제한을 받지는 않았다. 연구자는 대화 중간에 연구 대상자들의 심도 깊은 생각을 이끌어내기 위해 서술한 내용에 즉흥적인 추가질문이나 다른 연구 대상자가 진술한 요인에 대한 자신의 의견을 묻는 등 설문목록에서 벗어난 것을 비교적 자유롭게 질문하였다.

본고의 총 연구기간은 2015년 3월부터 2015년 10월까지 8개월간이었다. 작품선정과 참여자 섭외, 연구도구(면접 질문지 등)개발, 작품 분석 및 심층면접, 결과분석 과정을 거쳤다. 인터넷 기반 소설의 텍스트 내적 요인을 찾기 위한 작품 분석은 두 가지 방법으로 진행되었다. 첫 번째는 이야기 문법 중 스테인과 글렌(Stein & Glenn)의 모형을 사용하여 인소와 팬픽, 종이책 각 작품의 전체 이야기 구조를 거시적으로 분석해

보았다. 전체 서사를 통틀어 큰 줄거리가 이야기 구조상 어떤 상이한 점이 있는지를 살펴보았다. 인터넷 기반 소설과 종이책간 서사의 가장 기본이 되는 이야기 구조를 비교해본 후에 연구대상자들과의 인터뷰에서 드러난 요인과 종합해 판단코자 했다.

3) 자료 분석

본고에서는 인터넷 기반 소설의 읽기 동기 요인을 찾는 기준으로, 자발적 몰입독서에 관한 연구를 모델로 했다. 인터넷 기반 소설은 문학적 작품성의 추구나 독자의 독서능력 향상 등 인지적 목적의 읽을거리라기보다는 재미와 호기심 등의 정의적인 측면의 읽을거리로 감정적이고 감각적인 면이 강하다. 따라서 독자의 정의적 측면의 읽기가 강조되고 있는 자발적 몰입독서 연구들을 수용하였다.

그 중 본고의 독서동기를 분석하는 틀로 '독서 동기와 몰입에 영향을 주는 요인'을 연구한 이순영(2006)의 것이 본 연구자의 연구목적에 적합하다고 판단하였다. 독서 동기에 대해 다양한 기존 이론들을 종합한 연구이고, 독자가 자발적으로 재미있게 몰입하여 책을 읽는 독서 동기를 밝히는 연구로 본 연구자의 의도와 가장 가까웠기 때문이다. 이에 이순영(2006)의 분석틀을 기준으로 삼되, 본고가 학교 밖 독서를 대상으로 하고, 인터넷이라는 매체적 특성이 있는 점까지 감안하여 일부 수정, 적용하였다.

텍스트 내적 요인과 관련해서는 소설 작품의 구조를 스테인과 글렌(Stein & Glenn)의 이야기 문법 모형에 맞추어 다섯 단계로 분석하였다.

전체 서사를 거시적으로 분석하여 인소, 팬픽, 종이책의 차이를 살펴보았다.

이야기의 큰 구조 틀 외에 다른 텍스트 내적 요인이 없는지를 확인하기 위해서 연구 대상자들이 심층 면접한 담화 텍스트 중 소설의 텍스트 내적 요인에 해당하는 내용들은 별도로 추출하여 이야기 구조상 차이점과 종합하여 정리하였다. 이때 인터뷰 텍스트를 작품 내적 요인으로 분석한 기준은 일반적인 소설론에 근거하여 소설 구성의 3요소인 인물, 사건, 배경과 소설의 3요소인 주제, 구성, 문체로 분류하여 사용하였다.

4. 연구 결과 및 논의

〈표 2〉는 〈나쁜 남자가 끌리는 이유〉의 전체 서사를 거시적으로 분석해서 스테인과 글렌(Stein & Glenn)의 이야기 구조로 나타낸 것이다.

인소 〈나쁜 남자가 끌리는 이유〉는 한 편씩 연재하여 총 52편으로 구성되어 있다. 한 편 안에는 3~5개 정도의 에피소드가 들어있기 때문에 전체 에피소드 양이 많다. 따라서 위 이야기 구조분석은 미시적인 에피소드들은 감안하지 않고, 전체 큰 줄거리 흐름으로 보아 분석한 것이다.

스테인과 글렌의 이야기 문법 구조에서 배경은 주인공에 대한 소개와 사건이 발생되는 공간적, 시간적, 사회적 상황을 의미한다. 〈나쁜 남자가 끌리는 이유〉는 여주가 전학을 오게 된 이유나 주변의 정황, 등

〈표 2〉〈나쁜 남자가 끌리는 이유〉 이야기 구조분석

〈나쁜 남자가 끌리는 이유〉	
배경	한성고등학교에 노아린이라는 여주가 전학을 오고, 그 학교에 강지한이라는 학교 일짱과 만나게 된다. (시간적 배경 모호, 등장인물의 성격과 특성 모호)
발단	노아린이 전학 온 첫날, 노아린의 동생인 노채하가 학교 선배이자 일짱인 강지환에게 맞게 되는데, 노아린이 동생을 도우려다 대신 맞게 된다.
내적반응	노아린은 강지한에게 점점 끌리게 되고, 강지한도 노아린이 예전에 자신과 사랑했지만, 자살한 유소령과 너무나 닮아 관심이 생겼다.
시도	남주와 여주는 서로 사귀게 되지만, 강지한의 친구였던 천유빈을 여주가 감싸주고, 악녀도 등장하는 등 서로 오해를 반복하게 된다.
결과	미국에서 돌아온 노아린은 다시 강지한을 만나 결혼하게 된다.
반응	노아린은 나쁜 남자인 강지한에게 자신이 끌리는 것은 어쩔 수 없는 일이고, 자신이 강지한을 사랑한다는 것을 느낀다.

장인물들의 성격이나 특징 등 구체적인 배경이 잘 설명되지는 않는다. 이것은 인소나 팬픽의 특이점 중 하나로 전체적으로 에피소드의 배경들 즉 시간적, 공간적, 관계적 상황들이 자세히 드러나지 않는다. 그저 지금 벌어지는 사건들에 집중하는 현재성이 드러날 뿐 그 현재적 사건에 필연성이나 인과관계 등은 명확치 않다.

한편 엑소에 팬픽인 루민 작가의 〈레이니스펠〉 전체내용을 스테인과 글렌의 이론에 의해 거시적으로 분석하면 〈표 3〉과 같다. 〈레이니스펠〉은 총 22편 + 번외편(두 편)으로 구성되어 있다. 한 편 안에는 1~3개의 에피소드가 들어있다.

〈표 3〉〈레이니스펠〉 이야기 구조분석

〈레이니스펠〉	
배경	한국에서 중국으로 여행을 온 민석은 중국 운남성 인근 밀림 안에서 조난을 당한다. 민석은 죽을 위기에 처하는데 우연히 근처를 지나던 소수민족 게릴라 루한을 만난다. (인물의 내력이나 시간, 공간적 배경이 첫 부분에 소개되지 않고 모호함)
발단	도시로 민석을 데려갈 수 없었던 루한은 자신들의 게릴라 캠프에 민석을 데리고 오고, 민석은 밀림 속 캠프에서 루한과 동료인 크리스, 첸 등과 지내게 된다.
내적반응	루한과 민석은 서로에게 사랑의 감정을 느끼고, 자꾸 끌리게 된다. 루한은 민석이 전쟁터에서 다치게 될까봐 불안해한다.
시도	루한은 계속되는 전투 중에 민석에게 함께 지낼 것을 제안하고, 민석도 허락한다. 계속되는 소수민족 간 게릴라전투에서 불리해진 루한은 민석을 무사히 한국으로 보내려고 노력한다.
결과	루한과 크리스 등 캠프 동료들은 중국공안에 검거되고, 루한은 거짓자백을 해서 민석을 한국으로 돌려보낸다. 루한이 죽었다고 오해한 민석은 괴로워하다가 자살을 시도한다. 루한은 첸의 노력으로 민석을 다시 만나게 된다.
반응	4년 만에 재회한 민석은 루한을 보면서 기쁨의 눈물을 흘렸다.

〈레이니스펠〉의 배경 또한 소설이 시작한 후 바로 드러나지는 않는다. 공간적 배경의 설명이나 주인공 민석이 왜 이런 밀림까지 와서 조난을 당하게 되었는지, 또 다른 주인공인 루한의 배경 등은 중반 이후에, 심지어는 소설의 가장 마지막 부분에 가서야 부분적으로 등장하기 때문에 독자가 읽으며 재구성하여야 한다. 이 팬픽 또한 시간이나 공간적 배경, 등장인물들의 내력이나 성격 등이 모호하게 시작된다. 인소와 같이 사건의 대부분이 시도 부분에 드러나며 파편적인 사건 발생이 연이어 나타난다. 배경의 모호성이나 사건의 파편성과 현재성이라는 면에서는 인소와 비슷한 특성을 보인다.

마지막 이야기 구조를 분석할 대상은 청소년도서인 『완득이』다. 완득이는 총 3부, 14꼭지로 구성되어 있다. 『완득이』 전체 내용을 스테인과 글렌의 이야기문법을 사용해 거시적으로 분석해보면 〈표 4〉와 같다.

〈표 4〉 『완득이』 이야기 구조분석

『완득이』	
배경	장애를 가진 아버지와 지능이 낮은 삼촌과 함께 사는 고등학생 완득이는 가난하고 불우한 환경에서 지내고 있다. 학교에서는 문제아로 취급받는다.
발단	완득이의 담임인 똥주선생은 기초수급물품 받아가라고 완득이를 종종 괴롭히고, 완득이의 엄마를 만나게 해주려고 한다.
내적반응	완득이는 똥주선생이 싫고, 엄마도 만나고 싶지 않았다.
시도	완득이는 교회에 가서 똥주선생이 죽기를 기도했고, 엄마도 만나지 않겠다고 거부했다.
결과	완득이가 기도하러 간 교회는 똥주선생의 교회였는데, 그는 알고 보니 외국인노동자들을 위해 일하는 분이셨다. 엄마와의 만남도 엄마가 몰래 가져다 놓는 도시락으로 마음을 열어 만난다. 완득이와 엄마의 계속된 만남으로 아버지와 엄마도 계속적인 만남을 갖고 화해한다.
반응	완득이는 아버지와 베트남출신 어머니, 똥주선생의 사랑을 받으며, 자신이 하고 싶었던 복싱도 하면서 조금씩 성장하고 있다고 느낀다.

불우한 가정환경과 학교라는 완득이의 배경은 명확하게 드러난다. 똥주선생의 대화와 완득이의 독백으로 공간적, 사회적, 관계적 배경을 이해하기가 쉽다. 인소나 팬픽과는 달리 배경이 명확하며, 사건이 파편적이지 않고, 앞 뒤 사건이 연결되며 몇 개의 큰 에피소드로 엮어지는 형태의 구조를 가진다.

위에서 분석한 세 가지 종류의 소설은 전체 줄거리의 이야기 구조로 본다면 서로 몇 가지 공통점과 차이점을 가지고 있다. 인소, 팬픽, 종이책은 모두 배경–발단–내적반응–시도–결과–반응으로 이어지는 큰 서사적 틀을 같이 적용할 수 있다는 서사 구성적 공통점을 가지고 있다.

반면에 인소나 팬픽의 경우 전체적으로 배경이 불확실하거나 늦게 드러난다. 주인공이나 인물이 현재 어떤 상황에 처해 있는지, 왜 그 자리에 있게 되었는지, 장소나 사건의 정황, 사회적 상황이나 각 인물들 간의 관계 등이 처음부터 명확하게 설명되지 않는다. 에피소드는 파편적이고 개수도 많아서, 전체적인 흐름 속에서는 섞여들어 가지만, 각각의 에피소드들 사이에 인과관계가 명확치 않거나 단절적인 흐름이 생기는 경우도 있었다. 그러다보니 과거의 흐름보다는 인물들에게 생기는 현재의 사건이 강조된다. 이와는 대조적으로 종이책은 배경이 비교적 명확하고, 한 두 개의 큰 사건흐름 속에 필연성과 인과관계 등이 잘 드러난다.

텍스트 외적 요인분석에 이어 텍스트 내적 요인 분석은 중고등학교 청소년 7명의 인터뷰 내용을 범주화하였다. 이것을 독서동기와 몰입에 영향을 주는 요인 분석틀[7]에 맞추어 분석하였다. 동 분석틀에서 언급되지 않았지만 발견된 요인은 추가로 범주화하였고, 기존 이론적 범주라고 하더라도 인터뷰 단계에서 명확히 드러나지 않는 것은 삭제하는 등 기존연구의 분석틀을 변형하여 적용하였다. 〈표 5〉는 이야기 문법에서 드러난 특징까지 모두 감안하여 종합한 것이다.

전통적인 읽기 연구에서 독자의 읽기 동기 요인이나 태도에 관해서는 다양한 학자들의 목소리가 존재했다. 그들이 밝힌 요인은 대체로 독서에 대한 신념이나 읽기 효용감 등이 포함된 인지적 요인, 즐거움이나 만족감으로 표현되는 정서적 요인, 부모와 교사를 포함한 환경적 요인

7 이순영, 「독서동기와 몰입에 영향을 주는 요인에 관한 이론적 고찰」(『독서연구』 제16호, 2006) 361~362쪽에서 명시하고 있는 Hidi와 Anderson(1992)의 이론을 참조.

〈표 5〉 인터넷 기반 소설의 읽기 동기 요인

구분	읽기 동기 요인(대항목)	읽기 동기 요인(세부항목)
텍스트 내적요인	매력을 어필하는 인물	비현실적 인물
		실존하는 인물
		감정기복과 불안정성이 큰 인물
	흥미를 끄는 스토리	판타지성
		자극적 소재선택과 활용
		호기심의 충족
	부담 없는 난이도	교훈과 주제의 부재
		아마추어적 텍스트
	가독성을 높여주는 문체	수준 낮은 어휘와 단문
		적당한 줄간격
		유행하는 대화체
텍스트 외적요인	독자 내적 요인	또래친구와의 소통
		불특정 타인과의 상호작용
		독자의 자아 효능감과 자신감
		희소성의 선호
	매체 환경 요인	휴대의 편리성
		프로그램적 특징
		손쉬운 텍스트 접근성
		다중작업과 하이퍼텍스트
		시각적 자극
		미리보기의 욕구충족
쓰기 유도 요인	스토리 형성 욕구	
	텍스트의 불완전성	
	인정에의 욕구	

이었다. 이외에도 주관적 규범이나 자아존중감과 같은 개인적 요인이나 타자의 시선이나 의식을 감안하는 타인의 기대에 대한 신념 등이 있었다.

이에 반해 본 연구에서 밝혀진 인터넷 기반 소설의 읽기 동기 요인의 경우 인지적 요인이나 가정과 학교의 환경적 요인, 개인적 요인은 상대적으로 두드러지지 않았다. 오히려 정서적 요인이나 매체 환경적 요인, 텍스트 내적 요인과 타자성이 두드러져 보였다. 인터넷 기반 소설이 학교 밖에서 재미와 오락 목적으로 읽는 텍스트라는 특징이 있기 때문에 인지적 요인이나 가정, 학교의 환경적 요인이 개입할 여지가 적었으리라 추측된다.

연구과정에서 발견된 요인을 정리하면, 거시적으로는 텍스트 내적 요인과 외적요인, 쓰기 유도 요인으로 구분되고, 그 각각의 세부적인 요인이 도출되었다. 텍스트 내적요인은 인물과 스토리, 난이도, 문체에 대한 것이었다. 우선 청소년들에게 매력을 어필하는 인물들이 등장하는데, 그 인물들은 비현실적이면서도, 실존하는 사람들이었으며, 감정기복과 불안정성이 큰 특징이었다. 스토리의 경우 이야기에 판타지성이 컸으며, 소재선택과 그것을 활용하는 방식이 자극적이고, 어른들의 세계에 대한 청소년들의 호기심을 충족시키는 내용이었다. 난이도는 청소년들에게 많은 영향을 미쳤는데, 그들은 부담 없는 난이도를 큰 장점으로 꼽았다. 이것이 가능한 이유는 특정 교훈과 같은 주제가 없고, 아마추어적 텍스트이므로 높은 독해력을 요구하지 않기 때문이었다. 문체는 가독성을 높여주는 것이었는데, 낮은 수준의 어휘와 그것을 사용한 짧은 단문, 직설적 문장을 선호하였다. 또한 텍스트가 촘촘히 붙어있지 않고, 2~3줄이라도 줄 간격이 있기 때문에 읽기가 수월했다. 기타항목으로 입말체인 대화들, 1인칭 시점, 시대에 유행하는 유행어의 사용 등을 청소년들은 읽기 동기 요인으로 꼽았다.

텍스트 외적 요인과 관련해서는 독자내적 요인과 매체 환경 요인으로 나뉘는데, 독자내적 요인은 또래 친구들과의 상호 소통, 낯선 타인과의 상호 작용, 독자의 자아 효능감과 자신감, 희소성의 선호를 꼽을 수 있었다. 텍스트 외적 요인 중에서 많은 청소년 독자들의 지지를 받은 것은 매체 환경 요인이었다. 그들은 인터넷 매체의 특성과 관련해서 다양한 독서 동기들을 제시했는데, 먼저 휴대의 편리성을 중요하게 보았다. 글자크기나 서체의 조정 등 프로그램적 특성 또한 많은 영향을 주었으며, 손쉬운 텍스트 접근과 선택, 평가 등 텍스트 접근성과 관련한 요인, 다중작업과 하이퍼텍스트 기능, 다양한 이미지를 통한 시각적 자극, 종이책이나 TV미디어에 앞서는 미리보기의 욕구 충족 등을 읽기 동기 요인으로 선정하였다.

쓰기 유도 요인의 경우 본 연구자의 최초 연구 의도는 아니었으나, 인터뷰 과정에서 자연스럽게 수면위로 드러난 요인들이다. 청소년들은 자신들이 원하는 대로 흘러가는 서사적 흐름을 만들고 싶은 스토리 형성욕구, 불완전한 텍스트로 인한 개입여지, 타인의 인정을 받을 수 있는 인정욕구 등을 쓰기 요인이라고 꼽았다.

위와 같이 인터넷 기반 소설의 읽기 동기 요인의 경우 기존 종이책을 기준으로 연구된 독서동기와는 확연한 차별점이 존재한다. 종래의 읽기 동기 요인이 인지적, 정의적, 가정과 학교의 환경적 영향이 컸다면, 인터넷 기반 소설의 경우 텍스트 내적 영향과 정의적이면서도 매체적인 영향이 크다고 할 수 있다.

이 연구 과정에서 본 연구자는 위와 같은 읽기 동기 요인의 차이점 이외에 몇 가지 주목할 점을 발견했다. 독서교육과 독서문화라는 거대

담론에서 일부 고민해볼 문제다.

먼저 학교 현장이나 사교육에서 진행되는 독서 교육적 측면에서 본다면, 첫 번째로 독서능력에 관계없이 학교에서 같은 학년이라면 동일한 텍스트로 동일한 난이도의 수업을 하는 것이 능률적인가 하는 점이다. 인터넷기반 소설 독자들 중 독서능력이 낮은 학생들은 종이책의 어려움과 난해함을 호소했다. 일반적으로 대그룹 수업의 경우 영어나 수학은 수준별 수업이 효과적이라는 생각이 지배적이다. 하지만 독서에 대해서는 수준별 수업의 필요성에 대한 인식이 적은 것 같다. 청소년기의 독서발달단계에 의하면, 독서능력의 편차는 초등학생보다 오히려 중고등학생의 개인별 편차가 더 클 수 있다. 독서력이 낮은 학생들은 글을 읽는데 흥미위주로 재미를 붙여주는 독서 동기교육이 꼭 필요할 것이다. 뿐만 아니라 교육목표 자체가 수준 높은 학생들과는 차별화될 필요성이 있다.

두 번째는 텍스트의 내용과 관련된 것이다. 먼저 독서교육 현장에서 교사가 교훈성이 강한 것이나 주제를 찾는 학습적 독서교육이 현재와 같이 강조되어야하는지에 대한 의문이다. 기존세대가 관습적으로, 글을 읽으면 일단 주제를 찾아야 한다는 일종의 편견을 갖고 있는 것이 아닌지 돌아볼 시점이다. 주제나 교훈을 찾아야하는 지나친 학습적 독서교육이 학생들로 하여금 책에서 즐거움을 발견하지 못하게 막고, 오히려 독서로부터 멀어지도록 만들지는 않았는지 모르겠다.

본 연구자는 학생들에게 제시하는 텍스트가 완벽한 것이어야 하는지에 대한 의문도 생겼다. 인터뷰 대상자들의 절반 이상이 소설을 쓰고 있었고, 그들이 말한 쓰기 유도 요인을 감안했을 때, 쓰기활동은 문장이나 내용의 얼개가 완벽한 스토리보다는 아마추어적인 엉성함에 오히려 촉발될 수도 있을 것이다. 학습자의 수준에 따라서 독서력이 높지 않거나 독서에 대한 의지가 적은 경우, 짜임새가 완벽하지 않은 글이나 완성되지 않은 글 즉, 무언가 첨가나 삭제를 할 수 있는 글을 제시해보는 것도 하나의 독서교육을 위한 방법이 될 수 있겠다. 또한 기존에 독서 교육적 장면에서 주로 사용되었던 형태의 글이 아니라 새로운 종류와 내용의 글을 이용할 필요성도 있을 것이다.

세 번째는 문장단위에서 글의 가독성이라는 측면이다. 연구 대상자들은 줄 간격이 너무 촘촘하지 않아야 하며, 글자의 크기 또한 작은 것을 원치 않았다. 중고등학교나 사교육의 독서교육 현장에서 당연시되었던 정해진 줄 간격이나 글자크기에 대한 고려가 한 번쯤은 있어도 좋을 듯하다. 물론 학습자의 독서능력에 따라 어느 정도 편차는 존재할 것이다. 하지만 의외로 독서력이 있는 학생들도 이 부분에 대해서 언급한 경우가 있었다. 교사가 텍스트에 대해 천편일률적인 적용을 하고 있었던 것은 아닌지 생각해볼 일이다.

덧붙여 묘사글에 대한 이해의 어려움을 호소하는 대상자들이 많았다. 물론 묘사하는 글은 높은 문학적 소양을 위해 필수적일 것이다. 하지만, 학습자 집단의 독서력에 따라 묘사글의 양과 수위를 조절하는 정도의 고려는 필요하리라 예상된다.

마지막으로 네 번째는 비판적 교육에 관한 필요성이다. 인터넷기반 소설의 경우 성적 수위가 높은 것이 많다. 비판적 교육은 중고등학교 전체 교육과정에서 강조되고 있다. 하지만, 실제로 비판적 의식을 키우는 교육이 실현되고 있는지 점검해볼 일이다. 선정성이나 폭력성이 강한 글을 무조건 읽지 말라고 제재한다는 것은 현재와 같이 무제한으로 정보가 널려있는 상태에서는 불가능하다. 강압적인 지도나 제한보다는 자율적인 선택과 행동을 할 수 있도록 그들 스스로 판단할 수 있는 능력을 키워주는 방법이 최선이다. 그것을 위해서는 비판적 관점과 선택능력을 키워주는 교육이 꼭 필요하겠다.

다음은 현재 독서문화 측면에서 일정부분 시사점을 가질 수 있었다. 인터넷 기반 소설은 PC통신소설에서 인소와 웹소설로, 팬픽에서 빙의글로 조금씩 변화하였다. 요즘은 카카오스토리와 같은 SNS를 기반으로 하는 대화체 소설로 팬픽(빙의글 포함)과 인소의 형태가 조금씩 바뀌고 있다. 결국 기술발달로 인해 하나의 매체나 장치, 프로그램들이 등장할 때마다 기존 소설의 형태가 조금씩 변화하는 셈이다. 이에 따라서 소설적 요소들도 조금씩 달라진다. 예를 들면 기존의 인소와 팬픽 주인공들은 일반인이나 아이돌로 설정하였다면, 빙의글은 여주인공 자체가 불특정한(사실상 없는) 글이며, SNS소설은 대화체로만 전체 서사가 구성되는 식의 형태적 변화를 보인다. 결국 이것은 매체의 발전에 따라서 독자가 원하는 방식대로 새로운 형태의 스토리가 탄생하는 셈이다.

19세기 말~20세기 초, 구조주의적 입장에서는 텍스트가 절대적인 것이어서 독자들은 텍스트 안에 담긴 저자의 의도를 찾고, 해석하려는 입장이었다. 즉 독자보다는 텍스트의 힘이 월등했기 때문에 텍스트가 독자에게 영향을 미치는 흐름이었다. 반면 1920년대 이후 등장하는 구성주의적 관점에서는 독자의 영향력이 커져서 텍스트는 절대적인 것이 아니며, 독자는 텍스트 안에서 자신만의 의미를 구성하는 것으로 인식되었다. 이를테면 텍스트가 독자에게 미치는 영향력이 줄어들었다고도 볼 수 있겠다. 그렇게 본다면 현재 인터넷 매체 시대에는 반대로 독자가 텍스트를 입맛에 맞게 바꿔버리는 '방향의 전환'이 일어나고 있지는 않은지 의심스럽다. 독자들이 텍스트 안에서 의미를 찾지 않고, 반대로 텍스트 안에 자신이 설정한 의미와 재미를 반영하도록 저자를 움직이거나 아예 독자가 저자로 전환하여 자신이 원하는 텍스트를 생산해버리는 것이다. 물론 저자를 움직이는 방법은 다양하겠다. 댓글이나 작가와의 개인적 접촉(사담글의 답글 등) 등의 직접적인 방법도 있겠으나, SNS의 '좋아요'나 '하트'[8]를, 선호하는 글에 줌으로써 자연히 청소년 독자에게 인기 있는 글들이 대중의 시선을 받고, 이후에도 비슷한 패턴의 글들이 생겨나도록 만드는 간접적인 방법으로 실행될 수 있겠다. 이런 방향전환의 장단점을 차치하고서 생각해 본다면, 텍스트보다는 독자의 힘이 점점 세지는 결과를 낳는 셈이다.

또 다른 독서문화 측면에서 시사점은 '문화 공존'이라는 부분이다. 인터넷기반 소설의 흐름을 볼 때 인소와 팬픽 일부는 네이버나 다음 같은 거대 포털사이트의 '웹소설' 형태로 편입되어, 청소년이외에 일반 성인까지 접촉의 통로가 공식화, 상업화, 일반화되고 있다. 포털사이트 중 네이버의 경우 웹소설이 가장 활성화되고 있는데, 웹소설로 연재를 시작하는 작가들의 문은 비교적 자유롭게 열려있는 셈이다. 대신 조회수 등 인기의 정도에 따라 '첼린지 리그'부터 가장 인기가 높은 '베스트 리그'까지 경쟁구도를 가지고 있다. 물론 인기가 높은 베스트 리그의 작품 중 일부는 종이책으로 출판되거나, TV드라마 또는 영화화되고

8 SNS에서 '좋아요'나 '하트'는 중복해서 줄 수 없다.

있다. 즉 거대자본과 결합되어 대중사회에 드러나는 이른바, 양지문화를 형성하게 된다.

반면 인소의 일부와 팬픽 대부분은 SNS를 통해 청소년 개인들에게 은밀하게 퍼져나간다. 그들은 여전히 SNS와 블로그, 카페라는 개인적이며 폐쇄적인 매체를 통해 놀이의 형태로 청소년 문화를 형성하는 셈이다. 따라서 돈이나 출판을 목적으로 하지 않는 비공식적이며, 아마추어적인 음지문화를 지향하게 된다. 같은 인터넷 기반 소설 안에 양지문화와 음지문화가 공존하는 셈이다. 물론 이런 반론이 있을 수 있다. 과연 SNS나 블로그, 카페를 통한 소설들이 음지문화인가 하는 점 말이다.

> G양 : 썰(SNS 카카오스토리 속 소설)을 공식적이 아니라고 할 수는 없어요. 카카오 썰 중에서도 '좋아요'가 천만 개가 넘는 게 있어요.
> 그러니까 카카오 썰이 공식적인 게 아니라고 할 수는 없어요.

만약 G양의 인터뷰 내용을 감안한다면 어른들에게는 드러나지 않지만, 청소년들 사이에서는 거대한 양지문화가 별도로 존재한다고도 할 수 있겠다.

위와 같이 청소년 독자들의 독서 양상을 이해하고, 그들의 독서문화 현주소를 인식하는 계기가 될 수 있다는 점에 본 연구의 의의가 있다고 하겠다. 인터넷 기반 소설과 관련해서 물론 다양한 비판과 우려의 눈길이 있을 수 있다. 우리 청소년들이 문학적으로 질 낮은 텍스트를 읽고 있으며, 인소나 팬픽이 자극적이거나 성적인 내용으로 말초적 감각을 자극하는 글, 논리성과 현실성이 떨어지는 소설이라는 의견은 분명 일리가 있다. 그럼에도 불구하고, 현재의 시류를 감안했을 때 청소년들이 왜 그런 소설을 읽는가에 대한 원인과 그 의미는 파악해볼 필요가 있다. 앞으로도 나날이 변화해나갈 인터넷 매체와 인터넷 문식성에 관련된 연구가 계속적으로 이루어지기를 기대해본다.

참고 문헌

[학위논문]

김덕유, 「디지털 영상 세대의 독서문화 연구－심층인터뷰를 이용한 학생과 교사의 인식 사례를 중심으로」, 중앙대 석사논문, 2009.

김민정, 「사이버 여성문화로서 팬픽연구－환타지와 성정체성의 연관성을 중심으로」, 이화여대 석사논문, 2003.

김양재, 「팬픽의 쓰기 교육적 가치연구」, 한양대 석사논문, 2007.

박수진, 「청소년의 팬픽문화와 동성애에 대한 태도 연구」, 이화여대 석사논문, 2004.

이명진, 「중학교 영어교과서의 이야기구조 분석」, 한국교원대 석사논문, 2013.

이천희, 「이야기 구조에 따른 질문이 이야기 이해 및 기억에 미치는 영향」, 고려대 석사논문, 1998.

정일영, 「인터넷 소설의 인물 연구」, 인천대 석사논문, 2008.

최영신, 「이야기 구조를 활용한 그림책 읽어주기 활동이 독해력과 독서태도에 미치는 영향」, 가톨릭대 석사논문, 2012.

홍지연, 「팬픽에 나타난 동성애 기독교 윤리적 연구」, 협성대 석사논문, 2009.

[학술지]

권민균, 「초등학생의 읽기동기에 관한 연구－읽기동기의 구성요인, 학년과 성차이를 중심으로」, 『아동학회지』 제23호, 한국아동학회, 2002.

김성진, 「청소년 소설의 장르적 특징과 문학교육」, 『비평문학』 제39호, 한국비평문학회, 2011.

김진량, 「팬 소설의 대중성과 서사적 환상」, 『한민족문화연구』 제9집, 한민족문화학회, 2001.

류보라, 「청소년 독자의 독서 경험 특성 연구」, 『새국어교육』 제94호, 한국국어교육학회, 2013.

박인성, 「인터넷 소설의 작은 역사」, 『한국문학연구』 제43집, 동국대학교 한국문학연구소, 2012.

백원근, 「2004년 국민 독서실태 조사」, 『기획회의』 15호(통권146호), 2005.

서수현・정혜승, 「중학생의 읽기 태도 양상」, 『독서연구』 제27호, 한국독서학회, 2012.

서혁・서수현, 「읽기능력 검사 개발 연구(1)－읽기능력 검사의 하위 영역 설정 연구」, 『국어교육』 제123권, 한국어교육학회, 2007.

손원숙 외4인, 「초등학생의 학교 밖 문식 활동 모형 연구」, 『국어교육』 제148호, 한국어교육학회, 2015.

옥현진, 「문식성 재개념화와 새로운 문식성 교수・학습을 위한 방향 탐색」, 『청람어문교육』 47권, 청람어문교육학회(구 청람어문학회), 2013.

윤준채・김영란, 「중학생 독자의 독서태도 발달 경향에 관한 연구」, 『국어교육연구』 제43호, 국어교육학회, 2008.
윤준채 · 이형래, 「초등학생의 읽기태도 발달에 대한 연구」, 『국어교육연구』 제40호, 국어교육학회, 2007.
이성영, 「읽기 발달 단계에 대한 연구」, 『국어교육』 제127호, 한국어교육학회, 2008.
이순영, 「독서 동기와 몰입에 영향을 주는 요인에 관한 이론적 고찰」, 『독서연구』 제16호, 한국독서학회, 2006.
______, 「디지털 시대의 청소년 독자와 비판적 읽기」, 『독서연구』 제24호, 한국독서학회, 2010.
이용욱, 「인터넷 연재소설의 상호 소통방식」, 『한국언어문학』 제77권, 한국언어문학회, 2011.
이지영, 「청소년의 성별과 학년에 따른 학교 밖 쓰기활동의 차이」, 『국어교육학연구』 제47집, 국어교육학회, 2013.
장미영, 「인터넷 소설과 웃음」, 『국어문학』 제40호, 국어문학회, 2005.
정혜승, 「읽기 태도 구인과 검사 도구의 요건」, 『국어교육학연구』 제27집, 국어교육학회, 2006.
______, 「읽기 태도의 개념과 성격」, 『독서연구』 제16권, 한국독서학회, 2006.
정혜승 · 민병곤외 3인, 「초등학생의 학교 밖 문식 활동의 빈도, 이유, 가치 부여에 관한 연구」, 『국어교육연구』 제32집, 서울대 국어교육연구소, 2013.
정혜승 외 8인, 「초등학생의 학교 밖 문식 활동 조사 연구」, 『독서연구』 제30호, 한국독서학회, 2013.
천경록, 「읽기의 개념과 읽기 능력의 발달단계」, 『청람어문교육』 제21집, 청람어문학회, 1999.
최병우, 「스토리텔링 연구의 성과와 과제」, 『한국문학논총』 제64집, 한국문학회, 2013.
최수웅, 「인터넷소설의 창작방법론」, 『한국문예창작』 제11호, 한국문예창작학회, 2012.
한혜원, 「온라인 팬픽에 나타난 스토리 리텔링 연구」, 『인문콘텐츠』 제27호, 인문콘텐츠학회, 2012.
______, 「한국 온라인팬픽의 인물 형상화 방식」, 『한국방송학보』 제27호, 한국방송학회, 2013.

[단행본]
Chartier, R., 『읽는다는 것의 역사』, 한국출판마케팅연구소, 2006.
Irwin, J. W., 천경록외 2인 역, 『독서교육론』, 박이정, 2012.
Spivey, N. N., 신헌재외 4인 역, 『구성주의와 읽기 · 쓰기』, 박이정, 2004.
국어교육 미래열기, 『국어교육학개론』 제3판, 삼지사, 2009.
권이종 · 김용구, 『청소년이해론』, 교육과학사, 2006.
김진량, 『디지털 텍스트와 문화읽기』, 한양대 출판부, 2005.
노명완, 『국어교육론』, 한샘, 1988.
노명완 · 이차숙, 『문식성 연구』, 박이정, 2002.
매리언 울프, 이희수 역, 『책 읽는 뇌』, 살림, 2009.
박영목, 『독서교육론』, 박이정, 2008.
박인기, 「문화와 문식성의 관계 맺기」, 『문식성 교육연구』, 한국문화사, 2008.

알베르토 망구엘, 정명진 역, 『독서의 역사』, 세종서적, 2000.
옥현진, 「다중모드 문식성」, 『문식성 교육연구』, 한국문화사, 2008.
이경화, 『읽기 교육의 원리와 방법』, 박이정, 2003.
이도영, 「읽기 능력의 개념과 구성 요소」, 『문식성 교육연구』, 한국문화사, 2008.
임영식 · 한상철, 『청소년 심리의 이해』, 학문사, 2000.
정현선, 「인터넷 문식성에 대한 심미적 접근으로서 디지털 서사의 교육」, 『문식성교육연구』, 한국문화사, 2008.
천경록 · 이재승, 『읽기교육의 이해』, 우리교육, 1997.
한철우, 『거시적 독서 지도』, 역락, 2011.

[기타 자료]
Wikitree(social network news service), 「작가 꿈꾸는 이들을 위한 공간, '웹소설' 뜬다」, 2014.8.8.
문체부, 『국민 독서실태 조사』, 2013.
______, 『전자책 독서실태 조사』, 2013.3.
이숙명(영화저널리스트), 「저평가된 감독, 팝콘무비의 대가 스티븐 소머즈」, 『네이버 영화매거진』, 2014.8.26.
한국정보화진흥원, 「국가정보화백서」, 2015.5.15일 발표, 2014.

한국언어문화교육에서의 시조교육 효과 연구

상호텍스트성을 적용한 실험수업을 중심으로

박광옥 · 이명애 · 이지양

1. 머리말

본고는 한국언어문화교육에서 시조를 활용한 실험수업을 통해 시조교육의 효과를 검증하고 이를 바탕으로 한국언어문화교육에서 적용할 수 있는 시조교육의 원리와 방안을 제시하고자 한다. 먼저, 본고의 기본 전제로서 두 가지를 논의하고자 한다. 이 두 가지는 문학이 외국인 대상 언어문화교육에 가져다주는 효용성과 특히 시조문학이 함의하는 가치를 말한다.

먼저, 한국문학이 한국언어문화교육에서 지니는 의미에 대해서다. 문학과 언어의 관련성부터 살펴보자. 문학은 실현매개체인 언어와 본질적으로 맞닿아 있다.[1] 문학에서 쓰이는 언어는 일상의 언어와 다르

1 김현수(2006)는 Terry Eagleton(1996)을 언급하면서 문학은 '상상에 의해 만들어진 글'이라는 내용

지 않다. 다만 일상어는 현실을 구체적으로 지시한다면, 문학어는 현실을 상징한다는 점에서 다를 뿐이다. 시적 허용이나 비유, 상징 등의 문법적 일탈이 언급되기도 하나 이는 일상에서도 흔히 보이는 현상이다.[2] 따라서 문학을 통해 일상어의 풍부한 용례를 찾아 익힐 수 있다.

또한, 문학은 작가 개인에 의해 개성적으로 창조된 언어활동이다. 자신만의 언어스타일로 자기정체성 구현이라는 언어의 목적을 달성한다. 문학은 관습적으로 유지되어 온 언어의 특성인 일상성과 개별적이고 발산적인 창의성이라는 두 가지 특성을 모두 지니고 있으며 둘 사이의 긴장 가운데 특정한 맥락에서 언어를 효과적으로 적절하게 운용하는 법을 보여준다. 문학에서 어휘의 선택, 문장의 구성, 주제의 전개 등 효율적인 방식이 추구된다. 이러한 일상성 · 창의성 · 적절성 · 효율성 등은 문학의 특징이면서 본질적으로 언어활동의 능력이다. 따라서 한국어 학습자는 문학이라는 언어운용모델을 경험함으로써 한국어의 의사소통능력을 향상시킬 수 있다.[3]

둘째, 문학이 한국문화교육에 필요한 이유이다.[4] 문학은 작가가 초점을 맞춘 시대와 사회의 인공물과 습관 뿐 아니라 정신문화를 반영하

에 의미를 두기보다 '일상언어를 변형하고 낯설게 만든 언어집합체'라는 언어자체에 가치를 강조한다. 이러한 생소함을 통해 경험을 더욱 충실하게 만들어 주는 데 문학의 의의를 두고 있다. 15~40쪽.

2 Lakoff와 Johnson(1980)에 의하면 은유는 어떠한 개념을 이해하기 위해서 평범한 사람들이 일상언어에서 널리 사용하고 있다. 따라서 은유는 인간의 사고와 감성을 이해할 수 있는 중요한 장치이다. 이창봉(2011), 198~201쪽.

3 김대행 외(2000)는 언어의 일상성과 창조성의 관계를 보편성을 고수하려는 구심력과 일탈을 추구하는 원심력 간의 역학관계로 설명하고 있다. 129~147쪽.

4 윤여탁(2003)은 일상 언어와 대중 매체에서는 찾기 어려운 고급스러운 언어인 문학 언어에 주목하고 전반적인 언어 능력의 향상 외에 문학 자체 교육의 의의 또한 강조하고 있다. 그러나 본고에서는 외국인학습자가 교육 대상이므로 문학 언어의 일상성에 보다 주목하여 적절한 언어 사용의 모델로서의 문학을 교육하는 데에 방점을 두고자 한다. 132~134쪽.

고 있다.[5] 문학은 시공의 제약을 넘어선 인류 공통의 보편성을 기저에 담으면서도 시대와 지역적 특수성을 함유한다. 따라서 문학교육을 통해 문학이 함유하는 사상, 가치관, 태도 등을 여러 각도에서 찾을 수 있다. 또한 학습자는 실제자료의 하나인 문학작품을 통해 적절한 언어사용뿐만 아니라 언어를 매개로 한 문화를 만나고 배우게 된다. 한국언어문화교육의 목표는 원활한 의사소통과 문화 간 적응능력의 향상이다.[6] 의사소통능력과 문화적응능력을 위해 문학은 언어가 창의적으로 사용되고 문화가 함축된 교육제재로서 중요한 기능을 한다고 본다.

다음으로, 한국언어문화교육에서 문학장르 가운데 시문학 특히 시조가 가지는 교육적 의의를 살펴보겠다. 주지하듯이 시조는 800여년의 역사를 지닌 현존 최고(最古)의 한국 문학으로서 현재까지 향유되는 유일한 시형식이고 한국시가 역사상 최단형의 정형시이다.[7] 교육적으로, 3행으로 이루어진 단형성에서 창작과 기억의 용이성을 찾을 수 있다. 약 5,000수가 남아있고 현대시조로도 전승되는 것을 보면 누구라도 쉽게 지어 왔음을 알 수 있다.[8]

---

5 문화의 정의는 너무나 다양하고 방대하다. 이제는 문화 관련 연구를 할 때 연구자 나름으로 문화에 대한 정의를 분명히 하는 것이 거쳐야할 첫 관문이 되었다. 본고는 박종한(2012;2013)의 역동모델을 따르고자 한다. 이는 문화정의에 관한 통시적 메타연구들을 다시 재분석하여 인공물, 습관, 기능 세 가지로 최종적으로 범주화하고 있다. 특히 유기체와 같이 끊임없이 작용하며 지속적으로 변화한다는 역동성을 강조한다. 본고는 덧붙여, 문화를 정신의 소프트웨어라고 한 Hofstede(1980)와 같이 정신 영역에 보다 주목한다.

6 이명애 · 박광옥 외(2016)는 한국언어문화교육에서 한국어와 한국문화를 외국어와 외국문화의 하나로서 객관화시키고 교육의 목표를 의사소통과 문화 간 적응에 대한 능력의 관점에서 다룰 것을 제안하고 있다. 152~154쪽.

7 원용우(2011)는 "시조는 고려 말경 유학자들에 의해 만들어진, 가장 오랜 생명력을 지니면서 전승되어 오는 우리 민족 고유의 전통시가이다. 3 · 4 또는 4 · 4조를 기본 율조로 하고 우리 민족의 사상, 감정, 체험 등을 담기에 가장 알맞은 그릇으로서 형식은 3장6구12절의 정연한 형태를 가진 정형시"라고 정의내리고 있다. 22~23쪽.

8 박을수(1991)의 한국시조대사전에 의하면 개화기까지 포함하여 옛시조는 총 5,492수에 달한다

또한 시조는 시작과 더불어 오랫동안 창으로 불리어 왔기에 음악적 리듬이 있다. 리듬이 내재되어 있어 낭송하면 재미를 느끼고, 두 어절(1구)씩 끊어 읽기 곧 한국어의 기본 율격 단위를 자연스럽게 익힐 수 있다. 이러한 리듬은 노래와 같은 효과를 지니므로 사용된 언어의 내용과 형식을 기억하는데 도움을 준다. 마치 '삼행시 짓기'가 첫 글자에 맞춰 3행으로 즉흥적으로 지을 수 있듯이, 시조 역시 형식에 맞춰 조금만 훈련하면 초・중・종장으로 어렵지 않게 창작이 가능하다.

마지막으로, 문학사적 의의를 꺼내지 않더라도 시조에는 수많은 정서, 주제, 이야기가 들어있다. 시조 안에서 인류 보편성과 한국전통의 특수성을 모두 찾을 수 있고, 두 가지 측면을 비교하며 감상할 수 있다. 이러한 시조의 역사성(한국 고유의 정형시), 단형성, 리듬감, 즉흥성, 주제의 다양성 등에서 한국언어문화교육에서 언어와 문화교육에 적용할 수 있는 가능성을 찾아볼 수 있다.

황인교(1998), 윤여탁(2002), 장문정(2008) 등의 요구조사 결과에 의하면 한국어교육에서 문학교육에 대한 관심과 필요성에 대해 학습자와 교사의 인식이 모두 높다. 다만 문화작품이 어렵다는 인식이 일반적이므로 학습자들의 수준을 고려하고 흥미와 요구를 반영한 수업 방법에 대한 연구가 필요하다. 강경희・강승혜(2015)가 지적하듯, 한국어교육에서 문학교육에 대한 본격적인 연구는 2000년 중반 이후에야 시작되었고 목표설정, 교육과정, 방법론 연구 등에서 체계적 통합이 아직 부족하다. 강충화(2013)[9]와 매영(2014)은 교재분석을 통해, 문학작품을 활

고 한다. 7쪽.

9 5개 대학교재를 분석한 결과, 다루는 문학작품 수, 장르 간 분포, 급수 간에 교재별로 차이가 심해

용한 교육 활동 시간이 매우 부족하고 작품 선정과 내용 구성이 교재별로 차이가 많음을 보였다.

이에 본고는 한국언어문화교육에서 문학의 의의와 특별히 시조교육의 가능성을 강조하면서 논의를 전개한다. 학습자 요구조사를 기반으로 하여 상호텍스트성[10]을 중심으로 수업원리와 교육방안을 마련하고 2차에 걸쳐 중고급반 대상으로 활동 중심의 시조 실험수업을 한다. 실험수업의 효과를 자기평가 설문 결과와 수업관찰 기술 등으로 통합적으로 확인한다. 이를 바탕으로 한국언어문화교육에서 시조교육의 원리와 구체적 방안을 제시한다는 데에 본고의 의의가 있을 것이다.

2. 시조의 상호텍스트성

상호텍스트성(intertextuality)은 한마디로 텍스트간의 상호관련성이다. '속', '사이', '상호' 등을 의미하는 'inter'와 씨실과 날실로 짜여있다는 의미를 지닌 'text'가 결합된 조어이다. 한 텍스트 안에 이전이나 동시대의 다른 텍스트들의 영향으로 존재하는 어떤 관련성을 의미한다. 이는 특정한 시대의 문화 형태들과의 상호관련성까지도 포함하는 개념이다. 초기 형성된 상호텍스트성은 언어기호로 이루어진 텍스트들이

표준화 작업이 필요해 보인다. 특히 전체 교재 가운데 시조의 경우 연세대 교재와 이대 교재에서 총 4편만을 다루고 있다.

10 김도남(2003)에 의하면 상호텍스트성을 처음 이론화한 것은 바흐친의 '대화주의'다. 대화의 '다성성(多聲性)'을 '상호텍스트성'개념으로 정리한 사람은 크리스테바(1966)이다. 다성성은 한 작품 안에 다양한 의식이나 목소리들이 독립된 실체로서 존재한다는 것이고, 상호텍스트성은 한 텍스트가 이전 또는 동시대 담화의 영향으로 이루어지는 특성이라고 하였다. 98쪽.

서로 영향 관계를 맺고 있음을 지칭하였다. 이후 점차 넓어진 의미에서 상호텍스트성은 텍스트 뿐 아니라, 텍스트내의 주체들 간이나 텍스트와 사회문화적인 관계에서 일어나는 모든 총체적 연결 현상도 포괄한다. 소쉬르의 기호학과 바흐친의 문학이론에서 비롯한 상호텍스트성은 포괄하는 범위가 모든 사회문화적 국면의 관계성까지로 확대되었다. 요컨대, 사람들 사이의 모든 의사소통은 근본적으로 상호텍스트성을 갖고 있다고 할 수 있다.

따라서 상호텍스트성은 교육 특히 문학교육에 적용할 만한 가치를 지닌다. 하나의 텍스트를 분리하여 그 자체로만 교육의 객체로 두기보다 다중텍스트를 활용하여 상호텍스트성의 개념을 적용하면 다양한 관계성을 통해 보다 깊이있는 이해를 할 수 있다. 이를 통해 학습자 자신 안에서 의미를 재구성하고 삶에서 활용한다면 '이해와 삶의 적용'이라는 교육의 본질적 목표에 이를 수 있을 것이다.[11]

상호텍스트성을 교육에 구체적으로 적용하기 위해서는 하위범주화가 필요하다. 본고에서는 Irwin의 세 가지 텍스트성[12]을 외국인 학습자 대상 시조교육에 응용하기 위해 보다 명확한 명칭과 개념으로 설정하였다. 비교문화적 측면에서 문화별로 다른 장르 간 비교를 통해 텍스트 의미를 구성하는 문화 간 텍스트성(intercultural textuality), 다른 텍스트와의 관계를 통해 의미를 구성하는 작품 간 텍스트성(intertextuality), 그리

---

11 Whitehead(1929)는 교육은 지식 활용의 방법을 알게 하는 데에 궁극적 목표가 있다고 하였다. 이는 곧, 삶에서의 활용이다. 오영환 역, 『교육의 목적』, 2004, 18쪽.

12 Irwin(1991)은 상호텍스트성을 바탕으로 하는 읽기에 대하여 세 가지로 제시하였다. 텍스트 내부 요소들의 관계를 통해 의미를 구성하는 내적 관계 텍스트성(intratextuality), 다른 텍스트와의 관계를 통해 의미를 구성하는 상호관계 텍스트성(intertextuality), 텍스트 외부에 있는 내용을 통해 의미를 구성하는 외적 관계 텍스트성(extratextuality)이다. 김도남(2003), 135쪽에서 재인용.

고, 텍스트 내부 요소들의 관계를 중심으로 의미를 구성하고 독자와의 소통을 다루는 작품 내 텍스트성(intratextuality) 등으로 구분하였다.

문화 간 텍스트성은 시조의 경우 중국의 한시, 일본의 하이쿠 등 각국가 고유의 정형시들이 대상이 될 수 있다. 문화 간 텍스트성을 적용하는 것은 한국어 교육에서 상호문화주의의 의의를 지닌다고 볼 수 있다. 상호문화주의는 다문화 사회에 존재하는 다양성을 단순히 수동적으로 수용하지 않고 문화 간에 대화와 상호작용을 하고자 하는 적극적으로 열린 문화적 자세이다.[13] 외국인 학습자는 자국에서 배웠던 정형시를 환기하고 텍스트 간 상호성을 인정하며 한국의 정형시인 시조를 배울 수 있다. 이 때, 상호 존중하는 대화적 자세에서 자신의 문화에 대한 자부심과 한국의 시조에 대한 흥미가 유발되며, 스키마로 존재하는 문학능력[14]이 더욱 활성화될 것이다. 또한 문학수업을 통해[15] 학습자들의 모국에서 가졌던 문학적 체험과 현재 한국에서의 문학체험이 연속성을 이루어 문학경험이 확장되는 효과를 이룰 것이다.

작품 간 텍스트성은 하나의 텍스트가 다른 텍스트와의 관계를 통해 의미를 구성하는 관련성으로, 이전의 혹은 동시대의 다른 텍스트와 맺는 상호성이 여기에 속한다. 작품간 텍스트의 동시적 관계로는 문답형

13 이명애 · 박광옥 외(앞의 글)는 한국문화교육의 방향을 상호문화주의로 둔다. 다양한 문화 간의 단순 병렬이 아닌 '대면'을 강조한다. 문화 간 주체로서 만나고 끊임없이 대화하며 상호의존관계 속에서 공존 공영하고자 하는 속성을 밝힌다. 이를 위한 기본 원리로 문화 간의 만남과 대화, 곧 문화 간의 적극적 소통을 언급하고 있다. 154쪽.

14 고정희(2012)는 문학능력이 문학의 구조에 대한 인지능력으로 시공간적 특수성에 좌우되지 않는다고 하였다. 현대 독자가 고전문학이 창작되던 당시의 독자가 지닌 암묵지의 내용을 전혀 모르더라도 텍스트의 규칙을 잘 관찰하는 가운데 자신의 해석을 산출할 수 있는 능력이라고 했다. 175쪽.

15 구인환 외(2003)는 문학수업은 학생들의 문학적 체험과 현실적 체험과의 연속성에 대해 교육적으로 고려해야 한다고 강조하였다. 270쪽.

시조들에서 볼 수 있다. 또는 통시적으로 동일 주제를 다룬 고시조 작품과 현대 시조 작품을 같이 제시하여 비교 또는 대조하며 행간을 읽을 수 있다.

작품 내 텍스트성은 시조 작품 내부 요소들의 의미를 재구성하는 학습자의 읽기과정 안에서 이루어진다. 작품 내 텍스트성은 시조 작품 내에서 화자와 청자가 맺는 관계에서 여러 목소리 유형으로 드러난다. 대화체 시조가 대표적이며 독백체의 시조에도 '아희야~'와 같이 청자를 상정하고 있다. 학습자가 작품에서 화자와 청자의 목소리를 찾고 그들과 내적인 대화를 하는 과정에서 의미를 파악하고, 시조 창작활동으로 시조 형식에 대한 직접적인 체험을 통해 작품의 자기 내면화[16]를 이룰 수 있을 것이다.

본고에서는 상호텍스트성 원리를 기반으로 다중텍스트를 활용하여 학습자들이 시조에 대한 흥미와 친근감을 갖고 보다 능동적이고 주체적으로 학습할 수 있도록 시조수업을 설계하고자 한다.

3. 상호텍스트성을 적용한 시조 실험수업

본 연구에서 실험수업을 통해 밝히고자하는 문제는 다음과 같다.

16 김도남(2003)은 내면화에 이르는 바람직한 활동의 하나로 텍스트의 상호성에 대한 배려를 들고 있다. 단일 텍스트 자체의 범주만으로는 내면화 과정의 심화를 기대하기 어렵다. 작품을 통해 알게 된 가치를 학습자의 전 인격적 가치로 관련짓기 위해서는 관련 텍스트와 상호 연결하여 작품을 읽음으로써 내면화과정을 용이하게 할 수 있을 것이다. 96쪽.

[연구문제 1] 상호텍스트성을 적용한 시조수업이 외국인 학습자의 한국문학 이해력, 표현력, 정의영역 등에서 효과가 있는가?

[연구문제 2] 상호텍스트성을 적용한 시조수업이 외국인 학습자의 한국어 언어문화교육에 어떠한 시사점을 주는가?

1) 실험수업의 구성

실험 수업은 2016년 10월에 1주 1회 50분씩, 총 2회 100분에 걸쳐서 실시하였다. 실험수업 전에 설문지 문항으로 참가자들의 기본 정보를 확인하였다. 참가자들은 모두 20대 중국인 7명으로 C대학교 일반대학원 한국어교육학과 석사과정 학생들이다. 이들 모두 학문목적으로 한국에 온 경우로 최소 5년 한국에 거주하였으며 거주기간과 한국어학습기간이 거의 일치한다. 7명 모두 대학부설 한국어교육센터에서 1년간 중급 수준까지 학습하였다. 이후 진입한 학부과정에서는 단 한 명만 국어국문학을 전공하였고 나머지 5명은 컴퓨터공학, 심리학, 의류학 등 한국어와는 무관한 학과를 다녔다. 한국어교육을 대학원 전공으로 정한 이유에 대해 취업을 위해 한국어 수준을 높이고 싶다는 응답이 5명, 중국에서 한국어교사를 지망한다는 응답이 2명에 해당되었다.

한국어학습기간에 비해 토픽으로 측정된 한국어수준이 높지 않은 경우가 있는데 이에 대해 참가자들은 한국 사람들과의 소통의 경험이 적어서라고 답변하였다. 이들은 현재 한국문학론연구라는 과목을 수강 중이며 시조에 대해서는 2015년 11월 필자의 수업을 1회 수강한 경험이 있다. 참가자들의 정보를 정리하면 〈표 1〉과 같다.

〈표 1〉 시조 실험수업 참가자 정보

	성별	국적	한국어 학습기간	한국어 수준 (TOPIK)	문학관련 수업 경험	시조 수업 경험
1	여	중국	6년	4급	현재 학기 수강 중 ('한국문학론연구')	작년 1회
2	남	중국	7년	6급		
3	여	중국	6년	5급		
4	여	중국	5년	4급		
5	여	중국	7년	4급		
6	여	중국	5년	6급		
7	남	중국	6년	5급		

실험수업을 담당한 교사는 인문계 고교 국어교사로 한국어교육학 대학원에 재학 중이다. 다른 연구자 1인은 한국어강의 경력 5년차 강사로 한국어교육학 대학원 과정에 있다. 실험수업을 관찰하면서 일지에 기록하였고 사후 설문지 실시 이후 명확하지 않은 부분을 개별 질의로 보충 기재하였다.

수업 전에 참가자들의 문학 및 시조교육에 대한 요구조사를 설문지로 실시하였다. 실험수업 예상 참가자가 초기에 10명이어서 설문지 회수가 10부가 되었다. 이제까지 한국어수업에서 '문학수업을 받은 경험'(작년 필자의 시조 수업 제외)에 대해 단 세 명만이 소설, 우화를 배운 기억이 있다고 하였고 '홍미도'에서는 약간 있었거나(2명) 어려웠다(1명)고 응답하였다. '문학수업이 필요한가? ''라는 질문에는 10명 모두가 필요하다고 하였으며('매우 필요하다' 7명, '약간 필요하다' 2명, 어휘가 현실에 안 맞으므로 '별로 필요치 않다'는 응답이 1명), 필요성에 대한 이유로는, '문화 이해에 도움 될 것이다'(7명)와 '언어 표현에 도움 될 것이다'(2명)라고 하였다.

수업에서 다뤄지기를 원하는 장르로는 소설 뿐 아니라 영화나 드라마 대본에 대해서도 전원이 선택하였다.(복수 표시 가능하다는 전제로 '소설'/'영화대본'/'드라마대본' 10명, '시' 4명). 이는 현대 대중매체 장르도 무시할 수 없음을 보여준다. 문학수업이 적당할 것 같은 한국어수준에 대한 질문에는 '중급부터가 적절하다'는 대답이 5명으로 '고급 단계만이 가능하다'는 4명에 비해 많았다. 희망하는 실시 횟수에 대해서는 '주 1회 두 시간'을 선택한 경우가 5명으로 가장 많았다.('주 2회' 4명) 시조수업에 대해 기대하는 바에 대해서는 '한국인의 정서와 문화적 배경을 보다 잘 알 것 같다.', '수업이 재미있었으면 좋겠다.' 등 관심을 나타내면서 흥미 있는 수업을 바라고 있었다. 문학교육에 대한 필요성 인식과 요구는 선행연구와 다르지 않게 매우 높으며 현실적으로 도움이 되는 내용구성과 재미있는 수업방식이 기대됨을 보여 주었다.

문학 및 시조교육에 대한 요구조사를 마치고 시조수업 설계를 하였다.

먼저, 수업 시 다룰 작품 선정에는 대표성, 역사성, 작가, 주제, 형식, 문학사적 의의 외에도 학습자와 교사 변인 등 교육 여건 전반에 대해 고려하여야 한다. 한시의 경우, 중국의 「의무교육 어문과정 표준문건」의 『한시 115』를 참조하여 수업을 지도하는 교사와 학습자가 같이 알 수 있는 쉬운 작품을 선정하였다. 자연을 노래한 맹호연의 「춘효(春曉)」와 그리움의 노래인 왕유의 「상사(相思)」를 선정하였다. 고시조 작품으로는 한국문학 정전목록[17]에 실린 시조 가운데 주제와 평이성을 고려하여 「십년을 경영하여」와 「동짓달 기나긴 밤을」을 선정하였다. 고시

17 윤여탁 · 유영미 외(2014)의 한국 · 미국 · 중국에서의 한국어교육용 한국문학 정전 목록을 참조하였다. 377쪽.

조에 사용된 고어는 외국인 학습자를 위해 현대어로 풀이된 형태로 제시한다. 현대시조는 평시조 형식을 지닌 시조 중 다루고자 하는 고시조와 동일 주제의 쉬운 작품을 찾았다. 자연과 그리움을 주제로 각각 김양수의 「매미」와 이은상의 「개나리」를 선정[18]하였다.

실험대상 참가자들의 요구도를 바탕으로 시조 수업의 목표를 설정하였다. 시조의 형식, 내용, 주제, 정서에 대한 주체적 이해와 표현력 키우기로 정하였다. 다중텍스트를 활용하여 상호텍스트성을 요체로 수업을 전개하여 문화 간, 작품 간, 작품 내의 다양한 관계성에 주목하고 유사점과 차이점을 찾고 자신만의 의미를 재구성하도록 하였다. 자신의 의미 선택에 대해 상정해보고 시조 작문 활동을 하면서 보다 주체적으로 내면화하고 창조적 활용의 단계로 나아가도록 하였다.

평가(evaluation, assessment)에는 크게 두 가지, 평정(rating)과 진단(diagnosis)의 관점이 있다. 평정이 학습자를 판단하고 서열화하려는 결과 중심의 평가라면 진단은 학습자의 변화 정도와 교육효과를 점검하여 개선하려는 과정 중심의 평가이다. 문학교육에서 평가의 대상은 학습자의 문학능력이다. 문학능력은 작품을 해석하고 감상하며 언어와 문화 측면에서 창의적으로 의미구성을 하고 자신의 삶에서 통합하고 적용할 수 있는 능력이다.[19]

평가에서 문학능력은 일반적으로 이해와 표현, 곧 작품에 대해 수용하는 능력과 의미를 내면화하고 새롭게 재생산하는 능력으로 양분한

---

18 김양수의 「매미」는 『초등학교 1-2 국어교과서』 수록 작품이고 이은상의 「개나리」는 『초등학생 시조 암송 추천 100수』에 실린 작품이다.

19 우한용(1999 : 544~546), 염은열(2009 : 354~355)을 참조하여 통합하였다.

다. 그러나 이해와 표현능력은 중첩적이고 상호배타적이지 않으므로 이 둘의 구분에 대한 비판의 시각이 많다. 이에 대한 강구책으로 토의 · 글쓰기 · 이야기하기 · 경험 평가 · 자기 보고 등으로 통합적으로 평가하려는 대안적 방법이 있다. 또, 문학교육 평가를 인지능력에 대한 평가와 정의능력에 대한 평가로 양분하기도 한다. 이해 · 분석 · 해석 등을 다루는 인지적 능력은 어느 정도 객관적 평가가 가능한데 비해, 감상 · 수용 · 소통 등과 연관된 정의적 능력에 대해서는 평가가 쉽지 않다. 다루기 어려운 정의적 능력에 대해서는 면접 · 관찰 · 질문지 · 수행평가 등의 평가방법이 사용되기도 한다.[20]

본고에서는 한국어교육에서 시조수업의 효과를 확인하고자 평가를 설계하였다. 문학교육에 대한 평가로 계량적 방법과 질적인 분석방법을 모두 사용하고 이를 통합적으로 기술하여 학습자의 전체적인 진행상(狀)을 보이고자 하였다. 실험수업이 외국인 대상으로 단기로 이루어진 상황에서 이루어진 학습자와 교육에 대한 평가로 평정보다는 진단의 의미를 강조하였다.[21] 먼저 양적 평가를 위해 평가영역을 인지와 정의 측면으로 구성하였다. 인지측면을 다시 이해와 표현으로 나누어 문항을 설계하였다. 정의영역도 문항을 구성하여 평가에 포함하였다.[22] 교사중심의 평가보다는 학습자중심의 평가를 지향하여 자기평가지를

20 김창원(2013), 108~116쪽.

21 여기서의 '진단'은 선술했듯이, 결과 중심의 '평정' 에 대비되는 과정 중심의 평가를 의미하며 교육처치 이전에 학습자의 수준과 특성을 파악하는 일반적 의미의 진단평가와는 구별된다.

22 정의적 영역 구성은 고은진(2011)을 참조하였다. 고은진(2011)은 영시의 쓰기지도 방안을 마련하고 쓰기능력 평가와 더불어 정의적 영역을 흥미도, 자신감, 참여도, 필요성 이해 등 4가지로 분류, 자기설문 평가하여 전후 결과를 검증하였다. 본고에서는 단기 수업의 특성을 고려하여 자기평가의 정의영역에서 흥미도와 필요성 인식 등 두 가지만을 포함하였다. 34~39쪽.

통해 양적 결과를 도출하고자 하였다.

다음은 본 연구에서 자기평가지로 구성한 평가영역에 관한 분류표이다.

〈표 2〉 평가영역 분류표

<table>
<tr><th>대분류</th><th>중분류</th><th>소분류</th></tr>
<tr><td rowspan="4">인지영역</td><td rowspan="2">이해영역</td><td>형식 이해</td></tr>
<tr><td>내용 이해</td></tr>
<tr><td rowspan="2">표현영역</td><td>적용 표현</td></tr>
<tr><td>창작 표현</td></tr>
<tr><td rowspan="2">정의영역</td><td>흥미도</td><td></td></tr>
<tr><td>필요성 인식</td><td></td></tr>
</table>

평가 항목으로 시조의 리듬성과 3장 전개 형식에 대한 이해(문항①, ②), 문화 간·작품 간·작품 내 상호텍스트성을 활용한 내용에 대한 이해(문항③~⑥), 자기경험에의 적용을 통한 표현(문항⑦),[23] 시조작문을 통한 표현(문항⑧)과 시조문학에 대한 흥미도(문항⑨), 시조 등 문학수업에 대한 필요성 인식(⑩) 등으로 구성하였다. 평가점수는 5점 척도로 구분하였다. 2차시 수업 이후 참가자들이 설문지로 향상정도를 자가 평가하도록 하고 결과를 산출하여 분석 정리하였다.

〈표 3〉은 수업 이후 학습자들에게 제시된 자기평가표이다.

질적 분석을 위해서는 수업 과정을 관찰일지에 기록하고 의미를 분석하였다. 차시별로 수업 진행 과정에서 학습자가 반응하고 활동한 결과를 중심으로 기술하였다. 또한 수업 이후에 학습자 만족도를 조사하였고 추가 확인 질의하여 서술하였다.

23 염은열(2009)은 자기평가 방법 가운데 '나라면 어떻게 했을까?'에 대한 글쓰기로 서사의 다기(多岐)성을 통해 학습자의 주체적 태도, 자기 이해, 창의성 등을 함양할 수 있음을 제안하고 있다. 357쪽.

〈표 3〉 실험 수업 후 자기평가표

평가 항목	전혀 향상되지 않았다	별로 향상되지 않았다	보통이다	약간 향상 되었다	매우 향상 되었다
① 시조를 운율에 맞춰 리듬감 있게 읽을 수 있다.					
② 시조의 3장 형식을 이해할 수 있다.(제시-전개-주제)					
③ 시조를 다른 나라 시(절구, 하이쿠 등)와 비교하여 유사점과 차이점을 찾을 수 있다.(내용, 형식, 주제 면)					
④ 서로 다른 시조 간에 주제가 연결된 경우를 이해할 수 있다.					
⑤ 고시조, 현대시조를 보면서 같은 주제를 표현하는 방식의 유사점과 차이점을 이해할 수 있다.					
⑥ 시조를 읽고 작가의 생각을 이해할 수 있다.					
⑦ 시조를 읽고 나의 경험과 관련지어 이야기할 수 있다.					
⑧ 주제를 정해 시조 형식에 맞춰 창작할 수 있다.(부분 작문)					
⑨ 시조에 흥미를 느껴 더 배우고 싶다.					
⑩ 시조 등 문학을 수업에서 더 많이 다루어야 한다.					

2) 실험수업의 전개

[1차시]

실험수업 1차시의 도입부에서 학습자의 모국문학 장르인 중국의 한시[24]인 맹호연의 「춘효」를 가장 먼저 제시한다. 학습자에게 익숙한 간체자로 된 한시를 제시하고 중국어로 낭독을 부탁한다. 한국어로 의미

24 조동일(1998)은 동아시아 민족어시들이 한시에서 분기되어 각 민족 고유의 양식으로 발전된 문학이라 하면서 한국의 향가와 시조, 일본의 하이쿠(和歌), 베트남의 國音詩 등을 예로서 제시하고 있다. 85쪽.

를 확인하고 절구의 형식과 역사적 의미를 환기한다. 정형시의 또 다른 예로 일본의 하이쿠 작품을 소개한다. 절구와 하이쿠와 더불어 한국의 시조를 제시하여 문화별 정형시들 간의 형식, 내용전개, 주제, 역사성 등에 대해 비교하며 이해한다.

전개에서는 작품 간 텍스트성을 적용하여 동일 주제의 고시조와 현대시조 두 편을 제시한다. 시조 작품들을 같이 읽고[25] 비교하면 서로의 의미를 분명하게 이해할 수 있고 작품들 간의 관계에서 환기되는 의미도 풍부해질 수 있다. 자연과의 관계를 노래한 고시조로 송순의 「십년을 경영하여」와 현대시조로 김양수의 「매미」를 제시하여 비교 대조하며 이해한다. 유사 주제를 다루고 있는데 언어 표현, 작가의 사상, 생활상 등에서 차이가 있는지를 찾아보고 이야기한다. 시조의 3장 6구라는 형식과 기-서-결이라는 내용 구성, 종장의 첫 어절 음수 지키기 등의 특징을 이해한다. 자연물의 의인화와 의성어, 의태어, 수사법을 문맥 안에서 익힐 수 있다.

활동에서는 작품 내 텍스트성을 활용하여 작품을 적극적으로 내면화시켜 자신의 삶과 연계시킨다.

「매미」에서 화자가 자신이라면 어떻게 할지에 대해 선택과 이유를 서로 이야기한다.

마지막으로 시조의 일부 어절을 비우고 개인별 주제를 정해 창작하여 쓰고 발표 감상하는 활동을 한다.

25 김상진(2010)은 상호텍스트적 읽기의 장점으로 시간의 효율성, 관심의 제고, 작품적 가치의 명료화를 들고 있다. 10쪽.

[2차시]

도입에서 그리움이라는 주제를 다룬 중국 절구 왕유의 「상사(相思)」를 제시하면서 학습자의 모문화와 모문학에 대한 스키마를 환기하고 흥미와 자부심, 열린 마음자세를 유발하도록 한다. 전개에서 황진이의 「동짓달 기나긴 밤을」과 이은상의 「개나리」를 함께 제시한다. 중국한시와 고시조, 현대시조에서 시대와 작가에 따라 사랑에 대해 어떻게 표현하는지 유사점과 차이점을 찾아본다. 「동짓달 기나긴 밤을」에서는 임을 기다리는 절절함을 객관화시켜 적극적인 자세로 표현하였고, 「개나리」에서는 서로 사랑하는 사람들이 자신의 마음을 직설적으로는 말하지 못하고 우회적으로 전달하는데, 이는 한국의 문화적 특징인 은근미의 발현이다. 대조적으로 강조된 의태어는('서리서리', '굽이굽이') 한국어의 아름다움과 섬세한 감각을 경험할 수 있도록 한다. 현대시조인 이은상의 「개나리」에서는 인물간의 직접적인 대화는 아니지만 편지라는 매개체를 통해 간접적인 대화가 이루어진다. 편지를 발신, 수신하는 2명의 화자가 숨어 있음도 알 수 있다.

활동에서 작품의 내용을 자신에게 적용해 본다. 만약 내가 「개나리」에서 편지를 받은 화자라면 어떻게 할 것인지 상상하여 표현한다. 「개나리」 시조 틀에 맞추어 자유 주제를 정해 시조 짓기를 한다. 시조를 지어 봄으로써 시조의 형식과 구조를 경험적으로 익히게 된다. 시조의 창작 경험은 학습자의 문학적 창작이면서 문화체험이 되어 한국언어문화에 대한 인식의 확산과 한국어에 대한 자신감을 느끼게 될 것이다. 자신이 지은 시조를 운율과 리듬을 살려 낭송하게 한다. 실험수업의 구성을 도표화하면 〈표 4〉와 같다.

〈표 4〉 실험수업의 구성 원리

문화 간 텍스트성		작품 간 텍스트성		작품 내적 텍스트성
도입		전개		활동
중국 절구, 일본 하이쿠, 한국 시조 같이 제시하여 문화 간 정형시의 형식과 의미, 주제, 전개 등을 상호 비교하기	⇒	동일 주제 고시조와 현대시조 작품을 같이 제시하여 비교, 대조하며 읽기	⇒	텍스트와 자신과 관계 맺으며 의미를 재구성하고 내면화하기, '나라면?' 상상하기. 시조 창작하고 발표하기

〈표 5〉〈표 6〉은 '시조 활용 한국 언어문화 교육'의 1차시와 2차시 교수-학습안이다.

〈표 5〉 실험수업 1차시 교수-학습안

<table>
<tr><td>학습
목표</td><td colspan="2">자연친화적 고시조와 현대시조의 정서를 이해한다.
시조의 형식과 내용적 의미, 표현법을 이해한다.
시조 창작 통해 시조의 정형성을 내면화한다.</td><td colspan="2">1차시</td></tr>
<tr><td>문화
간
텍스
트성</td><td>도
입</td><td>1. T : 맹호연의 〈春曉〉입니다.<table><tr><td>春眠不覺曉
處處聞啼鳥
夜來風雨聲
花落知多少</td><td>봄잠에 아침인줄 몰랐더니
여기저기 새우는 소리
밤새 비바람소리 들려
꽃은 얼마나 떨어졌을까</td></tr></table>한번 같이 읽어 봅시다. 배운 적 있지요? 무슨 뜻인지 번역할 수 있을까요? 일본에도 정형시가 있습니다.<table><tr><td>古池や 蛙飛びこむ 水の音</td><td>오래된 연못/개구리 뛰어들자/물소리 풍덩</td></tr></table>T : 형식이 어떤가요? 절구는 5언4행 20자로 된 중국의 정형시이고, 하이쿠는 5,7,5 1행 17자 음수율로 된 일본의 정형시입니다 .
한국의 정형시는 3장 6구 4음보 45자의 형식을 지닌 시조라고 합니다.</td><td>7'</td><td>ppt
자
료</td></tr>
<tr><td>작품
간
텍스
트성</td><td>전
개</td><td>2. 시조의 형식과 내용 상호텍스트적 이해하기
고시조 송순의 〈십년을 경영하여〉와
현대시조 김양수의 〈매미〉를 제시하고 읽게 한다.</td><td>20'</td><td></td></tr>
</table>

<table>
<tr><td></td><td></td><td>
<table>
<tr><td>십년을 경영하여 초려삼간 지어내니
나 한간 달 한간 청풍한간 맡겨두고
강산은 들일 데 없으니 둘러두고 보리라</td><td>숨죽여 살금살금 나무에 다가가서
한손을 쭈욱 뻗어 잽싸게 덮쳤는데
손안에 남아 있는 건 매암매암 울음뿐</td></tr>
</table>
T : 시조의 형식 : 시조를 보며 음의 수를 빈칸에 채워봅시다.
<table>
<tr><td>3</td><td>4</td><td></td><td></td></tr>
<tr><td></td><td></td><td>3/4</td><td>4</td></tr>
<tr><td></td><td>5/6</td><td></td><td>4/3</td></tr>
</table>
3장 6구 4음보 형식으로 구성됩니다.
시어의 특징 : 초려 삼간, 의태어, 의성어, 의인법
</td><td></td><td></td></tr>
<tr><td>작품
내
텍스
트성</td><td>활
동</td><td>
3. 내면화하기
※대상과의 대화 : 말 걸기-대답하기-의미 찾기
· 말 걸기 : 매암매암 울음소리 · 대답하기 : 성공적인 매미잡기
· 의미 찾기 : 손안에 남아 있는 건 매미 울음 뿐
→ 매미는 잡았을까? 놓쳤을까?
→ 내가 매미 소리를 들었다면 어떻게 했을까?
4. 시조 창작하기
<table>
<tr><td>숨죽여</td><td>살금살금</td><td></td><td>다가가서</td></tr>
<tr><td></td><td>쭈욱 뻗어</td><td>잽싸게</td><td>덮쳤는데</td></tr>
<tr><td></td><td>남아 있는 건</td><td></td><td></td></tr>
</table>
5. 시조 발표하고 감상 나누기
</td><td>23'</td><td>학
습
지</td></tr>
</table>

〈표 6〉 실험수업 2차시 교수-학습안

<table>
<tr><td>학습
목표
및
주제</td><td colspan="2">그리움의 고시조와 현대시조의 정서를 이해한다.
시조의 형식과 내용적 의미, 표현법을 이해한다.
시조 창작을 통해 시조의 정형성을 내면화한다.</td><td colspan="2">2차시</td></tr>
<tr><td>문화
간
텍스
트성</td><td>도
입</td><td>
1. T : 전 시간에 절구와 시조를 배웠지요 오늘의 주제는 그리움입니다.
<table>
<tr><td>红豆生南国
春来发几枝
愿君多采撷
此物最相思</td><td>홍두는 남쪽 나라에서 자라는데
봄이 왔으니 얼마나 피었을까
그대 홍두를 많이 따두세요
그것이 그리움에는 으뜸이라오.</td></tr>
</table>
王維의 〈相思〉입니다. 같이 읽어 봅시다. 무슨 뜻인지 번역할 수 있을까요? 홍두day도 있다지요? 그리움을 표현하는 시조들을 읽어봅시다.
</td><td>7'</td><td>ppt</td></tr>
<tr><td>작품
간</td><td>전
개</td><td>2. 고시조 · 현대시조 상호텍스트적 읽기
황진이의 〈동짓달 기나긴 밤을〉과 이은상의〈개나리〉를 함께 제시하여 낭송한다.</td><td>18'</td><td></td></tr>
</table>

<table>
<tr><td>텍스트성</td><td></td><td><table><tr><td>동짓달 기나긴 밤을 한 허리를 베어 내어
춘풍 이불 아래 서리서리 넣었다가
어론 님 오신 날 밤이거든 굽이굽이 펴리라</td><td>매화꽃 졌다하신 편지를 받자옵고
개나리 한창이라 대답을 보내었소
둘이다 봄이란 말은 차마 쓰지 못하고</td></tr></table>시어의 특징 : 춘풍 이불, 의태어, 추상적 시간을 구체화</td><td></td><td></td></tr>
<tr><td></td><td></td><td></td><td></td><td></td></tr>
<tr><td>작품 내 텍스트성</td><td>활동</td><td>3. 내면화하기.
※대상과의 대화 : 말 걸기-대답하기-의미 찾기
· 말 걸기 : 매화꽃 졌다하신 편지 받기
· 대답하기 : 개나리 한창이라고 편지쓰기
· 의미 찾기 : 차마 쓰지 못한 말-봄
→ 소통의 어려움인가 은근한 소통인가?(한국문화의 은근미)
→ 편지를 받은 사람이 나라면 어떻게 할 것인가?
4. 시조 창작하기<table><tr><td></td><td></td><td></td><td>받자옵고</td></tr><tr><td></td><td></td><td></td><td>보내었소</td></tr><tr><td>둘이다</td><td></td><td>차마 쓰지</td><td>못하고</td></tr></table>5. 시조 발표하고 감상 나누기</td><td>25‘</td><td>학습지</td></tr>
</table>

3) 실험 수업의 결과

(1) 양적 분석 결과

먼저 자기평가지의 결과이다. 시조 형식과 내용의 이해와 표현, 정의영역(흥미, 필요성 인식)으로 구성된 항목에 대하여 참가자들이 5점 척도로 스스로 향상된 정도를 표시하였다. 평가의 주체로 타인이 아닌 참가자 본인으로 설정한 자기평가는 교육 이후 자신의 변화에 대해 스스로 긍정적 또는 부정적으로 생각하는 정도를 반영한다. 또한 평가를 통해 자기 이해와 성찰의 시간을 갖는 데에 의의가 있다. 질문지의 '매우 향상되었다'와 '약간 향상되었다' 두 가지를 '향상 인정'으로 처리하고, '보통이다'를 '동일'로, '별로 향상되지 않았다'와 '전혀 향상되지 않았다'를 '향상 부정'으로 처리하여 결과를 3등분으로 다시 구분하였다. 시조의 형식 이해 2문항, 시조의 내용 이해 4문항, 표현력 2문항, 정의영역에서 각각 흥미도 1문항, 필요성 인식 1문항 등 총 10문항을 유사성을 기준으로 5개 영역으로 다시 범주화하여 평균을 산출하였다. 〈표 7〉과 〈그림 1〉은 5개 영역의 자기향상 평가지의 참가자 평균을 구하여 향상 인정, 동일, 향상 부정으로 나누어 제시한 표와 도표이다.

〈표 7〉 수업 후 자기평가 결과 (합계인원/퍼센트)

	향상 인정	동일	향상 부정	합계
시조 형식의 이해(①, ②)	11(78.57%)	3(21.43%)	0(0.00%)	14(100%)
시조 내용의 이해 (상호텍스트성 기반)(③~⑥)	9(32.14%)	16(57.14%)	3(10.72%)	28(100%)
시조의 표현력(⑦,⑧)	9(64.29%)	4(28.57%)	1(7.14%)	14(100%)
시조 흥미도(⑨)	4(57.14%)	3(42.86%)	0(0.00%)	7(100%)
시조교육 필요성인식(⑩)	2(28.57%)	2(28.57%)	3(42.86%)	7(100%)

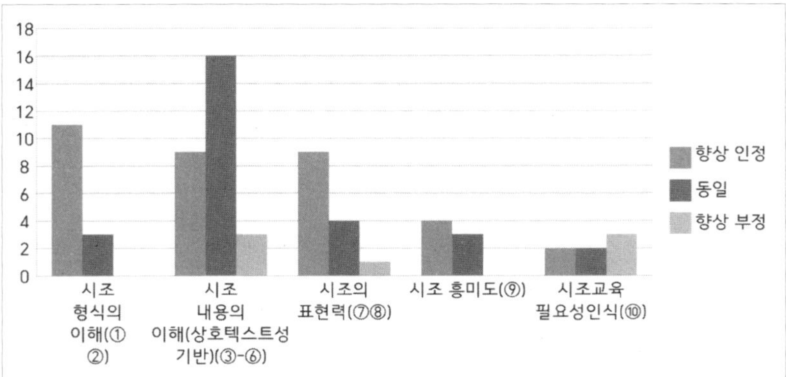

〈그림 1〉 수업 후 자기평가 결과

〈표7〉에서 알 수 있듯이, 시조 형식의 이해, 시조 내용의 이해, 시조

의 표현력, 시조에 대한 흥미도 등에서 수업 이후 자신이 향상되었다고 믿는 참가자가 가장 많은 수를 차지하였다. 다음으로는 이전에 비해 큰 변화가 없다고 생각한 참가자가 많았다. 다만 시조교육의 필요성에 대한 인식이 수업 이전에 비해 향상되지 않았다는 응답이 가장 많았는데 이는 사전 요구조사에서도 나타났듯이 수업이 이루어지기 전에 이미 필요성에 대한 인식도가 높은 상태였기 때문으로 보인다. 대체적으로 참가자들은 수업이 자신에게 미치는 효과에 긍정적으로 평가하였다고 할 수 있다. 이는 객관성과 타당성을 논할 수 있는 평가라기보다는 문학교육을 받은 참가자 입장에서 자신의 향상에 대한 믿음을 보여주는 결과이다. 또한 평가를 통해 자기 성찰의 시간을 갖게 된 데에도 의의가 있을 것이다.

(2) 질적 분석 결과

다음은 질적인 결과분석 제시이다. 수업관찰일지, 차시별 활동지와 설문에 대한 답변 등을 토대로 작성한 것이다. 활동 가운데 '만약 나라면?'에 대한 응답과 시조 작문 결과, 수업 후 반응을 중심으로 기술하였다.

[1차시]

자연 친화를 주제로 한 시조에서 문화 간, 작품 간, 작품 내 상호텍스트적 관련성을 중심으로 이해하였다. 국가별로 고정된 형식을 갖춘 정형시가 있는지, 같은 제재를 어떻게 표현하는지를 비교하였다. 같은 시조 장르에서도 통시적으로 어떤 유사점과 차이점이 있는지를 알아보았다. 이를 토대로 자신이 시조 내의 화자라면 어떻게 했을까 라는 가정을 통해 자신의 삶으로까지 확장 적용하는 경험을 갖는다. 다음은 현대시조 「매미」에서 화자가 '만약 나라면……?'에 대한 참가자 응답의 일부이다.

"그냥 날아가게 할 거예요. 자유를 줄 거예요."

"잡지 않아요. 무서워요."

"소리만 듣고 있어요."

"날씨가 덥다고 생각할 거예요. 여름이니까."

다음으로 「매미」의 일부 어절을 남기고 스스로 주제를 정하고 창작하여 쓰기활동을 하였다. 강아지, 폭포, 애인, 은행 ATM 등 소재를 다양하게 창안하고 자신의 경험을 토대로 별로 어렵지 않게 내용을 구성하였다. 다음은 일부 참가자들의 시조 창작의 예이다.

숨죽여 살금살금 강아지에게 다가가서 양팔을 펼치는데 갑자기 도망갔어. 꼬리를 흔들면서 반짝반짝 웃고만	숨죽여 주룩주룩 폭포에 다가가서 두 손을 쭈욱 뻗어 폭포를 만지려는데 손안에 남아 있는 건 아름다운 무지개뿐
숨죽여 살금살금 그녀에게 다가가서 두 손을 뻗어서 급하게 덮쳤는데 품안에 남아 있는 건 은방울 같은 웃음뿐	숨죽여 살금살금 은행에 다가가서 한손을 쭈욱 뻗어 비밀번호 눌렀는데 손안에 남아 있는 건 만 원짜리 한 장뿐

참가자들은 국가별 정형시 비교와 고전과 현대라는 통시적 비교, 그리고 시조 창작활동이 모두 처음이라고 응답하였다. 다음은 수업이후 설문지에서 진술한 내용 가운데 일부이다.

"재미있고 새로운 지식을 배울 수 있어요"

"고전시조를 알게 되고, 해석을 통해 시조의 배경과 감정을 느낄 수 있어서 좋다."

"일본과 한국과 중국의 정형시를 배웠다. 재미있는 느낌이 있다.",

"시조에 대한 관심이 생겼어요. 시간이 있으면 시조를 한 번 더 읽고 싶다"

"자기의 감성을 자연스럽게 표현할 수 있다. 시조의 형식을 알 수 있다. 시조를 쉽게, 재미있게 배울 수 있었다"

[2차시]

2차시에서 그리움을 주제로 한 중국의 절구, 한국의 고시조, 현대시조를 상호 비교하여 감상하였다. 다음은 현대시조「개나리」에서 편지를 받은 화자가 '만약 나라면?'에 대한 학습자 응답의 일부이다.

"직접적인 감정 표현을 할 것이다. 그러고 싶다."

"받은 편지와 같은 형식으로 화답할 것이다. 그래야 할 것 같다."

"직접 만나 이야기한다."

"보고 싶다고 대답한다."

다음으로「개나리」의 시조 창작 쓰기를 하였다. 참가자들은 1차시보다 시조 작문에서 빈칸이 많아지고 '-자옵고', '-었소.'등의 고어적 표현이 그대로 있어도 개의치 않아 보였다. 편지 대신 꽃, 논문, 카톡, 문자 등 자신의 일상에서 주고받는 매개체를 설정하여 자신의 시로 표현하였다. 다음은 일부 참가자의 쓰기 예이다.

생일이 됐다고 수국을 받자옵고 울금향 한창이라 대답을 보내었소. 둘이다 만나자 말은 차마 쓰지 못하고	교수님의 논문 지도를 받자옵고 다시 고쳐야할 부분을 보내었소. 논문의 신청서를 차마 쓰지 못하고
오늘은 바쁩니까 카톡을 받자옵고 아니야 쉬어라고 대답을 보내었고 둘이다 보고싶다 말은 차마 쓰지 못하고	겨울철 온다하신 문자를 받자옵고 날씨가 춥지않다 대답을 보내었고 다같이 놀자는 말은 차마 쓰지 못하고

다음은 참가자들이, 제시된 고시조와 현대시조를 비교해서 서술한 예이다.

"고시조는 더 직접적으로 자기감정을 표현하고, 의태어가 많다."

"현대시조는 사랑에 대해 감정표현이 소극적이며 조금 안타까운 느낌이 있다. 대화성이 있다."

상호텍스트성을 활용한 시조수업을 한 결과 참가자들은 고시조와 현대시조에서 나타나는 작품의 내용, 수사법, 화자와 청자, 감정표현 등을 비교하고 차이점을 찾으며 이해하였다. 감상의 주체로서 자신과 텍스트의 대화과정상에서 시조를 감상하였고, 나아가 자국의 정형시와 관련시켜 한국의 정형시 시조를 친근하게 받아들이고 한국의 전통문학에 대한 관심과 흥미를 보였다. 만약 자신이 화자라면 다르게 반응할 거라며 자신만의 분명한 선택을 표명하였다. 시조 작문 활동 시간에는 인터넷 검색으로 필요한 어휘를 찾고 질문하는 등 적극적으로 시조 짓기를 하였다. 창작시조 발표시간에는 서로의 작품에 많은 관심을 보였다. 2차에 걸쳐 작품 낭송할 때 2어절(1구)씩 끊고 리듬감을 살려 읽기에 향상을 보였다.

마지막으로 실험수업의 연구문제들에 대한 결과를 통합하면 다음과 같다.

[연구결과 1] 상호텍스트성을 적용한 시조 수업결과로 외국인 학습자의 한국 언어, 문학/문화 이해력에 유의미한 향상이 이루어졌다. 수업 후 실시한 자기 평가에서 시조에 나타나는 운율과 정형성에 대한 이해에서 향상을 보였다. 다중텍스트를 활용한 수업을 통해, 문화 간, 작품 간, 작품 내의 다양한 상관관계를 이해하고 학습자 자신과의 경험과도 연관 지으며 창작 활동을 통해 문학을 삶의 영역으로 연결시켰다는 데 스스로 긍정적인 평가를 하였다. 수업을 통해 시조에 보다 더 흥미를 갖게 되었다고 했는데 이는 시조를 활용한 한국언어문화 수업이 재미있고 의미 있게 진행될 수 있음을 시사한다. 정의 영역은 흥미도와 필요성을 다루었는데 시조와 문학, 문화 수업에 대한 흥미가 유의미하게 높아졌다. 필요성 인식에서는 상승 정도가 유의미하지 않다고 나왔는데, 이는 사전 점수가 이미 높은 경우이기 때문으로 보인다. 병행한 질적 분석 결과를 보면, 참가자들은 시조의 주제와 형식을 문화와 통시적·공시적 시각에서 보다 쉽고 흥미롭게 인식하였고 '나라면?'이라는 작품의 내면화와 시조 작문을 통해 사고의 확장과 문학 창작활동을 흥미있게 받아들이고 적극적으로 수행하였음을 확인할 수 있다.

[연구결과 2] '상호텍스트성을 적용한 시조 수업'을 통해 시조라는 문

학 장르를 한국언어문화교육에서 효과적으로 다룰 수 있는 방안을 제시하였다. 한국의 정형시인 시조를 타문화의 정형시와 비교문화적 시각에서 이해하거나 통시적, 공시적으로 다양한 시조와 연계시킬 수 있고 작품 내의 화자·청자 간이나 작품과 독자와의 상호텍스트성을 원리로 구성하였다. 본 연구의 교수-학습안를 참고하여 교육 현장에서 시조 수업 방안을 마련하고 실행할 수 있을 것이다. 단형의 리듬 있는 대화적 정형시라는 시조의 교육적 이점이 활용되면 시조교육이 의사소통과 상호문화능력 향상이라는 한국언어문화교육의 목표 달성에 중요한 역할을 할 것으로 기대된다.

4. 맺음말

문학은 언어의 일상성과 창조성 사이에서 최적합을 지향하는 언어운용의 모델이자 보편성과 특수성이라는 양면의 문화를 함축하고 있는 그릇이다. 그 가운데 시조는 한국 시문학사에서 최고봉의 위치에 있으면서 단형의 형식미와 리듬성을 지니고 있어 교육적 유용성이 높다. 다만, 외국인 대상 한국어 교육의 연구와 실제에서 문학교육의 노정은 이제 첫걸음을 내딛었을 뿐이다. 이에 본 연구는 실제 시조 수업을 하여 교육 가능성을 검증하고 이를 적용하기를 주장하기 위하여 논지를 전개하였다.

시조의 상호텍스트성을 교육방안의 구성원리로 삼아, 문화 간 텍스트성으로 도입하기, 작품 간 텍스트성으로 작품 제시하기, 작품 내적 텍스트성으로 내면화하기로 수업안을 구성하였다. 이를 바탕으로 중·고급 외국인을 대상으로 실험수업을 2회 실시하였다. 중국의 정형시인 절구와 일본의 정형시인 하이쿠를 문화 간 텍스트성으로 제시하여 참가자들의 배경지식을 활성화하고, 한국의 정형시인 시조의 형식과 내용을 상호문화적 시각에서 이해하도록 하였다. 같은 주제를 지닌 고시조와 현대시조 작품을 제시하여 작품 간 텍스트성을 바탕으로 통시적으로 내용, 표현법 그리고 문화적 공통점과 차이점을 비교하도록 하였다. 작품의 내면화 과정에서는 작품 내적 텍스트성을 적용하여 작품의 내용과 주제와 학습자 자신의 경험이 만나는 가운데 새로운 의미를 찾는 주체적 읽기를 하였다. 마지막으로 자신만의 주제를 선택해 주어진 시조 틀로 시조 짓기 활동을 하며 실제 작품 창작의 경험을 하였다.

시조 수업의 효과를 알아보기 위해 수업 후 자기평가지를 통해 자신의 향상도를 인지와 정의 영역에서 측정하도록 하였다. 이는 교육경험에 대한 자가 평가이자 성찰의 과정으로서 의미가 있다. 평가지 결과 산출 외에도 수업관찰, 설문지, 확인 질의 등으로 질적 분석을 병행하며 이를 기술하였다. 두 가지 통합 분석을 통해 시조 수업이 학습자들의 언어, 문학/문화 능력 향상에 도움을 주고, 문학과 문화에 대한 이해와 흥미를 높이는데 긍정적 효과가 있음을 알 수 있었다. 그러나 실험 수업이 단기로 제한된 상황에서 완전한 변인통제를 못하였고 통제 집단을 설정하여 비교 효과를 제시하지 못했다는 한계가 있다. 그럼에도 본고는 시조라는 문학 장르를 한국언어문화교육에 적용하기 위해 실험 수업을 하고 효과를 검증한 시도라는데 의의가 있을 것이다. 향후 한국언어문화교육의 실정에 맞는 시조 교육 과정과 평가 개발을 보다 체계적으로 할 것을 기약한다.

참고 문헌

[자료]

가도, 『한시 115』, 리북, 2013.

구인환, 『문학교육론』 제4판, 심지원, 2003.

김대행 외, 『문학교육원론』, 서울대학교출판문화원, 2000.

김도남, 『상호텍스트성과 텍스트 이해교육』, 박이정, 2010.

김현수, 『테리 이글턴의 문학이론 입문』, 인간사랑, 2006.

박을수, 『한국시조대사전』, 아세아문화사, 2007.

원용우, 『우리시대의 문학과 인생』, 국학자료원, 2011.

Whitehead, A.N.(1929), *The Aims of Education and Other Essays*, New York : The Free Press, 1929; 오영환, 『교육의 목적』, 궁리, 2004.

Hofstede, G.,*Culture's Consequences : international differences in work-related values*, Beverly Hills CA : Sage, 1980.

Lakoff, G. and Johnson, M., *Metaphors We Live By*, Chicago : The University of Chicago Press, 1980.

[논문 및 단행본]

강경희 · 강승혜, 「한국어문학교육 연구 현황과 동향 분석－유형 및 주제를 중심으로」, 한국언어문화교육학회, 『언어와 문화』 제11권 제2호, 2015.

강충화, 「한국어교육에서의 고전문학 활용과 교육－학문 목적 학습자를 중심으로」, 조선대 박사논문, 2013.

고은진, 「영시의 반복적 패턴을 활용한 쓰기 지도 방안」, 부산대 석사논문, 2011.

고정희, 「배경지식을 활용한 고전시가 교육 연구－「도산십이곡」을 중심으로」, 한국어교육학회, 『국어교육』, 2012.

김상진, 「엮어 읽기를 통한 시조 학습지도 방안－고등학교 수업을 대상으로」, 서울대 국어교육연구소, 『국어교육연구』 제47권, 2010.

김창원, 「문학교육 평가론의 자기 성찰」, 국어교육학회, 『국어교육학연구』 제47권, 2013.

매영, 「한국어교육에서의 문화교육의 현황과 교육 방안 연구－「운수 좋은 날」과 「낙타상자」의 비교를 중심으로」, 수원대 석사논문, 2014.

박종한, 「문화의 정의－하나의 통합적 정의를 찾기 위한 두 번의 거대한 도전」, 중국어문학연구회, 『중국어문학논집』 제76권, 2012.

______, 「문화 연구와 교육의 정초를 위한 탐색적 연구」, 중국어문학연구회, 『중국어문학논집』 제83권, 2013.

염은열, 「학습자의 자기 이해를 위한 문학교육 평가 방안 탐색」, 국어교육학회, 『국어교육학연구』 제34권, 2009.

윤여탁, 「한국어교육에서 현대문학 정전연구」, 서울대 국어교육연구소, 『국어교육연구』 제10권, 2002.

______, 「문학교육과 한국어교육」, 국제한국어교육학회, 『한국어교육』 제14권 제1호, 2003.

윤여탁 · 유영미 · 박은숙, 「한국어교육에서 한국문학 정전목록 선정 연구-한국, 미국, 중국을 중심으로」, 국어교육연구학회, 『국어교육연구』 제34권, 2014.

이명애 · 박광옥 · 이지양, 「한국문화교육에서의 문화지능 적용 연구-'문화적 선입견 다루기' 전략을 중심으로」, 한국언어문화교육학회, 『언어와문화』 제12권 제4호, 2016.

이창봉, 「은유를 통한 '기쁨'의 이해」, 가톨릭대 인간학연구소, 『인간연구』 제20권, 2011.

장문정, 「한국어 문학 교수요목 설계를 위한 요구 분석」, 이중언어학회, 『이중언어학』 제36권, 2008.

조동일, 「한시의 율격에 대한 민족어시의 대응」, 대동문화연구학회, 『대동문화연구』 제33권, 1998.

황인교, 「외국인을 위한 문학교육」, 이화어문학회, 『이화어문논집』 제16권, 1988.

수사 구조 이론RST을 활용한 설명 텍스트의 담화 구조 연구

이지양 · 윤신원

1. 서론

이 글은 수사 구조 이론(Rhetorical Structure Theory : RST)을 활용하여, 저학년 아동의 독서 발달 단계를 고려한 저학년 설명 텍스트의 담화 구조[1] 특성을 고찰하고자 한다. 서사 텍스트 유형에 비해 설명 텍스트는 낮은 연령의 아동이 이해하는 데 어려움이 따르므로 저학년 설명 텍스트는 높은 연령의 아동이나 성인을 대상으로 한 설명 텍스트와는 다르

1 '담화(discourse)'는 학자들에 따라 여러 의미로 사용된다. 이 글에서는 채트먼(Chatman, 1978)의 정의에 따라 담화를 이야기를 표현하는 방식 즉, 독자의 특성과 상황을 고려한 필자의 의도적인 서술 행위를 총칭하는 의미로 규정한다. 또한 이 글은 수사 구조 이론(Rhetorical Structure Theory)을 중심으로 한 텍스트 구조의 특성을 살펴보지만, 텍스트 구조 이론 자체는 독자의 연령대를 염두에 두고 텍스트 구조를 파악하지 않는다. 본고는 독자의 연령대에 다른 텍스트 구조 특성을 살펴보고자 하므로, 본고의 논의의 중심에는 독자가 중요하게 작용하고 있다. 그러므로 본고에서 담화 구조 전반에 대해서 다루지는 못함에도 불구하고, 언제나 독자의 연령대 특성을 염두에 두고 논의를 진행하고 있으므로, 본고에서는 독자 요인을 포함하고 있는 '담화 구조'라는 용어를 사용한다.

게 설명 텍스트의 틀을 온전하게 가지지 않는 것으로 보이는 바, 초등학교 저학년 설명 텍스트에 나타난 담화 구조를 검토함으로써 독자의 연령대에 적합한 설명 텍스트의 양상을 밝힐 수 있을 것으로 기대되기 때문이다.

저학년에 해당하는 학년은 초등학교 1학년~3학년이다.[2] 이는 우드(Wood, 1992)와 찰(Chall, 1996)의 독서 발달 단계에서 각각 '초기 독서기'와 '전이 독서기', '1단계'와 '2단계'가 중첩되는 시기이며 린치와 톰린슨(Lynch&Tomlinsion, 1996)의 독서 흥미 단계에서는 '1~3학년 단계'에 해당한다.[3] 이러한 저학년 시기에 해당하는 단계는 전후 단계들과 발달 측면에서 여러 가지 차이를 보인다.

따라서 동일한 내용을 전달한다고 가정할 때, 초등학교 저학년 독서 텍스트는 초등학교 고학년 또는 성인용 텍스트와는 구별되어, 대상 독자에게 적합한 담화 구조를 가지기 마련이다.

지금까지 저학년 설명 텍스트의 담화 구조 특성을 직접적으로 다룬 연구는 찾아보기는 어렵지만, 관련 연구들은 꽤 있는 편이다. 아동의 연령 구분과 무관하게 텍스트 구조에 초점을 둔 연구들[4]에서는 설명 텍스트의 구조와 문체, 주제 표현 방식 등을 텍스트 유형이라는 일반적인 차원에서 바라보고 있으며, 텍스트 구조를 활용한 다양한 교육 방법을 특정한 학년에 맞게 개발하는 데에 기여한 연구들[5]도 있다.

---

2 현재 교육 과정에서 저학년은 1~2학년을 지칭하지만 2007 개정 읽기 교과서에 수록된 설명 텍스트의 수사 구조 분석 결과 1~3학년과 4~6학년으로 연령대가 나뉘므로, 본고에서는 1~3학년은 저학년, 4~6학년은 고학년으로 지칭한다. 윤신원(2013) 참조.

3 Lynch, C.&C. M. Tomlinsion, *Essentials of Children's Literature*(3nd) : Allyn & Bacon, 1999, 15~21쪽 참조.

4 박진용(1997), 서지연(1999), 김봉순(2000), 김지혜(2005) 참조.

텍스트 난도(level of text difficulty)와 관련된 연구는 크게 텍스트에 사용된 언어 형태만을 고려한 연구[6]와 텍스트 요인과 독자 요인을 함께 고려한 연구[7]로 나눌 수 있다. 전자의 경우에는 텍스트에서 산출되는 언어 형태적 요인으로 텍스트 난도를 평가하는 공식을 도출하였으며, 후자의 경우에는 독자 요인을 보완하여 진일보한 텍스트 복잡도(text complexity)를 제시하였다.

이 밖에 윤신원(2009, 2010)은 문학 텍스트의 연령대별 담화 구조를 고찰하여 주제, 등장인물, 핵-위성 사건, 담화 시간, 문체 등에서 뚜렷이 대비되는 연령대별 특징이 있음을 밝혔다. 윤신원(2011)에서는 권정생의 「강아지똥」의 문체적 특성을 음운론적, 형태론적, 통사론적, 의미론적으로 각각 나누어 독자의 발달 특성과 연관 지어 서술하였다. 윤신원(2012)에서는 초등학교 1학년과 6학년을 대상으로 한 설명 텍스트의 담화 구조를 대비 분석하여 비문학 텍스트에서 각 연령대의 독자 요인을 고려한 수사 구조의 차이에 대해 고찰하였다. 이와 같은 윤신원의 연구들은 다양한 유형의 텍스트를 대상으로 하여 독자 요인을 고려한 연령대별 특징을 도출하였다는데 의의가 있지만, 분석 대상이 한정되어 있어 이를 일반화하기에는 무리가 있다.

이상에서 살펴본 바와 같이 현재 저학년 설명 텍스트의 담화 구조 특성과 관련된 직접적인 논의는 드물다고 할 수 있다. 이에 이 글에서는 수사 구조 이론을 활용하여 2007 개정 초등학교 읽기 교과서에 수록된

5　이삼형(1994), 이경화(2001), 김미정, 이성은(2003), 박성희(2007) 참조.

6　최인숙(2005), 윤창욱(2006), 이성영(2011) 참조.

7　서혁(2011), 이순영(2011) 참조.

저학년 설명 텍스트의 담화 구조를 분석하고 그 특성을 밝히고자 한다.

텍스트의 담화 구조에 관여하는 요인은 크게 텍스트 유형과 독자의 연령대로 구분할 수 있다.[8] 수사 구조 이론(RST)은 주로 텍스트 유형별 구조 분석과 필자의 의도를 중심으로 한 의미 구조를 파악하는 데 유용하다. 이에 우리나라에서는 요약이나 해석과 관련된 연구[9]에 활용되고 있으며 이 연구들은 수사 구조 이론을 활용하여 저학년 설명 텍스트의 담화 구조를 분석하고자 하는 이 글의 논의에도 많은 시사점을 준다.

각기 다른 연령대의 독자를 대상으로 설명 텍스트가 생산될 때 필자는 의도적으로 대상 독자를 염두에 두고 텍스트 구조를 구성한다. 이는 동일한 주제라도 필자의 의도에 따라 텍스트의 중심 내용과 구조는 달라질 수 있다는 뜻이 된다. 특히 같은 주제를 다루더라도 연령대별 텍스트의 구조는 눈에 띄게 차이가 난다. 텍스트의 의미 단위가 되는 핵(nucleus)[10]과 위성(satellite)의 관계가 연령대별로 다르게 구성되기 때문이다. 그러므로 수사 구조 이론은 필자의 의도가 나타나는 핵들이 위성과 어떤 의미 관계를 형성하여 전체 텍스트의 담화 구조를 구성하는지 연령대별로 분석하는 데 도움이 된다.

이와 같이 수사 구조 이론을 활용한 담화 구조 분석은 텍스트 요인

---

8 분석 대상이 학습을 위한 도구로 사용되는 교과서이므로 교과서에 수록된 텍스트의 상위에는 각각의 학습 목표가 설정되어 있다. 각 텍스트를 학습하는 학습 목표 또한 텍스트의 담화 구조에 영향을 미치는 요인이 될 수도 있다. 그러나 학습 목표는 텍스트의 유형이나 독자의 연령대에 비해 매우 제한적인 요인으로 작용하므로, 담화 구조를 결정하는 결정적인 요인으로 구분하지 않고 특정한 텍스트에서 영향을 미치는 경우에 한해 언급하기로 한다.

9 윤석민(1994), 김재봉(1999), 서성교(2003), 이해윤・전수은(2007), 이소현(2012) 참조.

10 수사 구조 이론의 주요 용어는 Mann, W. & S. Thompson(1988)과 Mann, W. & M. Matthiessen & S. Thompson(1992)과 윤신원(2013)을 따른다. 윤석민(1994), 서성교(2003), 이소현(2012) 등에서 제시한 내용을 참고하였으나 문장 표현에 있어서 다를 수 있다.

과 독자 요인을 함께 고려함으로써 고학년 설명 텍스트와 다를 것으로 예측되는 저학년 설명 텍스트의 담화 구조 특성을 명확하게 드러낼 수 있다.

이 글의 분석 대상은 초등학교 2007 개정 1~3학년 읽기 교과서에 수록된 설명 텍스트[11] 총 30편으로 한정한다. 설명 텍스트는 어떤 사실이나 사건에 대한 정보를 논리적으로 전달하기 위하여 위계적이고 추상적인 의미 구조를 가지며,[12] 비교적 주제가 선명하게 드러나고 세부 내용 파악과 추론이 용이하도록 구성도 논리적이다. 그러므로 독서 텍스트의 연령대별 담화 구조 특성을 밝히는 데 있어 설명 텍스트는 다른 유형의 텍스트에 비해 보다 뚜렷하고 일반적인 연령대별 특성을 보일 것이라 예상된다.

이 글의 2장에서는 수사 구조 이론의 중요한 개념인 의미 관계(relations)와 도식(schema)에 대해 살펴보고, 3장과 4장에서는 저학년 설명 텍스트의 담화 구조 특성을 의미 관계와 도식 구조로 구분하여 논의하게 될 것이다.

---

11 텍스트 유형 분류에 대해서는 여러 학자들의 많은 논의가 진행 중이다. 이 글은 텍스트 유형에 대한 논의가 초점이 아니므로 텍스트의 가장 전형적인 기능을 바탕으로 한 형식상의 특성을 기준으로 하여 서사(narrative), 기술(description), 설명(exposition), 논증(argumentation)으로 분류한 수사학의 텍스트 유형 구분에 따라, 설명 텍스트(expository text)를 사실이나 사건에 대한 정보를 논리적으로 자세하게 서술하는 정보 지향적 텍스트로 정의하고 이를 읽기 교과서에 수록된 설명 텍스트를 구분하는 기준으로 삼는다.

12 브루너(Bruner, 2002)는 세상을 이해하는 학습의 기본적인 방식을, 서사적 사고(narrative thought)와 계열적인 사고(paradigmatic thought)로 구분하였다. 전자는 연속적인 패턴을 보이며 인물 행위나 시간의 순서가 중시되는 구조인 플롯(plot)이 포함되어 있고, 후자는 일관성과 체계성이 있으며 논리의 틀을 갖춘 것으로 설명적 사고(expository thought)라고도 한다. 그래서 읽기 이론에서는 텍스트의 종류를 크게 서사 텍스트(narrative text)와 설명 텍스트(expository text)로 구분한다. 그 중 설명 텍스트에는 설명, 논증, 기술 텍스트 유형이 포함되며 이 텍스트들은 서사 텍스트에 비해 상대적으로 서로 가까운 거리에 위치한다고 할 수 있다. 박수자, 「설명적 텍스트의 인터페이스와 독자의 이해」, 『텍스트언어학』 24, 한국텍스트언어학회, 2008, 29쪽 참조.

2. 의미 관계와 도식

수사 구조 이론은 만과 톰슨(Mann&Thompson) 등을 중심으로 개발된 텍스트 구조 이론으로 텍스트의 응집성(coherence)을 명시적으로 나타내는 수사 구조 분석 방법을 제시하고 있다. 의미 관계를 중심으로 구조를 분석하여 독자가 이미 생산된 텍스트의 주요 내용을 효율적으로 이해하는 과정이나 이해하는 데 작용하는 요인이 무엇인가를 밝히는 것과 함께, 의미 단위들의 논리적인 관계를 파악하여 텍스트의 안의 요소들이 서로 어떤 관련을 맺고 있는가를 밝히는 데 유용한 장점을 보인다.

수사 구조 이론에서 텍스트의 의미 관계를 구성하는 각각의 분석 단위를 스팬(span)이라고 하는데, 분석 단위의 크기는 자의적(arbitrary)이지만 단위를 나누는 기준은 독립된 의미 기능을 가진 완성체(independent functional integrity)이다.[13] 즉, 독립된 의미 기능을 가진 분석 단위의 크기는 하나의 절일 수도 있고, 2개 이상의 절, 문장, 문단, 텍스트 전체가 될 수도 있다. 예를 들면 독립적인 의미를 가진 최소 단위인 절과 절이 의미 관계로 결합되어 문장을 이루면, 이 문장은 절이 결합된 상위 단위가 된다. 문장과 문장이 의미 관계로 결합되어 또다시 한 단계 위의 상위 단위가 되고 이러한 의미 관계로 이루어진 단위들의 결합이 문단이나 텍스트의 최상위 층위로 계속 이어져 단위의 크기가 확장되면 결국 텍스트 전체의 구조가 하나의 단위로 형성된다. 이러한 분석 단위들의 입체적인 의미 관계는 도식을 이용하여 그 구조가 명확하게 기술된다.

13 Mann,W. & S. Thompson, "Rhetorical Structure Theory : Toward a functional theory of text organization", *Text,* 8(3), 1988, 248쪽 참조.

수사 구조 이론의 주요 개념 중 '의미 관계'와 '도식'은 텍스트 구조 분석에 있어 중요한 개념이므로 그 개념을 간단히 정리해 놓기로 한다.

의미 관계란, 핵과 위성, 핵과 핵이라는 텍스트의 분석 단위 사이에 적용되는 기능적 개념이다. 수사 구조 이론에서 일반적으로 정립된 의미 관계는 24개인데,[14] 의미 관계는 분석 단위 사이의 의미적 기능을 표시하여 텍스트 전체 구조의 기능적 역할을 명시적으로 나타낸다.

①

a. 이번 전통 공예 행사에서는 세 가지 체험을 합니다.

b. 첫째 날과 둘째 날에는 각각 한지로 예쁜 종이 상자와 아름다운 부채를 만듭니다. 셋째 날에는 흙으로 도자기 찻잔을 만듭니다.

—읽기 2-1, 「전통 공예 체험 행사」 중

②

a. 먼저, 손바닥만 한 납작한 돌을 한 개씩 준비합니다.

b. 그리고 가위바위보로 편을 나눕니다.

—읽기 1-2, 「재미있는 놀이」 중

위의 예문 ①은 핵과 위성으로 구성된다. 예문 ①을 보면 전통 공예 행사에서 세 가지 체험을 한다는 ①-a가 중심 내용인 핵이 된다. ①-b는 그 세 가지 체험이 무엇인가를 구체적으로 설명하는 위성이 된다.

14 24개의 의미 관계는 2011년에 32개로 확장되었으나 기존 24개의 의미 관계에서 세분화된 것으로 기존의 의미 관계들과 확연히 다른 특징이 없어 아직까지 독립적인 의미 관계로 인정되지 못하고 있다.

만약 핵인 ①-a가 없다면 ①-b는 정확하게 이해되기 어렵다. 예문 ②는 놀이의 순서를 제시하는 내용으로 핵과 핵으로 구성된다. ②-a는 놀이를 위해 돌을 준비해야 한다는 내용이고 ②-b는 편을 나누는 내용인데 이 두 내용은 모두 중심이 되는 내용으로 대등하게 연결된다.

이와 같이 핵은 필자의 의도가 반영된 것으로 핵이 생략되면 독자는 텍스트의 내용을 이해하기 어렵다. 위성은 핵을 정확하게 이해하기 위한 보조적인 기능을 하는데, 위성이 핵과 결합하는 방식은 의미 관계를 통해 명시된다.[15]

24개의 의미 관계에는 상세화(elaboration), 상황(circumstance), 해결(solutionhood), 대조(contrast), 목적(purpose), 양자택일(otherwise), 조건(condition), 의도적 원인(volitional cause), 의도적 결과(volitional result), 비의도적 원인(non-volitional cause), 비의도적 결과(non-volitional result), 해석(interpretation), 평가(evaluation), 재진술(restatement), 요약(summary), 연속(sequence), 동기부여(motivation), 반론(antithesis), 배경(background), 능력부여(enablement), 증거(evidence), 정당화(justify), 양보(concession), 연결(joint)[16] 등이 있다.

위와 같은 의미 관계는 3가지 제약(constraints)과 1가지 효과(effect)로 이루어지는 의미 조건[17]으로 규정되어 분석 단위 사이의 의미 관계를 자의적으로 규정하는 것을 최대한 억제한다.[18]

---

15 의미 관계는 종종 접속어에 의해 명시되기도 하지만 반드시 접속어의 의미가 고려되지는 않는다. 또한 텍스트에 사용되는 실제 문장들을 보면 접속어가 생략되어 있더라도 앞뒤 내용의 의미 관계를 파악할 수 있다.

16 연결(joint)은 연결되는 핵들이 아무런 관련 없이 단순히 연결되어 있는 것으로 의미 관계 분류상 기타 관계(other relation)에 속하며, 필자의 의도에 따른 의미 관계 분류표에는 제시되어 있지 않고 도식으로만 제시된다. Mann, W. & S. Thompson, 앞의 글, 1988, 257쪽, 278~279쪽 참조.

17 제약이란 핵, 위성, 핵과 위성이 갖추어야 하는 조건을 뜻하고, 효과는 이러한 제약을 통해 독자가 핵을 이해하는 능력에 대한 결과를 말한다.

〈표 1〉 증거의 의미 조건

핵의 제약	독자는 필자가 만족할 만큼 핵을 믿지 않는다.
위성의 제약	독자는 위성을 믿거나 믿을 만함을 알고 있다.
핵과 위성의 제약	위성에 대한 독자의 이해는 핵에 대한 믿음을 증가시킨다.
효과	핵에 대한 독자의 믿음이 증가한다.
예문	단위 1. 1980년도의 세금계산 프로그램은 정말 효과적이었다. 단위 2. 나는 1980년도 세금수치를 입력한지 몇 분도 안 되어 손으로 계산한 것과 한 푼도 차이나지 않는 결과를 얻었다.

'증거'의 의미 조건을 예로 들면 〈표 1〉과 같다.

〈표 1〉의 예문을 보면 단위 1은 1980년도 세금계산 프로그램에 대한 필자의 생각이 제시되고 단위 2에서는 필자의 생각을 뒷받침해주는 내용이 제시된다. 필자가 전달하고자 하는 핵심 내용은 단위 1이므로 단위 1이 핵이 되고, 단위 2는 위성이 된다. '핵의 제약'을 보면 1980년도 세금계산 프로그램이 효과적이라는 필자의 생각에 대해 독자는 충분한 믿음을 갖지 못한다. '위성의 제약'을 보면 필자가 단위 2에서 자신의 실제 경험 내용을 제시함으로써 독자는 위성을 신뢰한다. '핵과 위성의 제약'을 보면 독자는 필자의 실제 경험인 위성을 이해함으로써 핵의 내용에 대한 믿음이 증가한다. '효과'는 독자가 충분히 신뢰하지 못했던 핵에 대한 믿음이 위성의 내용을 통해 증가하게 되는 것이다. 이와 같이 '예문'의 단위 1과 단위 2는 '증거'의 의미 조건을 모두 충족시키므로 '증거'의 의미 관계가 성립된다.

도식이란 의미 단위들의 구조적인 배열이다. 도식을 통해 분석 단위

18 수사 구조 이론의 의미 관계는 텍스트의 전체 주제인 응집성(coherence)과 각 의미 관계의 의미 조건을 토대로 하여 결정되므로, 분석자의 자의적인 해석으로 핵과 위성, 의미 관계가 규정되기는 어렵다.

들의 의미 관계가 어떻게 구성되었는지 알 수 있으며, 텍스트의 전체 구조를 조망할 수 있다. 〈그림 1〉은 도식의 5가지 대표적인 유형이다.

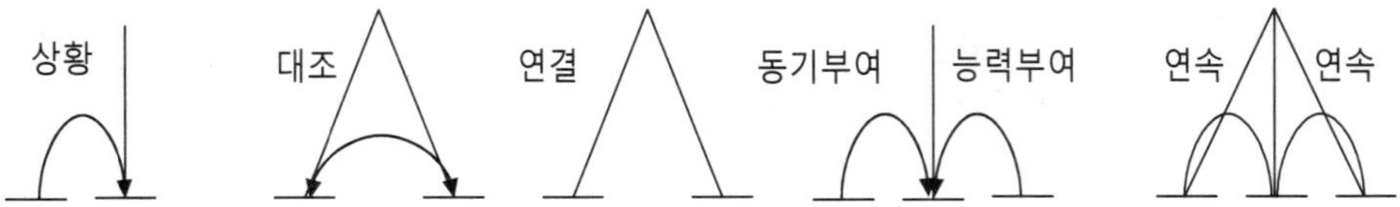

〈그림 1〉 도식의 유형[19]

〈그림 1〉에서 수평선은 분석 단위를 나타내고 곡선 화살표는 위성이 가리키는 핵을 나타낸다. 곡선 화살표 위에는 분석 단위 사이의 의미 관계를 명시한다. 수평선 위의 수직선은 핵의 위치를 나타내며 수직선이 없는 수평선은 위성이 된다. 단, 연결은 핵과 핵 사이에 아무런 의미적 관련이 없는 나열 관계이므로 곡선 화살표 없이 각각의 핵 위에 있는 수직선이 한 꼭짓점으로 모이는 유형으로 나타난다. 연속은 핵과 핵이 시간적 선후 관계의 의미를 갖기 때문에 화살표 없이 곡선으로만 핵과 핵이 연결된다.

이렇게 이루어진 분석 단위들은 여러 층위에 반복 적용되어 더 큰 분석 단위를 형성하고 결국 텍스트 전체의 계층적인 구조를 구성하는 도식이 된다.

의미 관계는 각각의 분석 단위들이 필자의 의도에 따라 어떠한 의미 기능을 사용하여 텍스트를 구성하고 있는가를 보여주는 역할을 하며, 도식은 아무리 복잡한 텍스트라도 텍스트를 구성하고 있는 분석 단위

19 Mann,W. & S. Thompson, 앞의 글, 1988, 246~268쪽 참조.

들이 어떻게 텍스트 전체 구조에 관련되는지 한눈에 명확하게 알아볼 수 있도록 기술할 수 있다.

따라서 수사 구조 이론은 저학년 독자를 염두에 두고 텍스트를 생산하는 필자의 의도를 보다 효과적으로 표상하기 위하여 사용하는 텍스트 구성 책략을 분석할 수 있는 유용한 도구가 된다.

3. 의미 관계 특성

수사 구조 이론을 활용하여 초등학교 2007 개정 읽기 교과서에 수록된 설명 텍스트를 분석한 결과, 학년별 의미 관계의 출현 비율은 〈표 2〉와 같다.

〈표 2〉를 보면 상세화, 연결, 원인-결과는 저학년 텍스트에 고르게 높은 비율로 나타나는 의미 관계이다. 상세화의 출현 비율은 전체 의미 관계의 약 27%~34%, 연결은 약 14%~21%로 설명 텍스트에서 중요한 의미 관계가 된다. 또한 원인과 결과는 비의도적 원인-결과와 의도적 원인-결과로 나뉘는데, 3학년에서만 약 6%의 낮은 비율을 보일 뿐 다른 학년에서는 모두 약 17%~21%의 높은 비율로 나타나고 있다.

주제에 대한 구체적인 내용을 예로 들거나 세부 사항을 설명하는 상세화, 세분화한 화제(topic)들을 나열하는 연결, 주제가 가지고 있는 의미 등을 논리적으로 설명하는 인과 관계는 어떤 대상이나 사건에 대한 정보를 객관적으로 진술하는 설명 텍스트의 지배적인 의미 관계가 된다.

이를 전제로 초등학교 저학년 설명 텍스트의 담화 구조 특성을 보면

〈표 2〉 저학년 설명 텍스트의 학년별 의미 관계 출현 비율(%)

의미 관계 \ 학년	1	2	3
반론	2.0		
배경			
상황	2.0	3.5	1.2
양보		1.2	1.8
조건	5.1	12.1	8.9
대조	1.0	2.0	1.5
상세화	34.3	27.3	29.1
능력부여			
평가		1.2	1.2
증거			
해석			
연결	14.1	21.1	17.2
정당화			
동기부여			
비의도적 원인	5.1	8.6	1.2
비의도적 결과	4.0	3.5	1.8
양자택일			
목적		2.7	2.4
재진술	3.0	2.3	1.5
연속	17.2	8.6	28.8
해결			
요약		0.8	0.6
의도적 원인	3.0	2.7	1.8
의도적 결과	9.1	2.3	1.2
Tot.	100	100	100

독자의 연령대와 관련된 몇 가지 의미 있는 결과를 도출할 수 있다.

1) 연속의 고빈도 출현

연속은 핵으로만 이루어진 다중핵 관계이며 핵들은 시간의 연속적인 관계로 구성된다. 이러한 연속은 저학년 텍스트에서 현저히 높은 비율로 나타난다. 저학년 설명 텍스트에서 높은 빈도를 보이는 연속은 크게 두 가지 양상으로 나타난다. 먼저 어떤 대상을 설명하는 내용 안에 특정한 절차가 부분적으로 포함되는 경우이다. 이러한 텍스트는 설명서나 요리법과 같이 텍스트의 내용 전체가 어떠한 과정이나 방법을 제시하는 설명 텍스트와 구분된다.

저학년 텍스트에 나타나는 연속 관계를 살펴보면 다음과 같다. 아래 〈그림 2〉는 2학년 1학기 「어름치」에 나오는 연속을 보여준다. 「어름치」는 천연기념물인 어름치에 대해, 어름치라는 이름이 붙여진 유래와 또 다른 별칭, 서식 환경, 산란(産卵)으로 나누어 설명하고 있다. 〈그림 2〉는 그 중에서 산란 방법을 설명한 4문단에 해당한다.

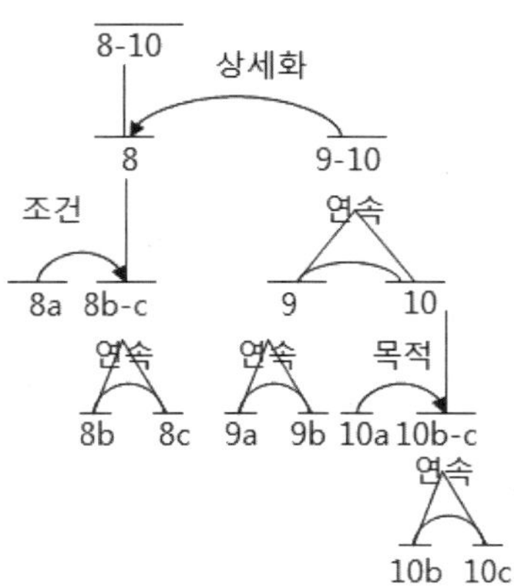

8. a.4월이나 5월이 되면, b.어름치는 자갈을 입으로 물어다 c.강바닥에 모읍니다. 9. a.먼저, 강바닥에 구덩이를 파고 b.알을 낳습니다. 10. a.그런 다음, 알이 떠내려가지 않도록 b.자갈을 물어다 c.탑처럼 쌓아 올립니다.

〈그림 2〉 「어름치」 중 4문단의 수사 구조[20]

20 수평선 아래 숫자와 알파벳은 분석 단위를 나타낸다. 숫자는 문장을, 알파벳은 절 크기의 분석 단위를 나타내는데, 하나의 문장이 하나의 분석 단위가 되는 경우에는 문장 번호만 표기하고 절이 분석 단위가 되는 경우에는 문장 번호와 알파벳을 함께 표기한다.

4문단의 8번~10번 문장은 산란 방법을 시간의 흐름에 따라 설명하고 있다. 산란 방법에 대한 전체적인 내용을 8번 문장에 제시하고 뒤따르는 9번~10번 문장은 8번 문장의 내용을 세분화하여 자세히 상술한다. 자갈을 물어 온 후 강바닥에 모은다는 (8b)와 (8c), 구덩이를 판 다음 알을 낳는다는 (9a)와 (9b), 자갈을 물어 온 후 탑처럼 쌓는다는 (10b)와 (10c)는 모두 어름치의 산란 방법을 시간의 선후 관계로 설명한 연속이 된다.

이와 같이 연속은 어떤 대상을 설명하는 내용의 일부분에서 나타나기도 한다. 주제에 대해 자세히 상술하는 내용의 하위 층위에서 연속이 보이는 것이다. 이렇게 부분적인 내용에서 시간의 흐름에 맞춰 순서대로 설명하는 연속은 고학년 텍스트보다 저학년 텍스트에서 빈번하게 보인다.

연속이 주로 나타나는 다른 하나는 과정(process)을 중심 내용으로 하는 설명 텍스트의 경우이다. 이러한 텍스트에서 연속은 핵심적인 의미 관계가 된다. 3학년 2학기 「선물 상자 포장하기」의 의미 관계를 보면 〈그림 3〉[21]과 같다.

「선물 상자 포장하기」는 제목 그대로 선물 상자를 포장하는 과정을 설명하는 텍스트이다. 3문단은 포장지를 자르는 방법, 4문단은 상자에 포장지를 씌우는 방법, 5문단은 문장은 포장지 모서리를 정리하는 방법에 대한 내용으로 이 세 문단이 각각 핵이 되고 시간의 선후 관계가 있으므로 연속의 관계로 구성된다. 이 세 문단을 구성하는 문장들은 각

21 〈그림 3〉은 연속이 뚜렷이 나타나는 문장 단위의 수사 구조만 도식으로 제시하였다.

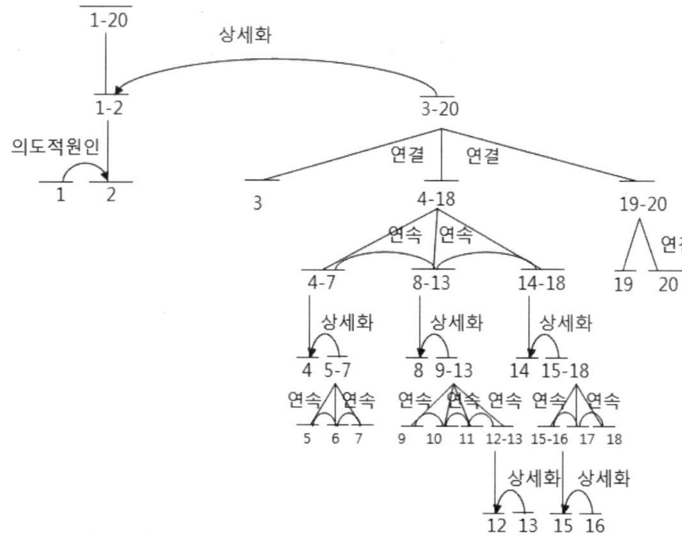

〈그림 3〉 「선물 상자 포장하기」의 수사 구조

1. 가족이나 친구 등 다른 사람에게 선물할 때 예쁘게 포장하면 받는 사람의 기쁨은 훨씬 커집니다. 2. 그럼 선물 상자를 예쁘게 포장하는 방법을 알아볼까요?

3. 준비물 : 선물 상자, 포장지, 양면테이프, 가위

4. 먼저, 선물을 포장할 포장지를 자릅니다. 5. 상자를 포장지의 가운데에 놓고 두께를 재어 손으로 눌러 표시하여 둡니다. 6. 남은 부분을 잘라 내기 위하여 표시해 둔 부분을 접습니다. 7. 접은 부분을 가위로 자릅니다.

8. 다음은 선물 상자에 포장지를 씌웁니다. 9. 포장지에 상자를 올려 좋은 다음, 포장지 양 끝이 가운데에서 겹치도록 씌웁니다. 10. 겹치는 부분을 2~3센티미터 정도 두고 남는 부분을 자릅니다. 11. 그러고 나서 겹치는 부분의 한쪽을 1센티미터 정도 접습니다. 12. 접은 부분에 양면테이프를 붙입니다. 13. 이때, 포장지를 상자의 가운데에 맞추어 당기면서 붙입니다.

14. 그리고 선물을 싼 포장지의 모서리를 정리합니다. 15. 옆면의 포장지를 상자 위쪽의 가장자리에 맞추어 아래로 접고, 양옆의 포장지를 가장자리에 맞추어 안쪽으로 접습니다. 16. 아래쪽은 접은 선이 상자의 가운데에 오도록 접으면 됩니다. 17. 접은 부분에 양면테이프를 붙여 정리합니다. 18. 반대쪽도 같은 방법으로 합니다.

19. 선물 상자를 깨끗하고 예쁘게 포장하려면 포장지가 구겨지지 않도록 해야 합니다. 20. 또, 접는 부분은 손으로 힘을 주어 눌러서 접습니다

각의 포장 방법에 대해 다시 시간 순서대로 설명하여 5번~7번 문장, 9번~13번 문장, 15~18번 문장 등 하위 층위에서도 또다시 연속 관계

가 출현한다.

저학년 설명 텍스트에서 두 가지 양상으로 나타나는 연속은 낮은 연령대인 저학년 아동의 이해를 돕는 의미 관계로 활용된다. 연속은 분석 단위 사이의 의미가 시간의 연속 관계로 규정되는 의미 관계로, 시간의 흐름에 따라 내용을 서술하는 서사 텍스트에서는 가장 중심적인 의미 관계가 된다.[22] 서사 텍스트는 저학년 아동이 유아기부터 익숙하게 접해왔던 텍스트 유형이지만, 어떤 대상이나 사건을 객관적이고 논리적으로 서술하는 설명 텍스트는 저학년 아동에게 익숙하지 않은 유형의 텍스트이다. 그러므로 서사 텍스트에서 익숙하게 접해 왔던 텍스트의 구조가 설명 텍스트에서도 나타난다면, 저학년 아동이 설명 텍스트를 좀 더 쉽게 이해하는 요인이 될 수 있다.

위와 같이 설명 텍스트에서 특정한 방법이나 과정을 시간의 흐름에 따라 설명하는 구조는 서사 텍스트의 누적적인 의미 구조[23]와 흡사하다. 누적적 구조는 동일한 주제 아래 유사한 사건들이 연쇄되는 것을 뜻한다. 즉, 첫 번째 행위를 행하게 되면 그 결과는 그 다음 행위의 토대가 되는 과정이 반복되는 것이다. 그러므로 결국 더 큰 기대를 실현시키는 방향으로 내용은 누적되며 중간의 어느 내용을 삭제하면 전체 내용은 성립되지 않는다. 이러한 서사 텍스트의 누적적 구조는 방법을 설명하는 설명 텍스트의 구조와 유사하다. 독자는 설명하는 순서에 따

22 서사 텍스트에서 연속은 사건이 진행되는 가장 중요한 축이 된다. 시간이 흐름에 따른 구조는 내용을 쉽게 기억하고 쉽게 이해하게 한다.

23 서사 텍스트에는 이와 같은 누적적 구조 이외에도 대립되는 인물의 행위를 차례로 보여주는 단선적 구조, 어떠한 관계도 없이 반복되는 연쇄적 구조, 사건이 다시 처음으로 돌아가는 회귀적 구조 등이 있다. 신헌재 외, 『아동문학과 교육』, 박이정, 2007, 171쪽 참조.

라 그 내용을 이해하게 되고, 이해한 내용을 바탕으로 하여 그 다음 절차 또는 행위를 이해하게 된다.

또한 연속은 서사 텍스트에 나타나는 목표를 중심으로 한 내용[24]과도 관련된다. 서사 텍스트에는 등장인물이 어떤 목표를 달성한다는, 목표를 중심으로 한 내용이 빈번하게 보인다. 그리고 그 목표를 달성하기 위한 방법과 과정이 자세히 서술된다. 설명 텍스트에서 연속을 통해 절차를 설명하는 내용도 이와 같은 목표를 전제로 전개된다. 어름치가 산란을 하는 것, 선물 상자를 포장하는 것 등을 설명하는 내용은 그러한 목표를 달성하는 목적 경로가 뚜렷하게 나타난다. 그리고 「선물 상자 포장하기」의 마지막 문단에서 설명하는 유의할 내용은 목표를 달성하는 과정에서의 크고 작은 장애를 해결하는 내용도 함께 나타난다.

이 밖에도 설명 텍스트에서 연속은 시간의 흐름에 따라 핵의 내용을 간결하고 빠르게 전개시키므로 텍스트 내용과 구조가 단순하고 간결하게 구성된다. 이는 기억력에 한계가 있는 저학년 아동에게 텍스트의 내용을 쉽게 기억하게 하고, 저학년 아동이 지루하지 않게 설명 텍스트의 내용을 이해하는 데에도 도움을 준다.

이상과 같이 시간의 선후 관계에 따른 연속은 초등학교 저학년 아동에게 익숙하지 않은 설명 텍스트를 친숙하게 느끼고 쉽게 이해하게 하는 의미 관계로 활용되는, 저학년 텍스트에서 텍스트 구조의 특징을 결정하는 중요한 의미 관계라고 할 수 있다.

24 서사 텍스트에서 목표를 중심으로 한 내용은 목적 달성 과정에 장애가 포함되느냐의 유무에 따라 세분화되기도 하지만 공통적인 요소는 목적을 달성하려는 의도를 가지고, 목적 지향적인 행동을 수행하려고 하는, 동기화된 등장인물이 포함된다는 것이다. 이경화, 『읽기 교육의 원리와 방법』, 박이정, 2001, 93~96쪽 참조.

2) 조건의 고빈도 출현

조건은 핵의 내용이 실현되는 것이 위성에 나타난 가상의 상황에 의존하는 의미 관계이다. 〈표 2〉에서와 같이 저학년 중에서도 2~3학년 텍스트에서 눈에 띄게 출현하는 양상을 보인다. 또한 조건은 문장보다 작은 절단위에서 주로 나타난다.

예문을 통해 저학년 텍스트에 나타나는 조건의 양상을 살펴보자. 먼저 〈그림 4〉는 1학년 2학기 「꿀벌」에서 조건이 나타나는 4번~5번 문장의 수사 구조이다.

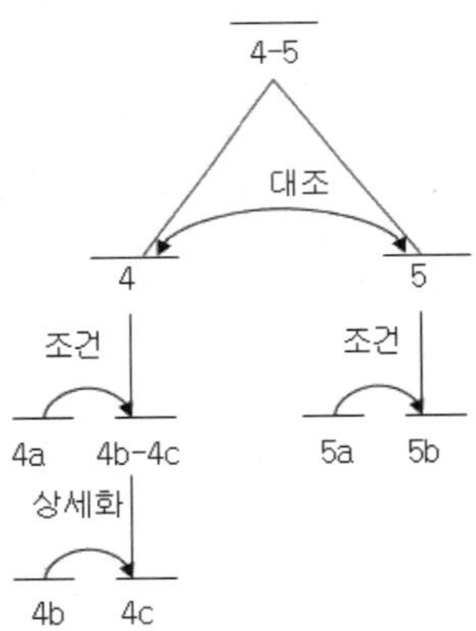

4. a.꿀이 가까이 있으면 b.빙글빙글 돌면서 c.춤을 춥니다. 5. a.또, 꿀이 멀리 있으면 b.8자 모양을 그립니다.

〈그림 4〉「꿀벌」 중 4~5번 문장의 수사 구조

「꿀벌」 중 4번~5번 문장은 꿀벌의 춤의 모양이 꿀이 있는 거리에 따라 다르다는 내용이다. 꿀이 가까이 있을 때와 멀리 있을 때는 아직 실현되지 않은 일이다. 꿀벌의 춤의 모양은 이 가상의 일에 따라 달라지기 때문에 핵의 실현은 위성에 의존하게 된다.

3학년 2학기 「콩이 된장으로 변했어요」 중 19번~20번 문장에서도 이와 같은 조건 관계가 나타난다.

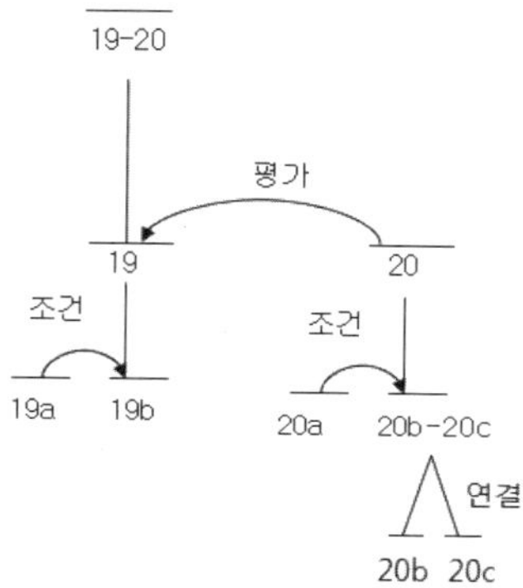

19. a.메주를 서너 달 동안 매달아 놓으면 b.된장의 고유한 맛과 향기를 내는 미생물이 번식합니다.

20. a.이 성분을 사람이 먹으면 b.몸이 튼튼하고 c.건강하게 됩니다.

〈그림 5〉「콩이 된장으로 변했어요」 중 19~20번 문장의 수사 구조

〈그림 5〉의 19번 문장의 핵인 (19b)를 보면 된장에 이로운 미생물이 번식하기 위해서는 메주를 서너 달 동안 매달아 놓아야 한다는 위성 (19a)에 의존한다. 20번 문장도 사람의 몸이 튼튼하고 건강하게 된다는 핵의 내용은 사람 몸에 이로운 미생물이 번식한 된장을 먹어야 한다는 위성의 내용에 의존하는 조건 관계를 형성한다.

설명 텍스트는 설명하고자 하는 대상이나 사건이 있고 그에 대해 어떠하다고 기술하는 구조를 바탕으로 한다. 그런데 초등학교 교과서에 수록된 저학년 설명 텍스트의 주제를 자세히 살펴보면, 먼저 저학년 아동이 생활 주변에서 친숙하게 접할 수 있는 대상이 나온다. 송편, 태권도, 인사나 놀이, 도서관 이용, 과자, 된장, 옷의 색깔 등은 저학년 아동이 생활 속에서 쉽게 경험할 수 있는 것들이다. 초등학교 저학년 시기에는 아동의 실제 생활과 연관된 내용과 밀접하게 연관된 소재와 주제

에 관심을 갖는 특성이 있다. 그러므로 특정한 지역에서만 경험할 수 있는 대상보다 생활 범주에서 친숙하게 경험할 수 있는 위와 같은 대상이 설명문의 소재가 되는 것이 더 효과적이다.

또한 동물들이 자는 모습과 먹는 방법, 꿀벌의 춤, 개미, 고래가 물을 뿜는 이유, 꽃 이름, 자연에서 얻는 염색 재료 등은 저학년 아동이 친숙하게 느끼는 자연이나 동물과 관련된 내용이다. 초등학교 저학년 시기는 유아기의 물활론(物活論)적 사고[25]에서 벗어나기 시작하지만, 아직도 동물이나 자연에 대해 친숙함을 보이는 특징이 있어 우화(寓話)와 같이 동물을 대상으로 한 주제와 내용에 흥미를 느낀다.[26]

마지막으로 인형을 만들거나 마술을 하는 방법, 여럿이 할 수 있는 놀이와 체조, 포장 방법 등은 저학년 아동이 직접 따라 할 수 있는 구체적인 내용에 해당한다. 이렇게 직접적인 경험을 중심으로 한 구체적인 부분에 아동의 관점이 머물러 있는 것도 저학년 시기의 특징이 된다.

저학년 아동은 고학년 아동과 같이 직접 경험하지 않아도 추상적으로 사고하고 추론하는 것이 익숙하지 않기 때문에 저학년 설명 텍스트의 주제와 내용은 주로 아동이 현실에서 친숙하게 접할 수 있는 대상에 한정된다. 실현되지 않은 위성과 핵이라는 의미 관계는 사건을 설명할

25 물활론적 사고는 생물뿐 아니라 무생물도 생명을 가지고 인간처럼 느끼고 생활한다고 생각하는 사고를 뜻한다. 이는 피아제(Piaget, J.)의 인지 발달 이론 중 전조작기 단계의 특징으로 대개 4세에서 7세까지 지속된다. 유아는 물활론적 사고의 틀을 가지고 세상을 보기 때문에 유아의 세계는 상상의 세계이며 환상적 세계이다. 최운식 외, 『전래동화 교육의 이론과 실제』, 집문당, 2003, 57쪽 참조.

26 화이트헤드(Whitehead,R., 1992)는 아동의 발달 단계에 따라 주제 선정 기준을 제시하였는데, 초등학교 1~3학년인 저학년 시기에는 동물, 아동과 익숙한 환경인 가족, 학교 등의 주제와 내용으로 구성된 텍스트가 적합하다고 하였다.

때보다 대상이나 방법을 설명할 때 더 효과적이다. 사건을 설명할 때는 이미 그 사건이 실제로 일어났거나 일어나고 있기 때문에 실현되지 않은 어떤 상황을 가정하여 설명하는 내용이 빈번하게 나타나는 것은 저학년 아동의 이해에 큰 도움이 되지 않는다. 그러나 어떤 대상이나 방법을 설명할 때는 그 대상과 관련된 구체적인 상황을 다양하게 제시하여, 설명하고자 하는 내용에 대해 더 자세히 설명할 수 있다. 꿀벌이 춤을 추는 모습을 실현되지 않은 여러 상황을 예로 들어 설명하는 방법은, 꿀벌의 춤이라는 텍스트의 내용을 구체적이고 자세하게 제시하는 역할을 한다.

이와 같이 조건은 주로 대상이나 방법과 관련된 내용을 설명하는 저학년 텍스트에 더 효과적으로 출현하는 특성을 보인다.

4. 도식 구조 특성

도식 구조는 텍스트의 의미 관계 분석 결과 나타나는 텍스트 전체 구조의 모습(figure)인데, 저학년 설명 텍스트의 담화 구조의 차이는 텍스트의 의미 관계의 연결이 드러난 도식 구조에서도 찾아 볼 수 있다.

1) 불완전한 3단 구성

설명 텍스트는 일반적으로 머리말, 본문, 맺음말로 구성되지만[27] 저

27 일반적으로 설명 텍스트의 구성은 머리말, 본문, 맺음말로 구성되어 있다. 머리말은 도입 부분으

학년 설명 텍스트의 구성은 반드시 이러한 구성틀을 유지하지는 않는다. 저학년 설명 텍스트는 크게 머리말과 맺음말 없이 본문으로만 구성된 텍스트와 머리말과 본문으로만 구성된 텍스트, 그리고 머리말, 본문, 맺음말로 구성되기는 하지만 머리말과 맺음말의 내용이 충분히 서술되지 않은, 형식적인 머리말과 맺음말, 본문으로 구성된 텍스트들이 보인다.

(1) 본문만으로 이루어진 구성

먼저 본문으로만 구성된 텍스트는 아래 〈그림 6〉과 같다. 〈그림 6〉은 2학년 1학기 「개미」의 상위 구조이다. 「개미」의 내용은 개미의 독특한 냄새와 관련된 내용인 1문단과 개미의 협동에 대한 내용인 2문단, 개미와 진딧물과의 관계에 대한 내용인 3문단이 연결 관계로 나열되는데, 본문을 위한 도입 부분인 머리말도, 본문을 정리하는 맺음말도 보이지 않는다. 처음부터 설명하고자 하는 대상의 핵심적인 내용을 단도직입적으로 설명하고 마무리 없이 텍스트 내용은 종결된다.

이와 같이 본문으로만 구성된 텍스트의 수사 구조는 최상위 층위에서 모두 연결 관계가 나타난다는 특징이 있다. 본문을 이루는 문단들이 각각 독립적인 내용을 설명하고 있기 때문에 문단이라는 큰 의미 단위 사이의 의미 관계는 밀접한 관계가 아니라 단순하게 나열된 구조가 나타난다.

로 읽는 사람의 흥미와 관심을 끌거나 글을 쓰는 목적, 설명 대상 또는 방법을 제시하여 본문의 내용을 예측하게 한다. 본문은 설명하고자 하는 대상이나 사건에 대해 구체적으로 서술하는 부분으로 설명 텍스트에서 가장 중심이 된다. 마지막으로 맺음말에서는 본문에서 설명한 내용을 마무리하여 정리한다. 교육과학기술부, 『초등학교 국어 3-1 교사용 지도서』, 미래엔, 2010, 147쪽 참조.

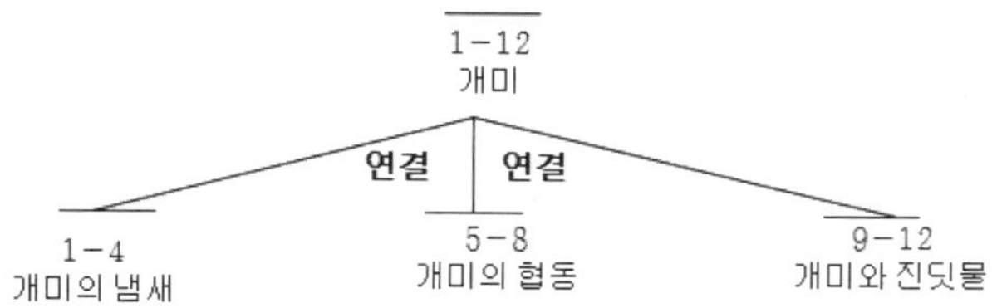

〈그림 6〉「개미」의 상위 구조

1. 개미는 독특한 냄새를 풍깁니다. 2. 먼저 간 개미는 나중에 올 개미가 길을 잃지 않도록 냄새를 묻히며 기어갑니다. 3. 뒤에 오는 개미들은 그 냄새를 맡으며 같은 길을 가게 됩니다. 4. 개미들이 서로 다른 길로 가지 않는 까닭이 여기에 있습니다.

5. 개미들은 협동을 잘합니다. 6. 먹이를 집으로 나를 때에 힘을 모읍니다. 7. 작고 가벼운 먹이는 혼자 나르지만, 크고 무거운 먹이는 여럿이 힘을 합하여 들고 나릅니다. 8. 집으로 가져간 먹이는 사이좋게 나누어 먹습니다.

9. 개미는 진딧물과 서로 돕고 삽니다. 10. 진딧물은 개미가 좋아하는 단물을 내줍니다. 11. 개미는 진딧물의 단물을 먹고, 무당벌레가 진딧물을 잡아먹으러 왔을 때에 쫓아줍니다. 12. 이렇게 개미는 진딧물을 보호해 주고, 진딧물은 개미한테 먹이를 주면서 서로 돕습니다.

(2) 머리말과 본문으로 이루어진 구성

저학년 텍스트에는 머리말과 본문의 2단 구성도 나타난다. 머리말은 본문 내용을 설명하기 전에 독자에게 본문의 내용에 대해 흥미를 느끼게 하거나 본문과 관련된 내용을 예측하게 하는 부분인데, 저학년 텍스트의 머리말은 아주 간단하게 제시되는 특징이 있다.

〈그림 7〉은 1학년 2학기「재미있는 놀이」의 상위 구조이다.「재미있는 놀이」는 텍스트의 전체 내용을 제시하는 내용이 먼저 머리말을 구성하여 머리말을 자세히 설명하는 본문과 상세화 관계가 된다. 그리고 본문은 다시 각각의 화제로 세분화되어 〈그림 6〉「개미」의 최상위 층위와 같이 연결로 나열된다.「재미있는 놀이」의 머리말은 동일한 내용을 다시 한번 반복하는 재진술 관계로 형성되어 본문에서 다룰 내용을

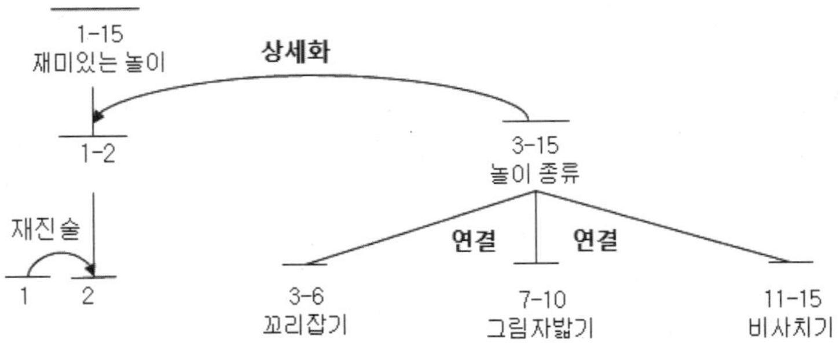

〈그림 7〉「재미있는 놀이」의 상위 구조

1. 옛날 어린이들이 즐기던 놀이에는 꼬리잡기, 그림자밟기, 비사치기 등이 있습니다. 2. 꼬리잡기, 그림자밟기, 비사치기는 어떻게 하는 놀이인지 알아봅시다.

3. 꼬리잡기는 같은 줄의 맨 앞의 사람이 맨 뒤의 사람을 잡는 놀이입니다. 4. 놀이를 하려면 먼저 여러 사람이 한 줄로 늘어섭니다. 5. 그리고 뒷사람은 앞사람의 허리를 잡고 몸을 굽힙니다. 6. 맨 앞의 사람이 술래가 되어 맨 뒤의 사람을 잡습니다.

7. 그림자밟기는 다른 사람의 그림자를 밟는 놀이입니다. 8. 먼저, 가위바위보를 하여 술래를 정합니다. 9. 술래가 다른 사람의 그림자를 밟으면 놀이에서 이깁니다. 10. 술래에게 그림자를 밟힌 사람은 다음 술래가 됩니다.

11. 비사치기는 상대편의 돌을 넘어뜨리는 놀이입니다. 12. 먼저, 손바닥만 한 납작한 돌을 한 개씩 준비합니다. 13. 그리고 가위바위보로 편을 나눕니다. 14. 가위바위보에서 진 편은 자기의 돌을 한 줄로 세워 놓고 이긴 편이 먼저 멀리서 자기의 돌을 던지거나 발로 차서 진 편의 돌을 맞혀 넘어뜨립니다. 15. 상대편의 돌을 모두 넘어뜨린 편이 놀이에서 이깁니다.

한두 문장으로 제시하고 있다.

이와 같이 머리말과 본문으로만 구성된 설명 텍스트는 최상위 층위에서 머리말과 본문의 의미 관계가 상세화로 나타나고, 본문은 다시 각각의 화제로 나뉘어 구조의 2층위에는 연결이나 연속[28] 관계가 나타나는 공통점을 보인다. 연결이나 연속은 시간 관계의 유무라는 차이점만 있을 뿐, 모두 각각의 화제를 핵으로 가지고 있는 다중핵 관계이고 핵

28 방법이나 과정을 중심 내용으로 설명하는 텍스트의 경우 2층위에서 연결이 아니라 연속이 나타나기도 한다.

의 내용을 중심으로 단순히 개념이나 내용을 관련지어 모아 놓거나 나열하는 구조[29]이므로 텍스트의 핵심적인 의미를 중심으로 빠르게 내용을 전개한다는 데에는 큰 차이가 없다고 할 수 있다.

이렇게 머리말과 본문만으로 구성된 텍스트에서 머리말의 내용은 지나치게 간단하게 제시되어, 본문에서 설명하고자 하는 내용에 대한 예측이나 독자의 흥미와 같은 머리말의 역할을 수행하는 데는 조금 미진한 면이 있다.

(3) 간략한 머리말과 맺음말을 가진 구성

저학년 텍스트에는 머리말, 본문, 맺음말의 3단 구성을 빠짐없이 갖춘 텍스트도 보인다. 하지만 3단 구성의 텍스트는 1학년을 제외한 2, 3학년 텍스트에서만 발견된다. 1학년 교과서에 수록된 설명 텍스트는 모두 본문으로만 구성되어 있거나 머리말과 본문으로 구성되어 있다.

〈그림 8〉은 3학년 1학기 「이가 없는 동물들」의 상위 구조이다. 머리말은 1문단이다. 대부분의 동물은 이가 있지만 이가 없는 동물도 많다는 내용으로 독자의 흥미를 유발한다. 2-4문단은 본문으로 이가 없는 동물들이 각기 다른 방법으로 먹이를 먹는 내용을 설명한다. 5문단은 맺음말로 본문의 내용을 요약하여 제시한다. 맺음말은 본문의 내용을 요약한 것이므로 최상위 층위가 아니라 2층위에서 본문과 요약 관계를 형성한다. 그리고 본문과 맺음말이 하나의 의미 단위가 되어 머리말과 상세화 관계가 된다.

---

29 연결은 의미들 간의 관계가 그다지 긴밀하지 못하여 문장 간의 의미의 구조성이 약하다는 취약점이 있다. 이경화, 앞의 글, 2001, 73~76쪽 참조.

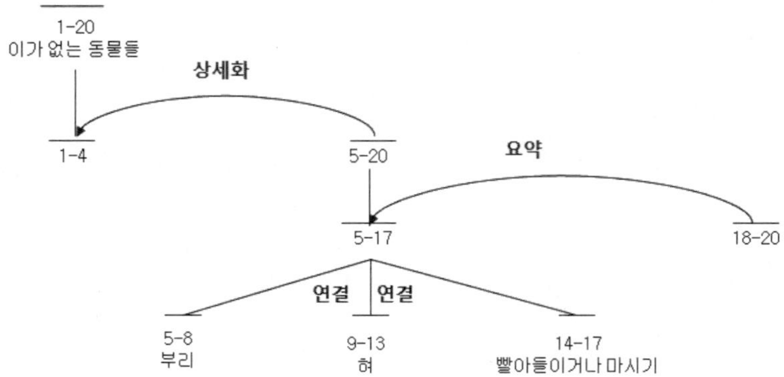

〈그림 8〉 「이가 없는 동물들」의 상위 구조

1. 우리가 아는 동물은 대부분 이가 있습니다. 2. 동물은 이로 먹이를 잡거나 씹어서 삼킵니다. 3. 그러나 이가 없는 동물도 많이 있습니다. 4. 이가 없는 동물도 저마다 다양한 방법으로 먹이를 먹습니다.

5. 부리로 먹이를 먹는 동물이 있습니다. 6. 독수리는 튼튼하고 끝이 갈고리처럼 구부러진 부리로 먹이를 찢어 먹습니다. 7. 딱따구리는 날카롭고 곧은 부리로 나무에 숨어 있는 곤충을 잡아먹습니다. 8. 또, 왜가리는 가느다랗고 긴 부리로 머리를 물에 담그지 않고도 먹이를 잡아 먹을 수 있습니다.

9. 혀로 먹이를 잡아 삼키는 동물도 있습니다. 10. 카멜레온은 곤봉처럼 생긴 아주 긴 혀를 총처럼 쏘아서 벌레를 잡아 삼킵니다. 11. 개구리와 두꺼비도 카멜레온보다는 짧지만 길고 넓은 혀로 번개처럼 빠르게 벌레를 잡아 삼킵니다. 12. 달팽이는 치설이라고 불리는 강판처럼 까끌까끌하게 생긴 혀로 잎이나 꽃을 갉아 먹습니다. 13. 또, 개미핥기는 끈끈한 혀로 흰개미를 핥아 먹습니다.

14. 입으로 먹이를 빨아들이거나 물과 함께 마시는 동물도 있습니다. 15. 바다에 사는 해마는 진공청소기처럼 생긴 긴 입으로 아주 작은 동물들을 빨아들입니다. 16. 흰긴수염고래와 같이 고래수염이 있는 고래들은 크릴이라는 작은 새우를 바닷물과 함께 들이마십니다. 17. 그런 다음에 물은 고래수염 사이로 뱉어 내고 크릴만 걸러서 삼킵니다.

18. 이가 없는 동물도 저마다 다양한 방법으로 먹이를 먹습니다. 19. 부리로 먹이를 먹거나 혀로 먹이를 잡아 삼키기도 합니다. 20. 또, 입으로 먹이를 빨아들이거나 물과 함께 마시는 동물도 있습니다.

이렇게 저학년 텍스트에서 머리말, 본문, 맺음말의 3단 구성이 온전히 보이는 텍스트를 살펴보면, 머리말과 맺음말의 내용이 매우 간단하게 제시된다는 것을 알 수 있다.

머리말은 텍스트의 전체 주제를 제시하는 내용으로, 머리말을 더욱 자세히 설명하는 본문과 상세화 관계가 된다. 물론 본문을 간단하게 제시하는 것도 설명하고자 하는 본문의 내용의 도입이라는 머리말의 역할에 해당한다. 하지만 일반적인 설명 텍스트의 머리말이 본론을 이해하기 위한 관련 지식이나 상황 등 다양한 의미 관계로 형성되는 것에 비하면 저학년 텍스트의 머리말은 한정적인 역할만을 수행한다고 볼 수 있다.

맺음말은 머리말보다도 더 간단한 내용으로 나타난다. 〈그림 8〉의 「이가 없는 동물들」은 맺음말의 분량이 긴 편이지만, 본문의 문장을 그대로 반복하고 있다. 본문의 내용을 다른 형태의 문장으로 요약 정리한 것이 아니라 본문인 2-4문단의 가장 처음에 제시되는 핵심 문장을 모아서 본문의 문장과 동일하게 반복 나열한 것이다.

이와 같이 대부분의 저학년 텍스트는 머리말, 본문, 맺음말로 구성된 설명 텍스트의 3단 구성을 완전하게 갖추지 못하고 있다. 이러한 텍스트의 특징은 수사 구조의 최상위 층위에서 파악할 수 있다. 〈표 3〉은 저학년 텍스트에 나타나는 최상위 층위의 의미 관계 출현 비율이다.

〈표 3〉을 보면, 저학년 텍스트의 최상위 층위에 나타나는 대부분의 의미 관계는 상세화와 연결이다. 1학년은 상세화 71.4%, 연결 28.6%와 같이 최상위 층위에는 상세화와 연결 관계만 나타난다. 2학년은 연속이 7.1% 나타나지만, 지배적인 의미 관계는 상세화와 연결임을 알 수 있다. 3학년도 1, 2학년과 마찬가지로 상세화가 60%로 가장 높은 빈도를 보이지만, 조금 다른 점은 연속의 비율이 증가하고 상황, 대조 관계가 출현하여 연결의 출현 빈도가 상대적으로 감소하는 경향이 있

〈표 3〉 저학년 텍스트에 나타나는 최상위 층위의 의미 관계 출현 비율 (%)

학년 / 의미 관계	1	2	3
상황			10.0
대조			10.0
상세화	71.4	42.9	60.0
연결	28.6	50.0	10.0
연속		7.1	10.0
Tot.	100	100	100

다. 연결과 연속은 시간의 선후 관계라는 한 가지 특성을 제외하고는 다중핵이 수평으로 확장되는 의미 관계이고, 대조 역시 2개의 핵에 나타나는 내용에 대해 한두 개의 차이점만을 비교하는 의미 관계이기 때문에 도식 구조 특성에서는 큰 차이가 없다. 다만 상황은 핵을 이해하는 틀을 위성에서 제시하는 의미 관계이므로 1, 2학년 텍스트에는 나타나지 않지만 저학년 중 가장 높은 학년인 3학년에서 나타나기 시작하는 특성을 보인다.[30]

이 중에서 최상위 층위에서 연결이나 연속, 대조가 나타나는 구조는 본문으로만 구성된 텍스트에 해당하며, 상세화와 상황이 나타나는 구조는 머리말과 본문 또는 머리말과 본문과 맺음말로 구성된 텍스트에 해당한다.[31]

30 최상위 구조에서 상황이 나타나는 양상은 4학년 이후 텍스트에서는 급격히 증가하는 양상을 보인다. 3학년 텍스트에서도 상황이 출현하기는 하지만 고학년에서 출현하는 빈도와는 큰 차이가 나므로, 이는 고학년 설명 텍스트의 담화 구조 특성이 된다. 윤신원, 「설명 텍스트의 연령대별 담화 구조 분석－초등학교 1학년, 6학년 읽기 교과서 대비고찰, 『텍스트언어학』 33, 한국텍스트언어학회, 2012 참조.

31 저학년 텍스트의 구성 중 맺음말은 대부분 본문과 같은 층위에서 나타나며, 본문의 분석 단위와 합쳐진 분석 단위가 되어 최상위 층위에서 머리말과 상세화 관계를 형성하므로 수사 구조의 최상위 층위에 나타나는 의미 관계로는 파악하기 어렵다.

〈표 3〉을 살펴보면, 저학년 설명 텍스트의 최상위 층위에서 나타나는 지배적인 의미 관계는 상세화와 연결이라고 할 수 있으며, 이와 같이 상위 층위에 나타나는 의미 관계와 도식 구조의 특성을 통해서도 3단 구성을 완전하게 갖추지 못한 저학년 설명 텍스트의 구조를 파악할 수 있다.

저학년 시기에는 주의력에 한계가 있는 저학년 아동이 끝까지 집중할 수 있도록 본문의 내용이 선명하게 드러나는 구조로 형성된 텍스트를 접하는 것이 좋다. 그러므로 저학년 설명 텍스트는 설명하고자 하는 핵심적인 내용을 부각시키고 그와 관련된 부차적인 내용은 최소화되어 나타나, 주제를 중심으로 하여 단선적으로 구성되는 특징을 보인다.

설명하고자 하는 핵심 내용과 관련되기는 하지만, 생략이 가능한 다양한 지식과 상황을 나타내는 머리말의 내용은 저학년 아동이 설명 텍스트의 내용을 이해하는데 방해가 되거나 지루함을 느끼는 요인이 된다. 또한 본문의 내용에 대한 평가나 본문과 동일한 내용이지만 다른 표현 방식으로 제시되는 요약이 나타나는 맺음말도 저학년 아동에게는 적합하지 않다. 이러한 맺음말은, 아동의 이해를 돕는 역할보다 혼란을 주는 요인으로 작용할 수 있다. 그러므로 저학년 텍스트에 나타나는 머리말은 생략되거나 본문의 내용을 간단히 제시하는 데에 그치는 것이 적합하고, 맺음말도 생략되거나 본문에 제시된 문장을 다시 한 번 동일하게 단순 반복하는 것이 효과적이다.

또한 본문의 구성도 핵심 내용을 중심으로 간단하게 나열되는, 쉽고 단순한 구조를 갖는다. 연결은 하나의 주제에 대한 다양한 세부 내용을 나열하는 구조로, 저학년 텍스트에서는 여러 가지 내용을 한눈에 간단하게 보여 주는 역할을 한다. 연결로 나열된 세부 내용에 대해 자세한 설명은 생략된 채, 중요한 내용만을 간단하게 정리하여 서술하였기 때문에 주제와 관련된 여러 내용이 빠르게 전개된다. 저학년 아동은 독서를 통해 흥미를 갖는 요소가 한정되어 있으므로 핵심 내용을 중심으로 하여 주제를 향해 명확하게 내용이 전개되는 텍스트를 제공하는 것이 좋다.[32]

이와 같이 생략되거나 단순한 머리말과 맺음말은 설명의 중심이 되는 본문의 내용을 부각시키고 강조하는 역할을 하며 본문만을 중심으로 단선적으로 전개되는 저학년 설명 텍스트의 특성이 된다.

2) 단순 반복 구조

저학년 설명 텍스트에는 동일한 수사 구조가 부분적으로 반복되는 특징을 보인다.[33] 먼저 1학년 2학기 「재미있는 놀이」 2-4문단과 「이런 인사, 저런 인사」 2-4문단의 수사 구조를 분석하면 〈그림 9〉, 〈그림 10〉과 같다.

〈그림 9〉와 〈그림 10〉의 수사 구조는 거의 동일하다. 각 문단이 연결로 나열되어 있고, 각 문단의 첫 문장은 나머지 문장과 상세화 관계가 형성된다. 그리고 상세화의 위성이 되는 의미 단위의 하위 층위에는 연속 관계가 나타난다. 다른 점이 있다면 〈그림 9〉에서는 마지막 층위

32 윤신원(2010)을 보면 이러한 저학년 설명 텍스트의 특성이 서사 텍스트 유형에서도 나타남을 알 수 있다. 서사 텍스트에서는 대부분 발단, 전개, 결말의 구성이 보이지만, 사건의 배경이나 등장인물을 제시하는 발단과 내용을 마무리하거나 평가하는 결말이 매우 짧게 제시되어 있다. 주인공을 따라 뚜렷하게 드러나는 사건들을 좇아 내용의 흐름이 빠르게 전개되며 주변적인 인물이나 상황에 대해서는 간략하게 언급되거나 생략되는 경우가 많다.

33 이 글에서의 구조 반복은 동일한 의미 관계가 동일한 층위에서 반복되는 것 중, 수직으로 연속되는 3층위 이상이 동일하게 반복되는 것으로 한정한다.

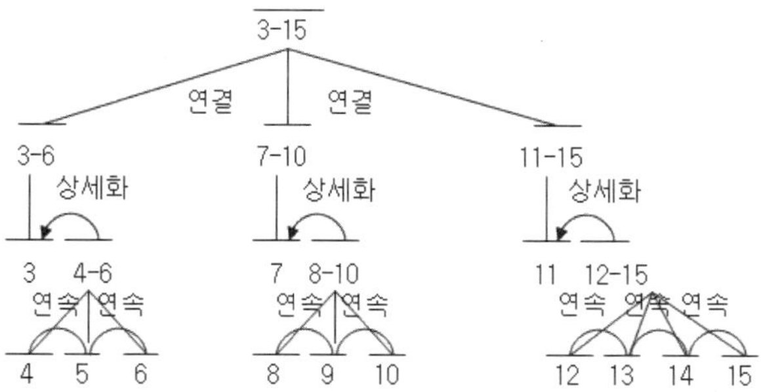

〈그림 9〉「재미있는 놀이」 중 2-4문단의 수사 구조

(……) 3.꼬리잡기는 같은 줄의 맨 앞의 사람이 맨 뒤의 사람을 잡는 놀이입니다. 4.놀이를 하려면 먼저 여러 사람이 한 줄로 늘어섭니다. 5.그리고 뒷사람은 앞사람의 허리를 잡고 몸을 굽힙니다. 6.맨 앞의 사람이 술래가 되어 맨 뒤의 사람을 잡습니다.

7.그림자밟기는 다른 사람의 그림자를 밟는 놀이입니다. 8.먼저, 가위바위보를 하여 술래를 정합니다. 9.술래가 다른 사람의 그림자를 밟으면 놀이에서 이깁니다. 10.술래에게 그림자를 밟힌 사람은 다음 술래가 됩니다.

11.비사치기는 상대편의 돌을 넘어뜨리는 놀이입니다. 12.먼저, 손바닥만 한 납작한 돌을 한 개씩 준비합니다. 13.그리고 가위바위보로 편을 나눕니다. 14.가위바위보에서 진 편은 자기의 돌을 한 줄로 세워 놓고 이긴 편이 먼저 멀리서 자기의 돌을 던지거나 발로 차서 진 편의 돌을 맞혀 넘어뜨립니다. 15.상대편의 돌을 모두 넘어뜨린 편이 놀이에서 이깁니다.

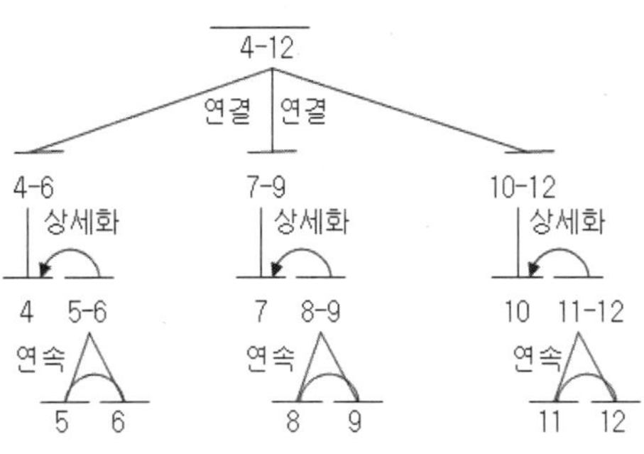

〈그림 10〉「이런 인사, 저런 인사」 중 2-4문단의 수사 구조

(……) 4. 우리나라 사람들은 허리를 굽혀 인사합니다. 5. 상대방과 조금 떨어져서 바른 자세로 인사합니다. 6. 서로 인사말도 주고받습니다.

7. 멕시코 사람들은 서로 껴안으며 인사합니다. 8. 상대방에게 가까이 다가가서 서로를 힘껏 껴안습니다. 9. 그러고는 큰소리로 반가움을 나타냅니다.

10. 사우디아라비아 사람들은 뺨을 대며 인사합니다. 11. 상대방에게 가까이 다가가서 서로의 뺨을 가볍게 댑니다. 12. 그러면서 서로의 어깨를 두드리며 반가움을 나타냅니다.

에서 연속 관계가 나타나는 의미 단위가 3개라면, 〈그림 10〉의 의미 단위는 2개라는 것뿐이다.

이와 같은 수사 구조의 반복은 2, 3학년 텍스트에서도 찾아 볼 수 있다. 〈그림 11〉은 2학년 2학기 「천연 염색 이야기」 2-4문단의 수사 구조이다. 먼저 식물 염료와 동물 염료의 내용을 연결로 나열한 후, 각 문단의 첫 문장에 대해 나머지 내용들은 상세화 관계를 형성하여 자세히 설명한다. 이러한 자세한 설명은 다시 하위 층위에서 식물 염료와 동물 염료의 예를 제시하여 연결로 나열되고, 예로 든 치자, 쪽, 오징어 먹물, 벌레와 조개 등으로 염색하는 방법이 다시 상세화 관계로 나타난다.

동일한 수사 구조의 단순 반복은 저학년 아동이 텍스트를 읽을 때 리듬감과 재미를 느낄 수 있게 한다. 반복은 텍스트를 읽을 때 리듬감을 갖게 하여 생동감이 느껴지고 내용을 쉽고 재미있게 이해할 수 있게 해준다. 또한 고학년 아동보다 주의력이나 기억력에 제한이 있는 저학년

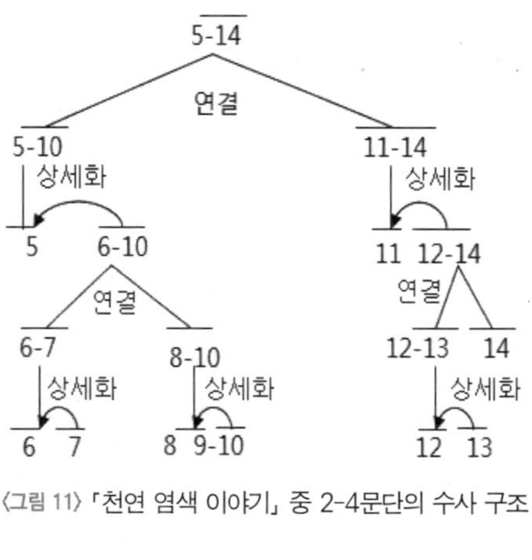

〈그림 11〉 「천연 염색 이야기」 중 2-4문단의 수사 구조

(……) 5. 식물 염료로는 치자와 쪽 등이 있습니다. 6. 치자는 노란색의 염료입니다. 7. 치자를 끓이면 노란색 물이 나오는데, 그 물에 천을 담그면 노란색 옷감이 만들어집니다.

8. 초록색 풀인 쪽은 파란색 염료로 쓰입니다. 9. 초록색 쪽물에 담긴 옷감이 공기와 닿으면 파란색이 됩니다. 10. 그래서 옛날부터 파란색을 낼 때에는 쪽을 즐겨 썼습니다.

11. 동물 염료로는 오징어 먹물과 벌레, 조개 등이 있습니다. 12. 오징어 먹물은 검은색의 염료입니다. 13. 옷감을 오징어 먹물에 넣으면 검은색 옷감을 얻을 수 있습니다. 14. 벌레와 조개는 종류에 따라 여러 가지 색이 나옵니다.

아동에게 내용에 대한 강조 효과도 줄 수 있다.

음운이나 어휘의 반복은 운율감을 형성하여 텍스트를 쉽고 재미있게 읽히게 하는 데 비해, 위와 같은 수사 구조의 반복은 운율감 뿐 아니라 내용을 깊고 선명하게 이해할 수 있도록 유도한다.[34]

또한 텍스트의 길이가 길어져도 수사 구조가 단순하게 반복된다면 텍스트의 내용도 어렵지 않게 전달된다. 동일한 수사 구조의 반복은 저학년 아동이 텍스트를 읽을 때, 텍스트 내용을 쉽게 예측할 수 있게 하기 때문에 긴 분량의 텍스트라도, 의미를 쉽고 구체적으로 이해하고 기억할 수 있게 한다.

이상과 같이 불완전한 3단 구성과 단순 반복 구조는 저학년 아동이 설명 텍스트의 내용을 쉽게 파악하고 이해할 수 있도록 하는, 저학년 설명 텍스트의 담화 구조 특성을 보여준다.

5. 요약 및 결론

이 글에서는 초등학교 읽기 교과서에 수록된 저학년 설명 텍스트의 연령대별 담화 구조 특성을 수사 구조 이론을 활용하여 살펴보았다.

저학년 설명 텍스트의 의미 관계 특성은 설명 텍스트의 기본적인 의미 관계인 상세화, 연결, 원인-결과 관계를 중심으로 형성되며, 이와

34 윤신원(2009)을 보면, 유아용 텍스트에서는 음운이나 어휘의 반복이 빈번하게 나타나는 데 비해, 초등학교 저학년 텍스트에서는 통사적 반복이나 구조의 반복이 더 자주 나타난다. 이는 초등학교 저학년 시기가 음독과 묵독이 중첩되어 나타나는 시기이기 때문이다. 그러므로 음독을 중심으로 한 반복과 함께 텍스트의 내용을 효과적으로 전달하기 위한 반복이 나타나는 특성을 보인다.

함께 연속과 조건이 주로 나타나, 저학년 아동에게 익숙한 구조를 활용하여 핵심 내용을 설명한다.

도식 구조 특징으로는 텍스트의 핵심 내용인 본문만을 강조하는 불완전한 3단 구성이 나타난다. 본문과 관련 있는 내용을 제시하는 머리말이나 맺음말은 생략되거나 간단하게 제시되어, 주로 본문을 중심으로 전달하고자 하는 핵심 내용만을 중점적으로 서술하는 구조를 보인다. 또한 단순 반복 구조가 빈번하게 나타나 리듬감과 재미를 주며, 텍스트 내용의 이해와 기억에도 도움을 준다.

이상에서 살펴본 바와 같이 저학년 설명 텍스트의 담화 구조는 설명 텍스트들이 가지는 일반적인 담화 구조와는 다른 양상을 보인다. 지금까지 저학년 설명 텍스트의 담화 구조는 고학년 텍스트와 다를 것으로 막연하게 예측하였으나, 수사 구조 분석을 통해 저학년 아동에게 적합한 글의 짜임이 가지는 특성을 명확하게 드러낼 수 있었다.

초등학교 저학년 아동이 완전한 설명 텍스트를 온전하게 이해하는 것은 발달 단계상 어려운 일이다. 그러나 저학년 아동도 설명 텍스트 유형을 접할 필요가 있으므로 저학년 텍스트에는 설명 텍스트의 특성을 보여주는 최소한의 담화 구조 특성이 나타난다. 저학년 텍스트의 특성인 불완전성, 단순성은 부정적인 의미가 아니라 이 단계 아동에게 가장 적합한 설명 텍스트의 특성이라고 할 수 있다.

이와 같이 저학년 설명 텍스트의 담화 구조 특성을 이해하는 것은 저학년 아동에게 설명 텍스트를 교육하는 교수자에게도, 설명 텍스트 생산자에게도 큰 도움이 될 수 있다.

이 글은 2007 개정 초등학교 읽기 교과서에 수록된 저학년 설명 텍스트 30편만을 분석 대상으로 하였지만, 이전 교과서나 학년별 읽기 자료들을 분석하여 분석 결과가 더 축적되면 저학년 담화 구조 특성을 더 정교하게 확립할 수 있을 것이다. 차후의 과제로 삼는다.

‖ 참고 문헌 ‖

[논문 및 단행본]

교육과학기술부, 『읽기』 초등학교 1학년 1학기, 미래엔, 2010.

______________, 『읽기』 초등학교 1학년 2학기, 미래엔, 2010.

______________, 『읽기』 초등학교 2학년 1학기, 미래엔, 2010.

______________, 『읽기』 초등학교 2학년 2학기, 미래엔, 2010.

______________, 『읽기』 초등학교 3학년 1학기, 미래엔, 2011.

______________, 『읽기』 초등학교 3학년 2학기, 미래엔, 2011.

김미성 · 이성은, 「텍스트 구조 학습이 아동의 읽기 능력과 쓰기 능력에 미치는 영향－설명문을 중심으로」, 『교육과학연구』 34-2, 이화여대 사범대학 교육과학연구소, 2003.

김봉순, 「학습자의 텍스트 구조에 대한 인지도 발달 연구－초, 중, 고 11개 학년을 대상으로」, 『국어교육』 102, 한국어교육학회, 2000.

김재봉, 『텍스트 요약 전략에 대한 국어교육학적 연구』, 집문당, 1999.

김지혜, 「설명문 텍스트 구조 양상 분석」, 한국교원대 석사논문, 2005.

박성희, 「설명적 텍스트의 의미 구조 이해 전략 연구」, 서울대 석사논문, 2007.

박수자, 「설명적 텍스트의 인터페이스와 독자의 이해」, 『텍스트언어학』 24, 한국텍스트언어학회, 2008.

박시현, 「텍스트 요약과 수사구조」, 『프랑스학연구』 29, 프랑스학회, 2003.

박정진, 『국어교육학 정체성 탐구』, 소통, 2009.

박진용, 「텍스트 의미 구조의 과정 중심 분석 방법 연구」, 한국교원대 석사논문, 1997.

서성교, 「논증 텍스트와 비논증 텍스트의 수사구조」, 『언어학』 11, 대한언어학회, 2003.

서지연, 「설명적 텍스트의 문체 연구」, 서울대 석사논문, 1999.

서 혁, 「독서 교육 체계화를 위한 텍스트 복잡도 상세화 연구(1)－텍스트 복잡도 연구의 비판적 고찰을 중심으로」, 『국어교육학연구』 42, 국어교육학회, 2011.

신헌재 외, 『아동문학과 교육』, 박이정, 2007.

윤석민, 「RST와 국어의 텍스트 분석」, 『텍스트언어학』 1, 한국텍스트언어학회, 1994.

윤신원, 「〈바리공주〉 개작 작품의 담화 구조 분석」, 『어문연구』 148, 한국어문교육연구회, 2010.

______, 「초등학교 저학년 동화 문체 분석－권정생의 『강아지똥』을 중심으로」, 『어린이문학교육연구』 12-2, 한국어린이문학교육학회, 2011.

______, 「설명 텍스트의 연령대별 담화 구조 분석－초등학교 1학년, 6학년 읽기 교과서 대비고찰」, 『텍스트언어학』 33, 한국텍스트언어학회, 2012.

______, 「아동용 설명 텍스트의 연령대별 수사 구조 연구」, 가톨릭대 박사논문, 2013.
______, 「대학 글쓰기 교육에서 수사 구조 이론(RST)의 적용 방안 연구」, 『텍스트언어학』 42, 한국텍스트언어학회, 2017.
윤신원 · 이지양, 「〈바리공주〉의 유아용 개작 작품 특성 연구」, 『어린이문학교육연구』 12-1, 한국어린이문학교육학회, 2011.
____________, 「초등학교 저학년 읽기 교과서에 나타난 설명 텍스트의 담화 구조 분석」, 『독서연구』 29, 한국독서학회, 2013.
윤신원 외, 「수사 구조 이론(RST)을 활용한 학습자의 의미 구성 능력 진단 가능성 탐색」, 『국어교육연구』 62, 국어교육학회, 2016.
윤창욱, 「비문학 지문 이독성 공식 개발에 관한 연구」, 한국교원대 석사논문, 2006.
이경화, 『읽기 교육의 원리와 방법』, 박이정, 2001.
이삼형, 「설명적 텍스트의 내용 구조 분석 방법과 교육적 적용 연구」, 서울대 박사논문, 1994.
이성영, 「초등 교과서의 이독성 비교 연구－국어, 사회, 과학 교과서를 중심으로」, 『국어교육학연구』 41, 국어교육학회, 2011.
이소현, 「한국어 연결어미 '-는데'의 의미 연구」, 한국외국어대 박사논문, 2012.
이순영, 「텍스트 난도와 텍스트 선정에 관한 독자 요인」, 『독서연구』 26, 한국독서학회, 2011.
이해윤, 전수은, 「텍스트 유형별 구조 비교 분석－수사 구조 이론을 기반으로」, 『텍스트언어학』 23, 한국텍스트언어학회, 2007.
정옥년, 「읽기 지도에서 수준별 텍스트 활용」, 『독서연구』 9, 한국독서학회, 2003.
천경록, 「읽기의 개념과 읽기 능력의 발달 단계」, 『청람어문학』 21, 청람어문교육학회, 1999.
최운식 외, 『전래동화 교육의 이론과 실제』, 집문당, 1998.
최인숙, 「텍스트의 언어적 난이도 측정 공식 비교 연구」, 『정보관리학회지』 22-4, 한국정보관리학회, 2005.

Chatman, S., *Story and Discourse*(1978), 한용환 역, 『이야기와 담론』, 푸른사상, 2006.
Lynch, C.&C. M. Tomlinsion, *Essentials of Children's Literature* (3nd) : Allyn&Bacon, 1999.
Mann, W.&S. Thompson, "Relational Proposition Discourse", *Discourse Processes*, 9, 1986.
__________________, "Rhetorical Structure Theory : A Framework for the Analysis of Texts", *Pragmatics*, 1, 1987.
__________________, "Rhetorical Structure Theory; Toward a functional theory of text organization", *Text*, 8(3), 1988.
Mann, W.&M. Matthiessen, "Functions of language in two frameworks", *Word*, 42(3), 1991.
Mann, W.&M. Matthiessen. & S. Thompson, *Discourse Description :* Benjamin Pub. Co, 1992.
Van Dijk, T. A., *Textwissenschaft*(1980), 정시호 역, 『텍스트학』, 아르케, 2002.

초출

이 저서에 수록된 글들의 출처는 다음과 같음.

1. 박정진, 「독서교육, 어떤 텍스트로 가르칠 것인가—실제적 맥락과 가식적 맥락의 사이」, 『새국어교육』 106, 2016.
2. 박정진, 「'주제별 통합 독서(신토피컬 리딩)'의 의미와 독서교육적 맥락」, 『독서연구』 32, 2014.
3. 이동은, 「문화콘텐츠학과의 디지털스토리텔링 교육방법론 연구—PBL기반의 교육 사례를 중심으로」, 『인문콘텐츠』 41, 2016.
4. 이동은, 「교육용 기능성 게임의 재미와 학습 요소 결합 양상 연구」, 『한국게임학회논문지』 11, 2011.
5. 최선경, 「간폐비소(諫廢妃疏)의 수사학적 분석」, 『수사학』 15, 2011.
6. 윤신원, 「〈바리공주〉 개작 작품의 담화 구조 분석」, 『어문연구』 148, 2010.
7. 윤신원, 「초등학교 저학년 동화 문체 분석」, 『어린이문학교육연구』 12-2, 2011.
8. 박종한, 「중국 문화 교수 방법에 대한 연구」, 『중국언어연구』 14, 2002.
9. 장정윤, 「청소년의 인터넷기반 소설 읽기 동기 요인 분석」, 가톨릭대 석사논문, 2016.
10. 박광옥 · 이명애 · 이지양, 「한국 언어문화교육에서의 시조 교육 효과 연구」, 『시조학논총』 46, 2017.
11. 윤신원 · 이지양, 「초등학교 저학년 읽기 교과서에 나타난 설명 텍스트의 담화 구조 분석」, 『독서연구』 29, 2013.

이지양 가톨릭대학교 국어국문학전공 교수
서울대학교 국어국문학과 및 동대학원 문학박사 (국어학 전공)
논저 : 「프로그램의 자막의 기능과 우리말」, 『국어의 융합현상』 외 다수

박종한 가톨릭대학교 중국언어문화전공 교수
서울대학교 중어중문학과 및 동대학원 문학박사 (중어학 전공)
논저 : 『중국어의 비밀』, 『중국시장 브랜드 전략』, 『광고 속의 중국어 연구』 외 다수

최선경 가톨릭대학교 학부대학 교수
연세대학교 문학사 및 동대학원 문학박사 (고전문학 전공)
논저 : 『한국 시가사의 성과와 전망』, 『향가의 수사와 상상력』 외 다수

박정진 가톨릭대학교 교육대학원 독서교육전공 교수
서울교육대학교 국어교육과 및 고려대학교 대학원 국어교육학과 교육학박사 (독서교육 전공)
논저 : 「대학생 필자의 쓰기 인식에 대한 조사 연구」, 「독서교육 측면에서 바라본 한국어 학습자에 대한 관점 변화－의미 구성과 의미 협상 사이」 외 다수

이동은 가톨릭대학교 미디어기술콘텐츠학과 교수
이화여자대학교 국어국문학과 및 동대학원 디지털미디어학부 문학박사 (영상미디어 전공)
논저 : 「메타 이야기적 상상력과 캐릭터 중심 스토리텔링 모델」, 『게임, 신화를 품다』 외 다수

윤신원 가톨릭대학교 글로컬문화스토리텔링연구소 책임연구원
논저 : 「대학-지역 연계 프로그램의 매체별 홍보 텍스트 분석」, 「대학 글쓰기 교육에서 수사 구조 이론(RST)의 적용 방안 연구」 외 다수

박광옥 가톨릭대학교 한국어교육학과 박사수료 (한국어교육 전공)
논저 : 「한국문화교육에서의 문화지능 적용 연구-'문화적 선입견 다루기' 전략을 중심으로」

이명애 가톨릭대학교 한국어교육센터 한국어강사
가톨릭대학교 한국어교육학과 박사수료 (한국어교육 전공)
논저 : 「한국문화교육에서의 문화지능 적용 연구-'문화적 선입견 다루기' 전략을 중심으로」

장정윤 가톨릭대학교 독서학과 석사 (독서학 전공)
논저 : 「학습자 중심의 전기문 독서지도」